A REELEIÇÃO NO PRESIDENCIALISMO BRASILEIRO

PEDRO PAES DE ANDRADE BANHOS

Prefácio
José Levi Mello do Amaral Júnior

A REELEIÇÃO NO PRESIDENCIALISMO BRASILEIRO

Belo Horizonte

2023

© 2023 Editora Fórum Ltda.

É proibida a reprodução total ou parcial desta obra, por qualquer meio eletrônico, inclusive por processos xerográficos, sem autorização expressa do Editor.

Conselho Editorial

Adilson Abreu Dallari
Alécia Paolucci Nogueira Bicalho
Alexandre Coutinho Pagliarini
André Ramos Tavares
Carlos Ayres Britto
Carlos Mário da Silva Velloso
Cármen Lúcia Antunes Rocha
Cesar Augusto Guimarães Pereira
Clovis Beznos
Cristiana Fortini
Dinorá Adelaide Musetti Grotti
Diogo de Figueiredo Moreira Neto (*in memoriam*)
Egon Bockmann Moreira
Emerson Gabardo
Fabrício Motta
Fernando Rossi
Flávio Henrique Unes Pereira

Floriano de Azevedo Marques Neto
Gustavo Justino de Oliveira
Inês Virgínia Prado Soares
Jorge Ulisses Jacoby Fernandes
Juarez Freitas
Luciano Ferraz
Lúcio Delfino
Marcia Carla Pereira Ribeiro
Márcio Cammarosano
Marcos Ehrhardt Jr.
Maria Sylvia Zanella Di Pietro
Ney José de Freitas
Oswaldo Othon de Pontes Saraiva Filho
Paulo Modesto
Romeu Felipe Bacellar Filho
Sérgio Guerra
Walber de Moura Agra

FÓRUM
CONHECIMENTO JURÍDICO

Luís Cláudio Rodrigues Ferreira
Presidente e Editor

Coordenação editorial: Leonardo Eustáquio Siqueira Araújo
Aline Sobreira de Oliveira

Rua Paulo Ribeiro Bastos, 211 – Jardim Atlântico – CEP 31710-430
Belo Horizonte – Minas Gerais – Tel.: (31) 99412.0131
www.editoraforum.com.br – editoraforum@editoraforum.com.br

Técnica. Empenho. Zelo. Esses foram alguns dos cuidados aplicados na edição desta obra. No entanto, podem ocorrer erros de impressão, digitação ou mesmo restar alguma dúvida conceitual. Caso se constate algo assim, solicitamos a gentileza de nos comunicar através do *e-mail* editorial@editoraforum.com.br para que possamos esclarecer, no que couber. A sua contribuição é muito importante para mantermos a excelência editorial. A Editora Fórum agradece a sua contribuição.

Dados Internacionais de Catalogação na Publicação (CIP) de acordo com ISBD

B216r   Banhos, Pedro Paes de Andrade
         A reeleição no presidencialismo brasileiro / Pedro Paes de Andrade Banhos. - Belo Horizonte : Fórum, 2023.

         220 p. ; 14,5cm x 21,5cm.
         Inclui bibliografia
         ISBN: 978-65-5518-509-6

         1. Política. 2. Reeleição presidencial. 3. Duração do mandato. 4. Presidencialismo brasileiro. 5. Direito Constitucional. 6. Direito Eleitoral. 7. Ciência Política. I. Título.

2023-188   CDD 320
                                                             CDU 32

Elaborado por Odilio Hilario Moreira Junior - CRB-8/9949

Informação bibliográfica deste livro, conforme a NBR 6023:2018 da Associação Brasileira de Normas Técnicas (ABNT):

BANHOS, Pedro Paes de Andrade. *A reeleição no presidencialismo brasileiro.* Belo Horizonte: Fórum, 2023. 220 p. ISBN 978-65-5518-509-6.

*Aos meus amados pais, Isabel e Sérgio,
e ao meu querido irmão, Tiago.*

AGRADECIMENTOS

Agradeço aos meus pais, Isabel Paes de Andrade Banhos e Sérgio Silveira Banhos, meus guias – e meu porto seguro – nessa incerta e aventurosa viagem que é a vida. Obrigado por estarem sempre ao meu lado. Agradeço também ao meu irmão, Tiago Paes de Andrade Banhos.

Um agradecimento especial ao meu orientador, Professor José Levi Mello do Amaral Júnior, por ter me acolhido, me incentivado e, sobretudo, por continuar me ensinando, tanto na esfera pessoal, quanto na acadêmica e profissional. Muito obrigado pela atenção, paciência e memoráveis lições ao longo desse árduo processo, que se tornou, ao seu lado, gratificante e prazeroso.

Aos membros da Comissão Julgadora, Professores Carlos Bastide Horbach, Federica Grandi e Tarcisio Vieira de Carvalho Neto, meu sincero agradecimento. As críticas construtivas, sugestões e indagações, auxiliaram-me a aprimorar o presente trabalho.

De igual modo, externo minha gratidão ao amigo Sérgio Antônio Ferreira Victor, que muito me auxiliou nessa jornada acadêmica.

Aos amigos e amigas que conheci ao longo dessa trajetória, a todos vocês, meu muito obrigado!

SUMÁRIO

PREFÁCIO
José Levi Mello do Amaral Júnior 11

INTRODUÇÃO 21

CAPÍTULO 1
O INSTITUTO DA REELEIÇÃO PRESIDENCIAL 25
1.1   A reeleição e a duração do mandato presidencial: entre o continuísmo e a continuidade 25
1.2   O instituto da reeleição no presidencialismo norte-americano 31
         Considerações finais sobre a reeleição no presidencialismo norte-americano 52
1.3   O instituto da reeleição no presidencialismo latino-americano 54
         Argentina 57
         Bolívia 61
         Colômbia 67
         Costa Rica 70
         Chile 74
         Equador 77
         Honduras 82
         México 86
         Paraguai 90
         Peru 93
         Uruguai 97
         Venezuela 98
         Considerações finais sobre a reeleição no presidencialismo latino-americano 102

CAPÍTULO 2
A REELEIÇÃO PRESIDENCIAL NA HISTÓRIA CONSTITUCIONAL BRASILEIRA 111

2.1   A tradição da vedação da reeleição presidencial: da Constituição de 1891 à Constituição de 1988 112

2.2   A Proposta de Emenda Constitucional nº 1/1995: a retomada do debate da reeleição presidencial 126

2.3   A Emenda Constitucional nº 16/1997: a inédita introdução da reeleição para os cargos dos Chefes do Poder Executivo e seus desafios diante do Judiciário e do Legislativo 134

CAPÍTULO 3
AS EXPERIÊNCIAS DA REELEIÇÃO NO PRESIDENCIALISMO BRASILEIRO 145

3.1   A reeleição de Fernando Henrique Cardoso 150

3.2   A reeleição de Luiz Inácio Lula da Silva 158

3.3   A reeleição de Dilma Vana Rousseff 167

         Primeiro mandato de Jair Messias Bolsonaro na Presidência da República e eleições presidenciais de 2022: breves apontamentos 177

         Conclusão: reeleição presidencial no Brasil como fator de potencialização de vícios (?) 185

REFERÊNCIAS 205

PREFÁCIO

"o desejo de ser reeleito domina os pensamentos do presidente"

(Alexis de Tocqueville)

Pedro Paes de Andrade Banhos colou grau em Ciências Jurídicas e Sociais na Universidade de Brasília em 2016 e, no ano seguinte, ingressou no Mestrado em Direito do Estado na Faculdade de Direito do Largo de São Francisco, da Universidade de São Paulo, sob minha orientação.

Defendeu, em 23 de agosto de 2019, dissertação de título *A reeleição no presidencialismo brasileiro*, perante banca por mim presidida e composta pela Professora Doutora Federica Grandi e pelos Professores Doutores Carlos Bastide Horbach e Tarcísio Vieira de Carvalho Neto.

Trata-se de trabalho cuja orientação foi tão produtiva quanto prazerosa pela qualidade acadêmica da pesquisa e da reflexão levadas a efeito. Parte da matriz norte-americana, passa pela experiência latino-americana e, então, chega ao cenário brasileiro.

Como já tive oportunidade de lembrar,[1] o Artigo Federalista nº 72, de Alexander Hamilton, discute a reelegibilidade do Presidente dos Estados Unidos. Expõe cinco razões para concluir que a exclusão subsequente, temporária ou perpétua, de quem exerce a mais elevada magistratura, teria efeitos mais perniciosos do que salutares,[2] a saber: (i) "redução dos estímulos à boa conduta", o que não aconteceria se houvesse a perspectiva "de obter, por *mérito*, a

---

[1] AMARAL JÚNIOR, José Levi Mello do. Concentração de poderes, reeleição e impeachment. Poder Executivo: organização, competências e crises. *Revista Jurídica FURB*, n. 58, p. 5-9, 2021.
[2] MADISON, James; HAMILTON, Alexander; JAY, John. *Os artigos federalistas*, Rio de Janeiro: Nova Fronteira, 1993, p. 453.

própria permanência";³ (ii) "propensão a ideias sórdidas, ao peculato e, em alguns casos, à usurpação do poder", ao passo que, "o mesmo homem, em face de uma perspectiva diferente, provavelmente poderia se contentar com os privilégios regulares de sua posição e talvez até não se dispusesse a correr o risco das consequências de um abuso de suas oportunidades", em síntese: "Sua ganância poderia servir de proteção contra sua ganância";⁴ (iii) "privar a comunidade da vantagem da experiência adquirida pelo primeiro magistrado no exercício de seu cargo";⁵ (iv) "banir homens de posições em que, em certas emergências do Estado, sua presença seria da maior relevância para o interesse ou a segurança do povo",⁶ argumento complementado com advertência que – verificada na vida prática americana muitas décadas depois – será determinante à XXII Emenda: "é evidente que a substituição de um primeiro magistrado no início de uma guerra, ou em qualquer crise semelhante, por um outro, mesmo de igual mérito, seria inevitavelmente prejudicial à comunidade, pois isto seria pôr a inexperiência no lugar da experiência e tenderia a perturbar e desgovernar o curso já estabelecido da administração"⁷; (v) "interdição constitucional da estabilidade na administração", na medida em que a imposição de "mudança de homens no cargo supremo da nação, imporia uma mutabilidade de medidas".⁸

Hamilton considera que as cinco desvantagens citadas aplicam-se quase completamente tanto ao caso de exclusão permanente como no da temporária.⁹

Referendada a Constituição americana nos termos defendidos pelos Artigos Federalistas, estabeleceu-se um costume de no máximo uma única reeleição: "Washington deu um exemplo notável a seus sucessores quando, em 1796, declinou candidatar-se

---

3   HAMILTON. *Os artigos federalistas...*, p. 453.
4   HAMILTON. *Os artigos federalistas...*, p. 454. "Com possibilidade futura, teria coragem de trabalhar pelo bem público e os meios de operá-lo." (TOCQUEVILLE, Alexis. *A democracia na América*. 4. ed. Belo Horizonte: Itatiaia e São Paulo: EDUSP, 1987, p. 97).
5   HAMILTON. *Os artigos federalistas...*, p. 455.
6   HAMILTON. *Os artigos federalistas...*, p. 455.
7   HAMILTON. *Os artigos federalistas...*, p. 455.
8   HAMILTON. *Os artigos federalistas...*, p. 455.
9   HAMILTON. *Os artigos federalistas...*, p. 456.

à reeleição no final do seu segundo mandato, ainda que fosse uma barbada".[10]

Akhil Reed Amar registra casos de governadores americanos que, no século XVIII, alongaram-se no cargo.[11] Por outro lado, enquanto John Adams perdeu a reeleição e retirou-se, Jefferson seguiu o exemplo de Washington e não buscou um terceiro mandato: "Com um par de dois mandatos como precedentes (e presidentes) agora nos livros de história, os sucessores imediatos de Jefferson, Madison e Monroe, cada um seguiu o exemplo declinando de servir por mais de oito anos. Assim nasceu uma tradição".[12]

Houve, ainda, o sugestivo caso de um Presidente, Grover Cleveland, que exerceu dois mandatos de quatro anos (e nenhum mais) intercalados por um hiato de quatro anos: 1885-1889 e 1893-1897.[13]

Remetendo à advertência do Federalista nº 72, Akhil Reed Amar conta que, no contexto da II Guerra Mundial, Franklin Delano Roosevelt buscou e venceu uma terceira e uma quarta eleições presidenciais.[14] Então, o Congresso Americano consolidou a prática anterior: "Roosevelt faleceu no início do seu quarto mandato. Menos de dois anos depois, em março de 1947, o Congresso propôs uma emenda para limitar a reelegibilidade presidencial e codificar a prática pré-FDR. A ratificação ocorreu no início de 1951".[15]

Alexis de Tocqueville, contemplando as primeiras décadas da prática americana, concluiu em desfavor da reeleição. Para ele, "o desejo de ser reeleito domina os pensamentos do presidente" que, assim, "é apenas um dócil instrumento nas mãos da maioria. Ama aquilo que ela ama, odeia aquilo que ela odeia; voa à frente das suas vontades, resolve as suas queixas, curva-se aos seus menores desejos: os legisladores desejavam que ele a guiasse; ele, no entanto, a segue".[16]

Por sua vez, a tradição brasileira era não admitir a reeleição do Presidente da República. Porém, a Emenda Constitucional

---

[10] AMAR, Akhil Reed. *America's Constitution:* a biography. New York: Random House Trade Paperbacks, 2005, p. 146.
[11] AMAR. *America's Constitution...*, p. 146.
[12] AMAR. *America's Constitution...*, p. 146.
[13] AMAR. *America's Constitution...*, p. 434.
[14] AMAR. *America's Constitution...*, p. 435.
[15] AMAR. *America's Constitution...*, p. 435.
[16] TOCQUEVILLE. *A democracia na América...*, p. 109.

nº 16, de 04 de junho de 1997, "rompeu com a tradição republicana brasileira".[17]

O conhecimento analítico e crítico da História é essencial para que, conhecidos e compreendidos acertos e erros, aqueles primeiros sejam preservados e esses últimos não sejam repetidos. Assim, já no começo da República, a História pátria registra caso extremo e cruento das consequências da reeleição (e, ainda pior, da reeleição sem limites): a dominação local exercida por Júlio de Castilhos e Borges de Medeiros no final do século XIX e início do século XX.

Quando veio a República, o Partido Liberal era o partido com voto, não o Partido Republicano.[18] Para se impor, fez uso da fraude eleitoral, resultando constituinte estadual maciçamente castilhista.[19] Não ficou nisso: as ameaças de violência ("não podemos dizer o que será maior: se a nossa tolerância de hoje, se a cólera irreprimível com que castigaremos os criminosos"[20]) irromperam em guerra civil, a Revolução Federalista, de 1893 a 1895, que deixou mais de dez mil mortos, muitos dos quais executados por degola.[21]

Paulo Brossard compara a dominação do Partido Republicano com aquela dos "partidos comunistas dos países escravizados da Europa",[22] situação potencializada quando Borges de Medeiros "reuniu em sua pessoa o governo do Estado e a chefia do Partido".[23] A Constituição Política do Estado do Rio Grande do Sul, de 14 de julho de 1891, estabeleceu um presidencialismo forte,[24] inclusive em razão do mandato de cinco anos, permitida a reeleição, não obstante, para tanto, fosse requerida votação de três quartos do

---

[17] FERREIRA FILHO, Manoel Gonçalves. *Curso de Direito Constitucional*. 41. ed. Rio de Janeiro: Forense, 2020, p. 197.

[18] BROSSARD, Paulo. *Borges de Medeiros e a evolução de seu pensamento político* (Prefácio da 2ª edição). *In:* BORGES DE MEDEIROS, Antônio Augusto. *O Poder Moderador na República Presidencial*. 3. ed. Caxias do Sul: EDUCS, 2002, p. 24-26.

[19] BROSSARD. *Borges de Medeiros e a evolução de seu pensamento político...*, p. 28-29.

[20] Foi o que Júlio de Castilhos fez constar da primeira página de "A Federação", de 20 de novembro de 1889, apenas cinco dias depois de proclamada a República (BROSSARD. *Borges de Medeiros e a evolução de seu pensamento político...*, p. 26).

[21] BROSSARD. *Borges de Medeiros e a evolução de seu pensamento político...*, p. 30-31.

[22] BROSSARD. *Borges de Medeiros e a evolução de seu pensamento político...*, p. 35.

[23] BROSSARD. *Borges de Medeiros e a evolução de seu pensamento político...*, p. 37.

[24] A propósito, confira-se o art. 7º da Constituição castilhista: "A suprema direção governamental e administrativa do Estado compete ao presidente, que a exercerá livremente conforme o bem público, interpretado de acordo com as leis."

eleitorado,[25] o que as fraudes eleitorais providenciariam. Borges de Medeiros, herdeiro político de Júlio de Castilhos,[26] exerceu cinco mandatos entre 1898 e 1928, com hiato entre 1908 e 1913, quando foi governador Carlos Barbosa, aliás, por indicação do próprio Borges.[27]

O que se deu na campanha de 1922 é ilustrativo. José Francisco de Assis Brasil concorreu contra Borges de Medeiros, que não obteve os três quartos necessários à reeleição.[28] Paulo Brossard conta que Borges recebeu a Comissão da Assembleia local – Getúlio Vargas, Ariosto Pinto e Vasconcelos Pinto – e, sabendo o teor da conversa, antecipou-se aos parlamentares: "já sei, vieram cumprimentar-me pela reeleição", deixando-lhes sem alternativa a não ser retornar para "refazer as contas e o resultado", fraudando as atas.[29] Daí veio outra Revolução, a de 1923, encerrada na Paz de Pedras Altas, inclusive com proibição de reeleição para o período imediato.[30] Depois, nenhum Governador gaúcho reelegeu-se para período imediato. Após a Emenda nº 16, de 1997, que permitiu a reeleição do Presidente da República, de Governadores e de Prefeitos, para um único período subsequente, cinco governadores gaúchos tentaram, mas não obtiveram êxito, entre 1998 e 2018.[31] Então, de modo inédito, desde Borges de Medeiros, Eduardo Leite, após renunciar, em 31 de março de 2022, ao seu primeiro mandato como Governador, veio a ser reeleito, em 30 de outubro de 2022, para o período subsequente (a redação do §5º do art. 14 da Constituição não deixa dúvida de que se trata de reeleição: "para um único período subsequente", lógico, subsequente ao primeiro mandato, que não se apaga pela eventual renúncia).

Borges de Medeiros foi longevo e vieram a vizinhar, Borges e Paulo Brossard, que, "habitualmente", ia à casa de Borges. Daí conta, Brossard, anedota familiar relativa ao episódio que levou à

---

[25] "Art. 9º O presidente exercerá a presidência durante cinco anos, não podendo ser reeleito para o período seguinte, salvo se merecedor de três quartas partes do eleitorado."
[26] BROSSARD. *Borges de Medeiros e a evolução de seu pensamento político...*, p. 37.
[27] BROSSARD. *Borges de Medeiros e a evolução de seu pensamento político...*, p. 40.
[28] BROSSARD. Paulo. *J. F. de Assis Brasil*, 2ª edição, Porto Alegre: EST, 2004, p. 136.
[29] BROSSARD. *J. F. de Assis Brasil...*, p. 136.
[30] BROSSARD. *J. F. de Assis Brasil...*, p. 155; BROSSARD, *Borges de Medeiros e a evolução de seu pensamento político...*, p. 41.
[31] BANHOS, Pedro Paes de Andrade. *A reeleição no presidencialismo brasileiro*. Dissertação (Mestrado) - São Paulo: USP, 2019 p. 140.

fraude da última reeleição: "o Dr. Borges, ao despertar de profunda sonolência, viu aproximarem-se três anjos e, pressentindo que fossem buscá-lo, e antecipando-se a eles, lhes disse com voz firme: 'já sei, vieram comunicar-me que tenho mais cinco anos de vida...' No Rio Grande, de cinco anos era o mandato presidencial".[32]

Após o seu quinto mandato, Borges de Medeiros foi sucedido por Getúlio Vargas, diga-se, indicado por Borges.[33] Veio a Revolução de 1930, bem assim a Revolução Constitucionalista de 1932. Tendo tomado parte desta última, contra o Governo Provisório getulista, foi "exilado" no Recife, cidade em que havia completado o curso de Direito décadas antes, em 1885[34] (os primeiros anos foram cursados em São Paulo, no Largo de São Francisco, em que se matriculara em 1881[35]). Em 1933, publicou *O Poder Moderador na República Presidencial*,[36] obra em que avalia o presidencialismo brasileiro nos seguintes termos:

> (...) já em seus primeiros dias, degenerara em um regime de governo unipessoal e ditatorial. Ninguém, que examine sem preconceito o passado nacional, deixará de reconhecer quanto contribuiu essa degenerescência progressiva do governo presidencial para os erros e crises que vêm atormentando a República durante os seus 44 anos de existência, a maior parte deles transcorridos sob ditaduras *legais* e *extralegais*.[37]

Borges de Medeiros condena o presidencialismo, mas descarta o parlamentarismo. Pergunta, então, o que nos serviria e conviria? Responde: "O próprio presidencialismo, contanto que temperado pela mescla de elementos do parlamentarismo, e tendo por base uma nova divisão de poderes".[38] Em síntese, propõe separar Chefia de Estado e Chefia de Governo, fazendo-o em um contexto republicano.[39] Após

---

[32] BROSSARD. *J. F. de Assis Brasil...*, p. 137.
[33] BROSSARD. *Borges de Medeiros e a evolução de seu pensamento político...*, p. 41.
[34] BROSSARD. *Borges de Medeiros e a evolução de seu pensamento político...*, p. 23.
[35] BROSSARD. *Borges de Medeiros e a evolução de seu pensamento político...*, p. 23-24.
[36] BROSSARD. *Borges de Medeiros e a evolução de seu pensamento político...*, p. 23.
[37] BORGES DE MEDEIROS. *O Poder Moderador na República Presidencial...*, p. 109.
[38] BORGES DE MEDEIROS. *O Poder Moderador na República Presidencial...*, p. 111.
[39] BORGES DE MEDEIROS. *O Poder Moderador na República Presidencial...*, p. 111-112.

criticar a hipertrofia do Executivo no presidencialismo e a sua anemia no parlamentarismo[40], defende:

> Fundir ou amalgamar as virtudes e utilidades dos dois sistemas contrários, e com esses elementos construir um novo tipo de presidencialismo, equidistante daqueles escolhidos. Eis o nosso principal objetivo e quiçá a maior originalidade deste projeto. Em nossa concepção, o rol do presidente consistirá em presidir a República como o seu primeiro magistrado, e não como o seu primeiro *líder político*. Fora da atmosfera dos partidos e posto na posição de livrar-se de qualquer influxo dos interesses e paixões do mundo político, há de ele reunir os predicados e requisitos que fazem o verdadeiro magistrado.[41]

Borges de Medeiros coloca a "eleição direta" do Presidente da República como "condição elementar a tão alta investidura",[42] com mandato de quatro anos, admitida a reeleição em termos que remetem à Constituição gaúcha de 1891, ou seja, "se alcançar três quartas partes dos sufrágios apurados".[43] Pergunta: "Desde que o presidente não é mais o chefe do Poder Executivo, não é mais o órgão supremo da administração e da política, que é o que de razoável resta para opor-se à reeleição?"[44]

Em suma, é bastante sugestivo que Borges de Medeiros, após todo o poder presidencial que experimentou, tenha passado a defender a adoção do Poder Moderador na república presidencial. Tanto é assim que Paulo Brossard anota:

> O homem, que fora a encarnação do presidencialismo mais exacerbado, não hesitou em propor uma nova repartição de poderes e respectivas atribuições e até a criação de um poder moderador.[45]

Na prática, ainda que sem dizê-lo, Borges de Medeiros passou a defender uma variante de parlamentarismo, uma forma atenuada, talvez poder-se-ia dizer um semipresidencialismo.

---

[40] BORGES DE MEDEIROS. *O Poder Moderador na República Presidencial...*, p. 112-113.
[41] BORGES DE MEDEIROS. *O Poder Moderador na República Presidencial...*, p. 113.
[42] BORGES DE MEDEIROS. *O Poder Moderador na República Presidencial...*, p. 116.
[43] BORGES DE MEDEIROS. *O Poder Moderador na República Presidencial...*, p. 117 e 141.
[44] BORGES DE MEDEIROS. *O Poder Moderador na República Presidencial...*, p. 117.
[45] BROSSARD. *Borges de Medeiros e a evolução de seu pensamento político...*, p. 61.

Dado o histórico da reeleição, compreende-se seja ela colocada em questão "como fator de potencialização de vícios", como muito bem aponta Pedro Paes de Andrade Banhos.[46] Assim, a discussão sobre a adoção de um semipresidencialismo, assemelhado àquele observado na França e em Portugal, em perfil que lembra o projeto Borges de Medeiros, segue desconcertantemente atual.

Vale reiterar, aqui, também, a seguinte conclusão:[47] (i) a possibilidade de reeleição, limitada ou não; combinada com (ii) mecanismo de responsabilidade presidencial de muito difícil ou, até mesmo, de muito improvável consecução (o *impeachment*), resultam um Poder Executivo ainda mais forte.

A reeleição, em si mesma, isoladamente considerada, talvez não seja um problema maior: o problema, potencialmente muito mais grave, é a conjugação da reeleição em contexto institucional cujo Poder Executivo concentra excessivo número de competências, aí incluídos: (i) a orientação política do Governo e da Administração; bem assim (ii) o comando supremo das Forças Armadas. Diversamente, em um sistema de efetiva partilha de poderes – como seria o caso de um semipresidencialismo ou de um parlamentarismo – talvez a reeleição viesse a conhecer impacto efetivamente relativo.

O constitucionalismo busca a limitação do poder, o que se dá, em boa medida, por meio de uma organização de poderes que, em si mesma, seja capaz de prevenir o abuso do poder. Assim, na evolução dos arranjos institucionais, a divisão do Poder Executivo clássico, com as Chefias de Estado e de Governo confiadas a órgãos diversos e separados, ou seja, a esferas de poder diferentes, parece solução mais consentânea com a desejável limitação de poder por meio de mais e melhores freios e contrapesos recíprocos. Em suma, ter-se-ia um modelo que seria consideravelmente mais favorável a uma maior qualidade da democracia e com a devida prevenção de crises próprias à concentração de poderes.

Essas são reflexões que me vieram ainda no processo de orientação de Pedro Paes de Andrade Banhos, um diálogo que

---

[46] BANHOS. *A reeleição no presidencialismo brasileiro...*, p. 127.
[47] AMARAL JÚNIOR. *Concentração de poderes, reeleição e impeachment. Poder Executivo...*, p. 29-30.

reputo profícuo, mérito de um pesquisador consistente que pouco ou nada depende do orientador, ao contrário, com ele muito contribui.

Porto Alegre, 1º de janeiro de 2023

José Levi Mello do Amaral Júnior
Professor Associado de Direito Constitucional
Faculdade de Direito da Universidade de São Paulo

INTRODUÇÃO

O tema da reeleição no presidencialismo norte-americano, latino-americano e brasileiro tem propiciado, ao longo da história constitucional, instigantes debates, nos quais – de forma pendular – oscilam aqueles que, ao examinarem seus reflexos em diferentes contextos político-eleitorais, criticam e defendem o instituto.

Ao lado disso, os desafios da contemporaneidade têm demonstrado que as instituições políticas, de maneira global, estão em constante transformação e suas balizas vêm sendo recorrentemente testadas. Continuísmos confundidos com continuidade de líderes na chefia do Poder Executivo, excessivas personalizações do poder, populismos e exercícios ilimitados do poder são fenômenos que merecem detida atenção nos tempos atuais.

Partindo dessa premissa, o presente estudo seguirá um itinerário que se inicia com a análise do continuísmo e da continuidade relacionados à duração do mandato e à reeleição do Chefe do Poder Executivo em sistemas presidencialistas, tendo em vista a importância, em contextos democráticos, da periodicidade dos mandatos eletivos.

Assim, no **primeiro capítulo**, pretende-se demonstrar o quanto é desafiadora a definição de limites à duração do mandato e à reeleição presidencial, na medida em que, na tênue interação entre o tempo da política e o tempo para concretização das expectativas da sociedade, faz-se necessária a ponderação entre o tempo razoável para a execução dos projetos pretendidos pelo governante e a preservação da alternância, a fim de se evitar a perpetuação de um mesmo indivíduo no poder.

Após essa breve aproximação, ainda no primeiro capítulo, será investigado o desenvolvimento do instituto da reeleição presidencial nos Estados Unidos e em alguns países da América Latina, especificamente Argentina, Bolívia, Colômbia, Costa Rica, Chile, Equador, Honduras, México, Paraguai, Peru, Uruguai e Venezuela.

Na linha de investigação proposta, o exame do desenvolvimento e da aplicação do instituto da reeleição nos sistemas presidencialistas norte-americano e latino-americano – marcados por suas diferenças históricas e culturais – visa reacender discussões e reflexões sobre a introdução da reeleição presidencial no Brasil. Objetiva-se, assim, aferir os efeitos da reeleição presidencial nessas distintas realidades sociopolíticas e verificar se os países examinados inspiraram – ou melhor, se ainda influenciam – o desenho institucional brasileiro.

No **segundo capítulo**, o estudo passará ao exame da reeleição presidencial no Brasil, buscando, sob um prisma histórico-constitucional, evidenciar que, desde a primeira Constituição republicana, a tradição constitucional brasileira direcionava-se para a vedação absoluta da reeleição presidencial.

Para tanto, será realizada uma minuciosa análise sobre como a reeleição e a duração do mandato presidencial foram previstos nos textos constitucionais de 1891 a 1988, verticalizando o estudo em dois períodos específicos: antecedentes da Constituição de 1891 e da Constituição de 1988.

Em seguida, será averiguada a Proposta de Emenda Constitucional nº 1/1995, que retomou o debate sobre a reeleição presidencial e que deu origem à Emenda Constitucional nº 16/1997, com o registro de relevantes pronunciamentos realizados em audiências públicas na Câmara dos Deputados, a fim de demonstrar como o tema da reeleição do Chefe do Poder Executivo Federal foi enfrentado pelas posições favoráveis e contrárias ao instituto naquele período histórico.

Ainda no segundo capítulo, será analisada a Emenda Constitucional nº 16/1997, que introduziu, de forma inédita, a reeleição para o cargo de Presidente da República, em contrariedade à tradição da vedação absoluta da reeleição, presente ao longo da história constitucional brasileira desde a primeira república.

Nessa abordagem, pretende-se expor que a interpretação da referida emenda constitucional gerou controvérsias, que foram suscitadas perante os Poderes Judiciário e Legislativo, sendo alvos deste estudo: i) a desincompatibilização dos Chefes do Poder Executivo em exercício para a disputa da reeleição para o mesmo cargo; ii) a elegibilidade dos vices; e iii) propostas de emenda constitucional ainda em trâmite em ambas as Casas do Congresso

Nacional, que visam ao retorno da tradição da irreelegibilidade ou o aperfeiçoamento do instituto da reeleição.

Assim, ao fim desse capítulo, será possível identificar que, mesmo não sendo novidade o debate acerca do instituto da reeleição presidencial, o tema continua presente nas discussões contemporâneas relativas ao aprimoramento da democracia e ao aperfeiçoamento do desenho institucional brasileiro.

No **terceiro capítulo**, serão examinados os efeitos da reeleição presidencial no presidencialismo brasileiro.

No início desse capítulo, pretende-se abordar o sensível diálogo entre os princípios da oposição e da alternância no poder nas democracias contemporâneas para, em seguida, conectar essas aproximações ao presidencialismo brasileiro.

Conforme será demonstrado, o denominado Presidencialismo de Coalizão brasileiro, na experiência pós-Constituição de 1988, vem manifestando vícios.

Nesse prisma, o estudo se voltará ao exame das vicissitudes decorrentes do Presidencialismo de Coalizão brasileiro para avaliar o quanto elas afetam a relação entre os Poderes Executivo e Legislativo, especialmente no tocante à governabilidade e à funcionalidade do sistema político. Em seguida, será verificada a interação desse sistema político aqui desempenhado com a reeleição presidencial até então experimentada.

Nessa investigação, espera-se identificar – com as experiências dos então Presidentes Fernando Henrique Cardoso, Luiz Inácio Lula da Silva e Dilma Vana Rousseff, que alcançaram a reeleição ao cargo de chefia do Poder Executivo Federal – pontos de convergência e/ou divergência, de modo a averiguar se o instituto da reeleição do Chefe do Poder Executivo Federal potencializa, ou não, as vicissitudes manifestadas no Presidencialismo de Coalizão brasileiro.

Além disso, será abordado, de forma sucinta, o primeiro mandato de Jair Messias Bolsonaro na Presidência da República. Sem pretensão de esgotar o tema, tampouco de conjecturar cenários futuros, serão apresentadas breves considerações sobre as eleições de 2022 sob a perspectiva do instituto da reeleição presidencial.

Na conclusão, em vista do inesgotável enfrentamento entre favoráveis e contrários à reeleição presidencial e reconhecendo que houve avanços e retrocessos nesses mais de vinte anos da adoção da reeleição do Chefe do Poder Executivo Federal no Brasil, busca-se, como finalidade desta pesquisa, desvendar a seguinte questão: a reeleição presidencial é fator de potencialização de vícios do presidencialismo brasileiro?

CAPÍTULO 1

O INSTITUTO DA REELEIÇÃO PRESIDENCIAL

1.1 A reeleição e a duração do mandato presidencial: entre o continuísmo e a continuidade

Ao longo da história, é possível constatar, nos mais variados contextos sociopolíticos, o dilema do enigmático equilíbrio entre o tempo da política e o tempo para a concretização das expectativas da sociedade.

Invariavelmente, na contemporaneidade, esse impasse permanece. Juan J. Linz, à vista disso, assevera que, "no presidencialismo, o tempo se torna uma dimensão muito importante na política".[1]

Nessa mesma perspectiva, Dieter Nohlen aborda a intricada relação entre tempo-política-economia, argumentando que:

> (...) um período eleitoral parece muito curto para realizar políticas econômicas e sociais com resultados visíveis. (...) Os problemas da não-correspondência entre tempos econômicos e tempos políticos são agravados.[2]

---

[1] Tradução livre. LINZ, Juan J. The perils of presidentialism. *Journal of Democracy*, v. 1, n. 1, p. 51-69, winter 1990, p. 67-68.
[2] Tradução livre. NOHLEN, Dieter. La reelección. *In:* NOHLEN Dieter; ZOVATO, Daniel; OROZCO, Jesús; THOMPSON, José (comp.). *Tratado de derecho electoral comparado de América Latina* 2. ed. México: Fondo de Cultura Económica; San José Costa Rica: Instituto Interamericano de Derechos Humanos, 2007, p. 291-929.

De fato, na perspectiva das novas democracias presidencialistas, é extremamente complexo delimitar a duração do mandato dos Chefes do Poder Executivo, na medida em que se faz necessária a ponderação entre o tempo razoável para a execução dos projetos pretendidos pelo governante e a preservação da alternância, ou melhor, da vedação da perpetuação de um mesmo líder político no poder.[3]

Nesse sentido, Alexandre de Moraes destaca que a duração de mandato presidencial deve conciliar, de um lado, um prazo razoável para o cumprimento das metas governamentais e, de outro, a necessária brevidade inerente ao regime republicano, possibilitando-se assim que, de forma direta ou indireta, o povo modifique, mediante processo eleitoral, os rumos do governo, evitando-se a perpetuidade de governos incompetentes ou corruptos.[4]

Nessa linha argumentativa, em ambientes democráticos, é certo afirmar que duração e quantidade de mandatos, assim como eventuais reeleições sucessivas são temas sensíveis quando a discussão diz respeito ao tempo razoável para o exercício dos cargos de chefia do Poder Executivo.

Sobre o tema, Juan J. Linz ensina que a democracia é, por essência, um "governo *pro tempore*", ou seja, em contextos democráticos, o eleitorado pode, em períodos regulares, responsabilizar seus representantes e lhes conferir uma chance. Em sua visão, o tempo limitado – permitido no transcurso entre as eleições – "é provavelmente a maior garantia contra o poder arrogante e a última esperança para os que pertencem à minoria".[5]

---

[3] Juan J. Linz explica que "a duração do mandato presidencial torna-se um fator crucial nos cálculos de todos os atores políticos, um fato que (como veremos) está repleto de consequências importantes". Tradução livre. LINZ, Juan J. The perils of presidentialism. *Journal of Democracy*, v. 1, n. 1, p. 51-69, winter 1990, p. 54. Juan J. Linz também destaca: "um interessante paradoxo nos sistemas parlamentaristas é que a possibilidade de uma pessoa ocupar o cargo de primeiro-ministro durante um período prolongado de tempo, através de legislaturas sucessivas, não gera a hostilidade com a qual a possibilidade de reeleição é vista em muitos sistemas presidencialistas". Tradução livre. LINZ, Juan J. Democracy's time constraints. *International political science review*, número especial, v. 19, n. 1, p. 19-37, jan. 1998, p. 25.

[4] MORAES, Alexandre de. *Presidencialismo*. São Paulo: Atlas, 2004, p. 117.

[5] Tradução livre. LINZ, Juan J. The perils of presidentialism. *Journal of Democracy*, v. 1, n. 1, p. 51-69, winter 1990, p. 66.

Além disso, o autor revela a importância da definição da duração do mandato e dos limites à reeleição em sistemas presidencialistas, não obstante os desafios e reflexos advindos dessa delimitação. Em suas palavras, elucida que os mandatos fixos e o estabelecimento de limites à reeleição são elementos essenciais nas Constituições presidencialistas. Todavia, impõem, a esses sistemas políticos, a produção, a cada mandato presidencial, de líder capaz e popular.[6]

Em razão da relevância do tempo para política e do tempo para o exercício dos cargos pelos representantes, Jorge Miranda defende a inclusão do princípio da renovação no aparato constitucional português, sustentando que "o princípio da limitação dos mandatos (...) é um princípio fundamental".[7]

Ao lado disso, Jorge Miranda ensina que "o princípio republicano é o princípio de que o titular de um cargo político é um cidadão, não é mais do que um cidadão, que durante certo tempo exerce certa função, mas não para a vida. Não para todo o tempo".[8]

O autor elucida ainda que "a limitação do poder depende, em última instância, da concepção de governantes e governados sobre as suas relações recíprocas, do equilíbrio entre liberdade e autoridade sem sacrifício".[9]

Essa temática não é nova.

São notáveis as discussões acerca da periodicidade dos mandatos dos Chefes do Poder Executivo nos antecedentes da Constituição norte-americana, oportunidade na qual os federalistas ressaltavam a importância da delimitação do tempo dos mandatos presidenciais, tanto para fortalecer o poder central quanto para proteger a sociedade de eventuais restrições de liberdade ou arbitrariedades.

---

[6] Tradução livre. LINZ, Juan J. The perils of presidentialism. *Journal of Democracy*, v. 1, n. 1, p. 51-69, winter 1990, p. 67.
[7] MIRANDA, Jorge. Os partidos políticos, estruturas sociais e a reforma do sistema político. *Revista do Ministério Público*, v. 1, n. 1 jan. /jun. 1995, Rio de Janeiro, Ministério Público do Estado do Rio de Janeiro, p. 51-52.
[8] MIRANDA, Jorge. Os partidos políticos, estruturas sociais e a reforma do sistema político. *Revista do Ministério Público*, v. 1, n. 1 jan. /jun. 1995, Rio de Janeiro, Ministério Público do Estado do Rio de Janeiro, p. 51.
[9] MIRANDA, JORGE. *Teoria do estado e da constituição*. Rio de Janeiro: Forense, 2002, p. 217.

Nessa toada, percebe-se que a periodicidade dos mandatos eletivos se conecta diretamente com a possibilidade de o povo recorrer aos instrumentos democráticos para decidir pela manutenção, ou alteração, de seus representantes, assegurando-se, com efeito, a responsabilização dos governantes.[10]

Sob essa óptica, Geraldo Ataliba explica que "os mandatos vêm sempre assinalados por duas características essenciais: a periodicidade e a responsabilidade".[11]

Por sua vez, Alexandre de Moraes entende que a República presume a presença das seguintes características: "(...) a temporariedade (o Chefe de Governo é eleito para um mandato certo, com duração razoável e vedadas sucessivas reeleições), eletividade (na República é o povo quem escolhe seu Chefe de Governo) e responsabilidade (...)".[12]

No contexto brasileiro, a Constituição Federal de 1988, com a atual redação, veda o exercício efetivo e definitivo de três mandatos sucessivos, estabelecendo a duração de quatro anos cada, para os cargos de Chefe do Poder Executivo. Todavia, como se demonstrará no estudo, a tradição constitucional brasileira, desde a primeira Constituição republicana, orientava-se no sentido da vedação absoluta da reeleição presidencial.

Ocorre que, se, por um lado, há autores, como Geraldo Ataliba, que argumentam que, aliada "à temporariedade dos mandatos executivos, encontra-se, no Brasil, a consagração tradicional do princípio da não-reeleição dos seus exercentes",[13] por outro lado, há vertente de pensamento, acompanhada por Alexandre de Moraes, segundo a qual "a duração razoável de um mandato deve corresponder à possibilidade de reeleição do Presidente da República, para que possa continuar na condução dos negócios políticos do Estado, desde que o povo concorde".[14]

---

[10] Nesse sentido, a introdução (ou mesmo o aperfeiçoamento) de mecanismos de responsabilização política no modelo presidencial de governo poderia, eventualmente, atenuar a resistência à reeleição presidencial.
[11] ATALIBA, Geraldo. *República e Constituição*. São Paulo: Malheiros, 2004, p. 90-91.
[12] MORAES, Alexandre de. *Presidencialismo*. São Paulo: Atlas, 2004, p. 116.
[13] ATALIBA, Geraldo. *República e Constituição*. São Paulo: Malheiros, 2004, p. 102.
[14] MORAES, Alexandre de. *Presidencialismo*. São Paulo: Atlas, 2004, p. 118.

Nota-se, portanto, que tempo é uma variável da política, isto é, do poder e, consequentemente, de sua finitude. Ter fim ou limite ao poder é uma condição necessária para a preservação do constitucionalismo e da democracia.

Nesse sentido, Héctor E. Schamis afirma, em reportagem ao *El País*, que "Qualidade de finito, diz o dicionário, que tem um fim ou limite. Em uma democracia, ela deve ter: fim, quanto a sua duração, e limite, quanto ao seu alcance".[15]

Em outra passagem, o autor revela que o processo de democratização da América Latina é marcado por alterações e manipulações das regras do jogo eleitoral em benefício, por vezes, dos líderes políticos no poder, sendo possível, em sua visão, constatar, com raras exceções, a presença do "vírus onipresente da perpetuação, porque atacou a direita e a esquerda igualmente e em diferentes latitudes. Como exemplo, Menem, Chávez, Uribe, Correa e muitos mais".[16]

Nessa tênue interação entre continuísmo e continuidade, Dieter Nohlen adverte que, quando se aborda a reeleição dos Chefes do Poder Executivo, de forma frequente e equivocada, "(...) se confunde continuidade com continuísmo".[17] Nesse mesmo ângulo, Ana Cláudia Santano faz a distinção, asseverando que "continuísmo não é o mesmo que continuidade".[18]

De fato, são evidentes as diferenças entre os dois conceitos. "Continuidade" possui significado antagônico a "continuísmo"[19]

---

[15] Tradução livre. EL PAÍS. La finitud del poder: el virus omnipresente de la perpetuación en América Latina. Disponível em: https://elpais.com/internacional/2018/04/15/actualidad/1523744012_091903.html. Acesso em: 15 dez. 2018.

[16] Tradução livre. EL PAÍS. La finitud del poder: el virus omnipresente de la perpetuación en América Latina. Disponível em: https://elpais.com/internacional/2018/04/15/actualidad/1523744012_091903.html. Acesso em: 15 dez. 2018.

[17] Tradução livre. NOHLEN, Dieter. La reelección. *In:* NOHLEN Dieter; ZOVATO, Daniel; OROZCO, Jesús; THOMPSON, José (comp.). *Tratado de derecho electoral comparado de América Latina* 2. ed. México: Fondo de Cultura Económica; San José Costa Rica: Instituto Interamericano de Derechos Humanos, 2007, p. 292.

[18] SANTANO, Ana Claudia. Afinal, a reeleição é algo democrático? *In:* SANTANO, Ana Claudia (coord.). *Reeleição presidencial nos sistemas políticos das Américas*. Curitiba: Íthala, 2015, p. 437.

[19] Juan J. Linz, em um exame do contexto presidencialista latino-americano, aborda o conceito de continuísmo da seguinte forma: "os esforços dos presidentes latino-americanos para tornar possível sua reeleição, ou assegurá-la, contrariando prescrições constitucionais ou tradição política, têm sido um dos mais importantes traços destes regimes; uma

dos governantes. Enquanto se compreende o primeiro como uma faceta positiva e como reflexo do bom desempenho do governante no exercício do cargo de chefia do Executivo, o segundo expõe a faceta negativa, resultante da ilimitada permanência do governante ou grupo político no poder.

De fato, o eventual enaltecimento exacerbado de Chefes do Poder Executivo, que ocasionalmente caminham ao lado de extremismos, de direita ou esquerda, pode, em certas circunstâncias, fazer desabrochar o desejo velado pela continuidade ilimitada de determinados líderes no poder.

Com efeito, manobras que confundem continuidade com continuísmo podem servir de instrumentos para, via alterações constitucionais que acabam por reduzir a alternância, permitir a continuidade de líderes no poder, seja por meio não democrático, seja pela adoção de reeleições ilimitadas, sob o falso véu democrático.

Assim, verifica-se que a excessiva personalização do Chefe do Poder Executivo, ao lado de populismos e da marcante influência dos mais variados meios de comunicação,[20] é um fenômeno axiomático, que merece atenção ainda maior nos tempos contemporâneos, levando em consideração que o continuísmo expõe a perigos qualquer democracia.

Desse modo, os tempos líquidos da modernidade – em referência ao sociólogo Zygmunt Bauman[21] – exigem prudência, merecendo destaque o entendimento de Barbosa Lima Sobrinho: "como o continuísmo é uma paixão continental, contra ele devem ficar alertas todos os defensores de uma verdadeira democracia".[22]

---

dificuldade que, em princípio, não existe em democracias parlamentaristas". LINZ, Juan J. O tempo e a mudança dos regimes. *Documentação e Atualidade Política*, n. 2, p. 24-36, jan./mar. 1977, p. 30.

[20] Rejane Carvalho argumenta que, na América Latina, índices de popularidade, por vezes, têm sido utilizados para dar sustentação às "mudanças na legislação eleitoral que introduziram o estatuto da reeleição para um segundo mandato, pairando no ar a tentação e a suspeita (ameaçadoras) de tornar ilimitado o número de reeleições de um mesmo candidato sob o argumento de atender à vontade do povo". CARVALHO, Rejane Vasconcelos. Democracia representativa e o princípio da alternância no poder: das sociedades de massa às sociedades midiatizadas. *Revista do Instituto do Ceará*, 2009, p. 171.

[21] BAUMAN, Zygmunt. *Tempos líquidos*. Rio de Janeiro: Zahar, 2007.

[22] SOBRINHO, Barbosa Lima. O princípio da não-reeleição. Jornal do Brasil, edição de 11 de agosto de 1996, apud BARRETO, Lauro. *Reeleição e continuísmo*: aspectos históricos, doutrinários, políticos e jurídico da Emenda Constitucional n. 16. Rio de Janeiro: Lumen Juris, 1998, p. 11-13.

1.2 O instituto da reeleição no presidencialismo norte-americano

De acordo com Juan J. Linz, "a única democracia presidencial com uma longa história de continuidade constitucional é a dos Estados Unidos".[23]

Em face dessa afirmativa, pretende-se, neste capítulo, investigar o desenvolvimento histórico da reeleição e da duração do mandato no presidencialismo norte-americano, haja vista sua importância para o presidencialismo brasileiro.

Antes de adentrar no tema proposto, cumpre esclarecer, primeiro, a importância das discussões sobre a amplitude do Poder Executivo central que tomaram efeito antes e durante a Convenção da Filadélfia, ao lado da relevância dos debates sobre o tema que ratificaram e vieram a originar a Constituição dos Estados Unidos.

Nesse sentido, Nathália Henrich esclarece que o "debate sobre reeleição está ancorado em um debate muito mais antigo e profundo sobre a natureza do governo ideal e sobre a relação entre Poder Executivo e Democracia". Complementa a autora, afirmando que essa relação se associa com a "a necessidade de um Estado central mais forte".[24]

Por essa razão, Nathália Henrich elucida que:

> a necessidade de fixar regras para os mandatos presidenciais emerge de um contexto de debate sobre o tamanho e a extensão adequadas do Poder Executivo e da tentativa de dotá-lo de mecanismos de rendição de contas para os cidadãos.[25]

Em outra passagem, a autora salienta que os debates ocorridos durante a Convenção da Filadélfia se dividiam na disputa entre

---

[23] Tradução livre. LINZ, Juan J. The perils of presidentialism. *Journal of Democracy*, v. 1, n. 1, p. 51-69, winter 1990, p. 51-52.

[24] HENRICH, Nathália. Uma breve história do debate sobre a reeleição presidencial nos Estados Unidos da América. *In:* SANTANO, Ana Claudia (coord.). *Reeleição presidencial nos sistemas políticos das Américas*. Curitiba: Íthala, 2015, p. 428.

[25] HENRICH, Nathália. Uma breve história do debate sobre a reeleição presidencial nos Estados Unidos da América. *In:* SANTANO, Ana Claudia (coord.). *Reeleição presidencial nos sistemas políticos das Américas*. Curitiba: Íthala, 2015, p. 430.

democracia e poder, de modo "(...) polarizado entre os que viam mandatos longos como uma ameaça à democracia e os que viam mandatos curtos como sentença de um Executivo fraco e com pouco poder de ação".[26]

Nesse prisma, Michael J. Korzi explica que "um problema-chave no debate sobre mandato presidencial é determinar quantos mandatos – ou quantos anos – é muito longo".[27] Pontua o autor que, "embora essa ideia do possível retorno de um líder experiente seja fundamental para o conceito de rotação, também é a ideia de atualizar o sistema político periodicamente".[28]

A definição da duração de mandatos presidenciais, portanto, há muito vem se revelando tarefa árdua. Em uma digressão histórica, Alexander Hamilton defendia, nos artigos federalistas, que:

> (...) a duração de quatro anos, se por um lado contribuirá para a firmeza do executivo em grau suficiente para torná-lo um ingrediente muito valioso da composição, não é, por outro lado, longa o bastante para justificar qualquer temor pela liberdade pública.[29]

Por sua vez, em análise mais recente da evolução do presidencialismo norte-americano e da temporalidade dos mandatos dos Chefes do Poder Executivo naquele contexto político, Alexandre de Moraes destaca o entendimento dos Federalistas quanto à duração dos mandatos presidenciais, no sentido de que "não poderia ser tão longa que o aproximasse tanto da monarquia nem tão pequena que não contribuísse para o planejamento, a execução e a continuidade da direção administrativa do país".[30] E mais, sobre essa questão o referido autor assevera que, de acordo com Madison e Hamilton, "(...) havia necessidade de defender a periodicidade e

---

[26] HENRICH, Nathália. Uma breve história do debate sobre a reeleição presidencial nos Estados Unidos da América. *In*: SANTANO, Ana Claudia (coord.). *Reeleição presidencial nos sistemas políticos das Américas*. Curitiba: Íthala, 2015, p. 413.

[27] Tradução livre. KORZI, Michael J. *Presidential term limits in American history*: power, principles & politics. College Station: Texas A&M University Press, 2011, p. 167.

[28] Tradução livre. KORZI, Michael J. *Presidential term limits in American history*: power, principles & politics. College Station: Texas A&M University Press, 2011, p. 168.

[29] MADISON, James; HAMILTON, Alexander; JAY, John. *Os artigos federalistas*: 1787-1788. Tradução Maria Luiza X. de A. Borges. Rio de Janeiro: Nova Fronteira, 1993, p. 451.

[30] MORAES, Alexandre de. *Presidencialismo*. São Paulo: Atlas, 2004, p. 13.

alterabilidade no exercício das funções presidenciais em contraponto com a característica hereditária da monarquia".[31]

De modo semelhante à definição da duração dos mandatos dos Chefes do Poder Executivo, a reeleição presidencial também exibiu as dificuldades decorrentes das escolhas institucionais inerentes ao desenvolvimento do presidencialismo norte-americano.

Sobre essa temática, Alexander Hamilton, no Artigo Federalista 72, sustentava:

> (...) a reelegibilidade é necessária para permitir ao povo, quando vê motivos para aprovar a conduta do mandatário, estender sua permanência no cargo de modo a prolongar a utilidade de seus talentos e virtudes e assegurar ao governo a vantagem da permanência num sistema sensato de administração.[32]

Em uma abordagem em sentido oposto, Alexis de Tocqueville, em seus escritos sobre a América, registrou que "(...) o princípio da reeleição torna a influência corruptora dos governos eletivos mais extensa e mais perigosa".[33] Assim, ao tratar da reeleição e da duração do mandato presidencial, argumentou que "a intriga e a corrupção são vícios naturais aos governos eletivos. Quando, porém, o Chefe do Estado pode ser reeleito, tais vícios se estendem indefinidamente e comprometem a própria existência do país".[34]

Como visto, a reeleição e a duração do mandato presidencial são questões delicadas e tênues no desenho institucional de qualquer sistema de governo presidencialista.

Nos Estados Unidos não é diferente; até hoje essa temática encontra espaço nos debates constitucionais, uma vez que a

---

[31] MORAES, Alexandre de. *Presidencialismo*. São Paulo: Atlas, 2004, p. 13. Em outra passagem, o autor ressalta que "a República, diferentemente da Monarquia, caracteriza-se principalmente pela eletividade periódica do Chefe da Nação, em detrimento da hereditariedade do Rei, consagrando a necessária alternância de poder na Democracia". MORAES, Alexandre de. *Presidencialismo*. São Paulo: Atlas, 2004, p. 115.

[32] MADISON, James; HAMILTON, Alexander; JAY, John. *Os artigos federalistas*: 1787-1788. Tradução Maria Luiza X. de A. Borges. Rio de Janeiro: Nova Fronteira, 1993, p. 453.

[33] TOCQUEVILLE, Alexis de. *A democracia na América*. 2. ed. Belo Horizonte: Itatiaia; São Paulo: Editora da Universidade de São Paulo, 1987, p. 109.

[34] TOCQUEVILLE, Alexis de. *A democracia na América*. 2. ed. Belo Horizonte: Itatiaia; São Paulo: Editora da Universidade de São Paulo, 1987, p. 108.

Constituição norte-americana, em seus termos originais, não previa qualquer limitação ou vedação à reeleição do Chefe do Poder Executivo.

Nesse passo, torna-se essencial contextualizar o desenvolvimento e a aplicação do instituto da reeleição na história política norte-americana, iniciando-se pela experiência do primeiro a ocupar a cadeira da Presidência dos Estados Unidos, considerado ainda hoje uma referência na democracia norte-americana: George Washington, que veio a exercer dois mandatos como Presidente dos Estados Unidos.

George Washington – um dos pais fundadores dos Estados Unidos – foi reeleito para o segundo mandato, tendo decidido, apesar de sua popularidade, não disputar o terceiro mandato por convicções pessoais.

Como, à época, na Constituição norte-americana,[35] não havia qualquer previsão que impusesse limites à reeleição presidencial, muitos estudiosos compreendem que a tradição do exercício de dois mandatos se iniciou com a postura adotada pelo primeiro Presidente norte-americano.[36]

Após os dois mandatos de George Washington, John Adams se consagrou Presidente dos Estados Unidos, tendo exercido apenas um mandato. Foi derrotado no pleito eleitoral por Thomas Jefferson, que se tornou o terceiro a ocupar a cadeira de Presidente dos Estados Unidos.

Nesta explanação, cumpre tecer alguns comentários sobre o pensamento do Presidente Thomas Jefferson a respeito da reeleição do Chefe do Poder Executivo. Isso porque, no fervoroso período das

---

[35] "O art. II, Seção I, item 1 da Constituição dos Estados Unidos não previa qualquer restrição à reeleição do Presidente e Vice-Presidente da República, consagrando-se a plena e ilimitada possibilidade de mandatos sucessivos". MORAES, Alexandre de. *Constituição do Brasil interpretada e legislação constitucional*. 9. ed. atualizada até a EC n. 71/12. São Paulo: Atlas, 2013, p. 555.

[36] Nathália Henrich esclarece que, "na prática, era amplamente aceito que ao decidir não concorrer a um terceiro mandato, Washington teria enviado uma mensagem para os futuros presidentes: dois mandatos seriam suficientes para que um regime democrático presidencial não corresse o risco de degenerar-se em uma tirania. Assim teria nascido a 'two term tradition' ou 'tradição dos dois mandatos' (...)". HENRICH, Nathália. Uma breve história do debate sobre a reeleição presidencial nos Estados Unidos da América. *In*: SANTANO, Ana Claudia (coord.). *Reeleição presidencial nos sistemas políticos das Américas*. Curitiba: Íthala, 2015, p. 408.

discussões preliminares da Constituição norte-americana, diversas foram as críticas por ele pontuadas ao texto proposto.

A título exemplificativo, em carta escrita a James Madison, em 20 de dezembro de 1787, Thomas Jefferson criticou a inexistência de previsão referente à rotatividade do Presidente no poder (*Rotation in Office*) na Constituição proposta.

Naquela oportunidade, Jefferson escreveu: "a experiência coincide com a razão em concluir que o primeiro magistrado [presidente] será sempre reeleito se a Constituição o permitir. Ele é então um servidor vitalício".[37]

As ideias contidas nessa Carta escrita por Thomas Jefferson revelam sua inquietação com o fato de a Constituição proposta pela Convenção da Filadélfia não possuir instrumentos necessários para limitar a quantidade de reeleições ao cargo de Presidente dos Estados Unidos.

A esse respeito, Michael J. Korzi acentua que "Jefferson acreditava há muito tempo em limites de mandatos ou rotatividade para a presidência, mesmo antes de ocupar o cargo".[38] Afirma que "é claro pelas próprias palavras de Jefferson que ele se preocupava muito com os presidentes que serviam longos mandatos".[39]

Nesse prisma, Korzi pontua que Jefferson se preocupava com a preservação de uma boa administração, o que se relacionava diretamente com a duração dos mandatos e o avançar da idade do Chefe do Poder Executivo. Não por outra razão, o autor destaca que "Jefferson acreditava fortemente que uma mudança de administração [presidência] seria muitas vezes uma boa coisa para o povo americano".[40]

Todavia, observa-se que as noções iniciais de Thomas Jefferson foram, com o tempo, relativizadas. Apesar de inicialmente

---

[37] Tradução livre. AMERICAN HISTORY. *From revolution to reconstruction and beyond*. Letters of Thomas Jefferson 1743-1826. Disponível em: http://www.let.rug.nl/usa/presidents/thomas-jefferson/letters-of-thomas-jefferson/jefl66.php. Acesso em: 3 abr. 2019.

[38] Tradução livre. KORZI, Michael J. *Presidential term limits in American history*: power, principles & politics. College Station: Texas A&M University Press, 2011, p. 47.

[39] Tradução livre. KORZI, Michael J. *Presidential term limits in American history*: power, principles & politics. College Station: Texas A&M University Press, 2011, p. 48.

[40] Tradução livre. KORZI, Michael J. *Presidential term limits in American history*: power, principles & politics. College Station: Texas A&M University Press, 2011, p. 49-50.

se posicionar de forma crítica à reeleição presidencial, Jefferson reconsiderou seu posicionamento sobre o tema e postulou o segundo mandato, seguindo o paradigma estabelecido pelo então Presidente George Washington.

Michael J. Korzi explica, ainda, que até mesmo Jefferson, pelo menos uma vez, mudou sua visão sobre a rotatividade do presidente, asseverando: "Jefferson, primeiro, se opôs totalmente à reelegibilidade e, posteriormente, optou por uma forma modificada de reelegibilidade, uma reeleição".[41]

Importante ressaltar também que Jefferson, segundo Korzi, entendia que, em situações extremas, como, por exemplo, aquelas que pudessem ameaçar a república, admitir-se-ia a continuidade do líder na Presidência para além de dois ou até mesmo três mandatos.[42]

Nesse sentido, Jefferson, no exercício da Presidência dos Estados Unidos, seguiu os passos de George Washington, reelegendo-se para o segundo mandato sucessivo, porém, "declinou da proposta de competir por um terceiro invocando o precedente estabelecido pelo seu antecessor em um ato que muitos consideram como a sacramentalização da tradição dos dois mandatos".[43]

Sobre essa questão, Alexandre de Moraes ensina que Thomas Jefferson, após o exercício do segundo mandato, e seguindo a tradição iniciada por George Washington, decidiu "retirar-se da vida pública (...), afirmando que a reeleição indefinida abalaria o sistema eletivo norte-americano, transformando-o, na realidade, em cargo vitalício e degenerando o sistema republicano".[44]

Salienta-se, entretanto, que, se, de um lado, é certo afirmar que "a limitação tradicional à reeleição após o segundo mandato foi

---

[41] Tradução livre. KORZI, Michael J. *Presidential term limits in American history*: power, principles & politics. College Station: Texas A&M University Press, 2011, p. 51.

[42] Segundo Michael J. Korzi, "Jefferson parecia considerar que poderiam existir situações que exigissem a continuidade da liderança, além de um segundo ou talvez até mesmo de um terceiro mandato. No entanto, seu exemplo é tão extremo – a eleição de um monarquista e, portanto, a possível destruição da república – que ele pode ser perdoado por falta de compromisso com a rotatividade em face de uma ameaça aos próprios fundamentos do republicanismo". KORZI, Michael J. *Presidential term limits in American history*: power, principles & politics. College Station: Texas A&M University Press, 2011, p. 50-51.

[43] HENRICH, Nathália. Uma breve história do debate sobre a reeleição presidencial nos Estados Unidos da América. *In:* SANTANO, Ana Claudia (coord.). *Reeleição presidencial nos sistemas políticos das Américas*. Curitiba: Íthala, 2015, p. 420.

[44] MORAES, Alexandre de. *Presidencialismo*. São Paulo: Atlas, 2004, p. 121.

iniciada pelo próprio George Washington, em princípio por motivos de ordem pessoal",[45] de outro lado, Alexandre de Moraes pontua que "não consta historicamente que tenha pretendido orientar a tradição política americana nesse sentido".[46]

Nesse dilema, Michael J. Korzi explica que "Washington recusou um terceiro mandato mais por razões pessoais do que as de princípio ou filosofia"[47] e que "Jefferson, então, receberá mais atenção, pois ele defendeu claramente sua decisão de não buscar a reeleição em 1808 com base em filosofia política".[48]

O posicionamento de Thomas Jefferson, contrário à disputa pelo terceiro mandato presidencial, é evidenciado em carta escrita, em 1807, à *Legislature of Vermont* (Legislatura de Vermont), assim transcrita:

> Acreditando que um governo representativo, responsável em períodos curtos de eleição, é aquele que produz a maior soma de felicidade para a humanidade, eu sinto que é um dever não fazer nenhum ato que essencialmente prejudique esse princípio; e eu, involuntariamente, seria a pessoa que, desconsiderando o sólido precedente estabelecido por um ilustre antecessor, deveria fornecer o primeiro exemplo de prolongação para além do segundo mandato.[49]

Diante disso, Michael J. Korzi entende que Jefferson, ao associar a sua decisão ao seu antecessor, criou a impressão de que Washington também não concorreu ao terceiro mandato por princípios políticos. Não por outras razões, o autor destaca que "o precedente de dois mandatos de Washington ganhou vida própria em grande parte graças a Jefferson".[50]

A tradição de dois mandatos presidenciais, então, surgia. Nesse prisma, Akhil Reed Amar explica: "com um par de precedentes

---

[45] MORAES, Alexandre de. *Presidencialismo*. São Paulo: Atlas, 2004, p. 121.
[46] MORAES, Alexandre de. *Presidencialismo*. São Paulo: Atlas, 2004, p. 120-121.
[47] Tradução livre. KORZI, Michael J. *Presidential term limits in American history*: power, principles & politics. College Station: Texas A&M University Press, 2011, p. 43.
[48] Tradução livre. KORZI, Michael J. *Presidential term limits in American history*: power, principles & politics. College Station: Texas A&M University Press, 2011, p. 43.
[49] Tradução livre. JEFFERSON, Thomas. *Letter to legislature of Vermont*. December 10, 1807. Disponível em: http://teachingamericanhistory.org/library/document/letter-to-the-legislature-of-vermont/. Acesso em: 5 jan. 2019.
[50] Tradução livre. KORZI, Michael J. *Presidential term limits in American history*: power, principles & politics. College Station: Texas A&M University Press, 2011, p. 45.

de dois mandatos (e presidentes) agora nos livros de história, os sucessores imediatos de Jefferson, Madison e Monroe, seguiram o exemplo se recusando a servir além dos oito anos".[51]

Akhil Reed Amar ainda assevera:

> (...) iniciando com George Washington, que renunciou após oito anos, embora ele pudesse facilmente ter vencido um terceiro mandato, para o qual ele era totalmente elegível, os primeiros presidentes deram aos Estados Unidos uma forte tradição de limitação de dois mandatos à presidência.[52]

Ocorre que os debates sobre a possibilidade, ou não, de reeleição do Presidente dos Estados Unidos, ao lado da tradição do exercício de dois mandatos – iniciada por George Washington e ratificada por Thomas Jefferson –, estiveram presentes, de forma recorrente, no cenário político norte-americano.

Atribui-se a isso, entre outros motivos, a inexistência de qualquer previsão a respeito dos limites à reeleição do Chefe do Poder Executivo na Constituição de 1787, bem como ao fato de que a limitação de dois mandatos era fundamentada tão somente em uma tradição, e não em uma regra, o que despertava, invariavelmente, o desejo, mesmo que velado, dos líderes políticos de consagração de sucessivas reeleições.

Edward S. Corwin, em seus estudos sobre a Constituição norte-americana, em obra publicada em 1920, especificamente sobre a duração do mandato e a reeleição presidencial, argumentava que "(...) a Constituição não faz nenhuma previsão quanto à reeleição de um Presidente. O entendimento que limita o mandato de qualquer indivíduo na presidência a dois mandatos se apoia exclusivamente no costume".[53]

Por sua vez, Carolina Cardoso Guimarães Lisboa evidencia que as normas constitucionais não escritas no cenário norte-americano "não se restringiam apenas a completar o documento de 1787, mas

---

[51] Tradução livre. AMAR, Akhil Reed. *America's Constitution*: a biography. New York: Random House Publishing Group, 2012, p. 146.
[52] Tradução livre. AMAR, Akhil Reed. *America's unwritten constitution*: the precedents and principles we live by. New York: Basic Books, 2012, p. 462.
[53] Tradução livre. CORWIN, Edward S. *The Constitution and what it means today*. Princeton: Princeton University Press, 1920, p. 42-43.

em numerosas ocasiões suplantaram, alterando o seu conteúdo literal e realizando as adaptações da vida política do país".⁵⁴

Dentre as normas não escritas da Constituição norte-americana, a autora cita a tradição de dois mandatos presidenciais, registrando que "até 1940 havia uma convenção constitucional segundo a qual o Presidente da República não podia ser reeleito para um terceiro mandato".⁵⁵

Em sentido semelhante, Steven Levitsky e Daniel Ziblatt destacam que a tradição de dois mandatos esteve fortemente arraigada na cultura política norte-americana:

> Assim estabelecido, o limite informal de dois mandatos se mostrou notavelmente robusto. Mesmo presidentes ambiciosos e populares como Jefferson, Andrew Jackson e Ulysses S. Grant se abstiveram de desafiá-lo. Quando amigos de Grant o encorajaram a buscar um terceiro mandato, isso causou alvoroço e a Câmara dos Representantes aprovou uma resolução declarando o seguinte: "O precedente estabelecido por Washington e outros presidentes (...) ao se aposentarem do (...) cargo após seu segundo mandato se tornou (...) uma parte do nosso sistema republicano (...). Qualquer desvio desse costume consagrado pelo tempo seria insensato, antipatriótico e carregado de perigo para as nossas instituições livres".⁵⁶

Não obstante a reverência norte-americana ao costume e à tradição de dois mandatos presidenciais, Nathália Henrich adverte que, antes da eleição de Franklin Delano Roosevelt em 1940, a tradição de dois mandatos foi desafiada por presidentes que almejavam o terceiro mandato.

Nesse ponto, Michael J. Korzi elucida que:

> (...) outros presidentes desafiaram a tradição antes de Franklin Roosevelt, todos eles enfrentaram oposição significativa dentro de seus próprios partidos antes do possível terceiro mandato e, portanto, ou foram negadas as nomeações que eles passivamente (Grant) ou

---

⁵⁴ LISBOA, Carolina Cardoso Guimarães. *Normas constitucionais não escritas*: costumes e convenções da Constituição. São Paulo: Almedina, 2014, p. 186.
⁵⁵ LISBOA, Carolina Cardoso Guimarães. *Normas constitucionais não escritas*: costumes e convenções da Constituição. São Paulo: Almedina, 2014, p. 187.
⁵⁶ Tradução livre. LEVITSKY, Steven; ZIBLATT, Daniel. *How democracies die*. New York: Crown, 2018, p. 108.

ativamente (Theodore Roosevelt) procuraram ou sequer buscaram a renomeação (Cleveland e Coolidge).[57]

A título de curiosidade, vale registrar que Grover Cleveland foi o 22º e o 24º Presidente dos Estados Unidos, tendo sido o único Presidente norte-americano a exercer o cargo em mandatos não consecutivos.[58]

Nathália Henrich explica que, apesar das tentativas de superação da tradição de dois mandatos, Franklin Delano Roosevelt (FDR) "foi o único a conseguir a reeleição para um terceiro mandato – e depois um quarto (...)".[59]

Em passagem correlata, Michael J. Korzi esclarece que, embora a tradição tenha sido desafiada, antes do exercício da Presidência por Franklin Delano Roosevelt, "nenhum outro candidato ao terceiro mandato teve o apoio de seu partido, nem teve o pretexto de 'crise' para legitimar sua busca".[60]

Por sua vez, Akhil Reed Amar destaca que a mera possibilidade de concorrer ao terceiro mandato fortalecia as alianças e os poderes do presidente norte-americano ao longo do segundo mandato. Assevera o autor:

> antes de 1951, era improvável que um presidente de dois mandatos procurasse e vencesse um terceiro mandato, mas a mera possibilidade de que ele o fizesse fortalecia seu controle sobre seus aliados e ajudava a manter seus inimigos sob controle.[61]

A duradoura tradição de dois mandatos presidenciais, todavia, foi rompida com o exercício – mediante sucessivas reeleições – de quatro mandatos pelo Presidente Franklin Delano Roosevelt,

---

[57] Tradução livre. KORZI, Michael J. *Presidential term limits in American history*: power, principles & politics. College Station: Texas A&M University Press, 2011, p. 79.
[58] THE WHITE HOUSE. *Grover Cleveland*. Disponível em: https://www.whitehouse.gov/about-the-white-house/presidents/grover-cleveland/. Acesso em: 13 maio 2019.
[59] HENRICH, Nathália. Uma breve história do debate sobre a reeleição presidencial nos Estados Unidos da América. *In*: SANTANO, Ana Claudia (coord.). *Reeleição presidencial nos sistemas políticos das Américas*. Curitiba: Íthala, 2015, p. 422.
[60] Tradução livre. KORZI, Michael J. *Presidential term limits in American history*: power, principles & politics. College Station: Texas A&M University Press, 2011, p. 79.
[61] Tradução livre. AMAR, Akhil Reed. *America's Constitution*: a biography. New York: Random House Publishing Group, 2012, p. 437.

32º Presidente dos Estados Unidos, que ocupou a cadeira de 1933 a 1945, tendo experimentado uma severa crise econômica e uma Guerra Mundial.

Michael J. Korzi discorre sobre a relevância da eleição de 1940 para o contexto histórico e político norte-americano, salientando que este pleito resultou na primeira superação da tradição de dois mandatos presidenciais, a partir da reeleição para o terceiro mandato de FDR.

Em suas palavras, Korzi explica:

> com exceção da decisão original dos autores da Constituição dos Estados Unidos contra limites aos mandatos presidenciais, o evento mais importante na história do debate sobre mandato presidencial é, naturalmente, a eleição de 1940, o primeiro desafio bem-sucedido à tradição de dois mandatos.[62]

Nessa perspectiva, é interessante observar as similitudes entre os debates que ocorreram para viabilizar a reeleição para o terceiro mandato de FDR e aqueles realizados na Convenção da Filadélfia, uma vez que, após mais de 150 anos, os argumentos foram – e, seguramente, continuam sendo – reavivados.[63]

Ao abordar essa questão, Michael J. Korzi ressalta:

> Os defensores da tradição de dois mandatos estavam do lado daqueles que recuaram diante da ausência de limites de mandatos na Constituição. Em seus argumentos, eles incorporam o que chamamos de modelo *Whig* da presidência. Os defensores de Roosevelt, em muitos aspectos, refletem o pensamento do modelo 'constitucional' e particularmente a vigorosa defesa de Hamilton de continuidade da administração em situações de emergência.[64]

Assim, constata-se que os argumentos favoráveis ao terceiro mandato de FDR se alinhavam com o pensamento defendido

---

[62] Tradução livre. KORZI, Michael J. *Presidential term limits in American history*: power, principles & politics. College Station: Texas A&M University Press, 2011, p. 79.

[63] Nessa questão, Michael J. Korzi explica que "os debates de 1940 acompanharam bem os de 1787-1788, com os partidários de Roosevelt encontrando consolo nos argumentos de Hamilton, e com Willkie e os republicanos inclinando-se para a visão anti-Federalista (ou Whig)". Tradução livre. KORZI, Michael J. *Presidential term limits in American history*: power, principles & politics. College Station: Texas A&M University Press, 2011, p. 91.

[64] Tradução livre KORZI, Michael J. *Presidential term limits in American history*: power, principles & politics. College Station: Texas A&M University Press, 2011, p. 80.

pela corrente hamiltoniana, contrária à imposição de limites à duração do mandato presidencial.⁶⁵ Já aqueles que defendiam a tradição de dois mandatos presidenciais aproximavam-se dos ideais propostos pelo partido *Whig*, em um viés adotado pelos antifederalistas.

Além das virtudes e dos pensamentos originados na Convenção da Filadélfia, que serviram de inspiração para a retomada desse debate acerca da duração do mandato e da reeleição presidencial, a crise econômica e a Segunda Guerra Mundial foram fatores que fortaleceram a ideia de que a administração de FDR deveria continuar, isto é, governar por um terceiro mandato.⁶⁶

Por isso, Michael J. Korzi aponta:

> (...) muitos dos argumentos para um terceiro mandato em 1938 e grande parte de 1939 foram baseados na proteção das políticas econômicas do *New Deal*. (...) Com o início da guerra na Europa em setembro de 1939, o sentimento público mostrou uma mudança em favor de um terceiro mandato para Roosevelt.⁶⁷

Além dos fatores que propiciaram a reeleição ao terceiro mandato, destaca-se também a postura de FDR diante da tradição de dois mandatos presidenciais, pois, ao quedar-se silente quanto à possibilidade de se reeleger novamente ao cargo, sua força como presidente perante o Congresso norte-americano e as demais nações restou preservada.

Nessa óptica, Michael J. Korzi elucida:

> Roosevelt defendeu seu silêncio até o último momento por motivos de preservação do poder presidencial, especialmente em relação ao Congresso e às nações estrangeiras. Embora isso não seja necessariamente um argumento para um terceiro mandato – Roosevelt poderia ter optado

---

⁶⁵ Em outros termos, "a defesa do terceiro mandato de Roosevelt está totalmente alinhada com a perspectiva hamiltoniana contra limites de mandatos". Tradução livre. KORZI, Michael J. *Presidential term limits in American history*: power, principles & politics. College Station: Texas A&M University Press, 2011, p. 98-99.

⁶⁶ Michael J. Korzi argumenta que "claramente Roosevelt estava apelando para a necessidade de liderança e continuidade administrativa, os dois pilares da justificativa 'oficial' para um terceiro mandato". Tradução livre. KORZI, Michael J. *Presidential term limits in American history*: power, principles & politics. College Station: Texas A&M University Press, 2011, p. 97-98.

⁶⁷ Tradução livre. KORZI, Michael J. *Presidential term limits in American history*: power, principles & politics. College Station: Texas A&M University Press, 2011, p. 82-83.

por não concorrer novamente e ainda colher os benefícios desse silêncio – é um argumento contra os limites de mandatos estabelecidos, que, como os caracterizamos hoje, fazem um presidente ou qualquer outra autoridade imediatamente um pato manco após a eleição para o último mandato elegível.[68]

Também foi significativo o papel exercido pela esposa de FDR, Eleanor Roosevelt, durante o exercício da Presidência e nos pleitos eleitorais disputados pelo então Presidente.

A exemplo disso, em 1940, em meio a tensões internas e externas, inclusive divisões dentro do próprio Partido Democrata, Eleanor Roosevelt proferiu discurso histórico, sem a presença de FDR, na Convenção Nacional Democrata realizada naquele ano, cujas palavras tiveram efeito transformador no pleito eleitoral daquele ano:

> Você não pode tratá-lo como você trataria uma indicação comum em um tempo comum. Nós, povo dos Estados Unidos, temos que perceber hoje que enfrentamos uma situação grave e séria. Portanto, este ano, o candidato que é o Presidente dos Estados Unidos não pode fazer campanha no sentido usual da palavra. Ele deve estar em seu trabalho. Então, cada um de vocês que confere a ele essa responsabilidade – pois vocês farão a campanha – terá que superar as estreitas e partidárias concepções. Vocês devem saber que este é o momento em que todos os bons homens e mulheres dedicam seu serviço e sua força ao seu país. Este é um momento em que são pelos Estados Unidos que lutamos. As políticas internas que estabelecemos como partido, nas quais devemos acreditar, que devemos levar adiante, e no mundo temos uma posição de grande responsabilidade. Não podemos prever o que pode acontecer a cada dia. Este não é um momento comum. Não há tempo para pesar nada, exceto o que podemos fazer de melhor para o país como um todo. E essa responsabilidade recai sobre cada um de nós como indivíduos.[69]

Não fosse suficiente a reeleição de FDR para o terceiro mandato na Presidência, a corrida pelo quarto mandato presidencial

---

[68] Tradução livre. KORZI, Michael J. *Presidential term limits in American history*: power, principles & politics. College Station: Texas A&M University Press, 2011, p. 99-100.

[69] THE ELEANOR ROOSEVELT PAPERS PROJECT. *Address to the 1940 Democratic Convention*. The George Washington University. Disponível em: https://www2.gwu.edu/~erpapers/teachinger/q-and-a/q22-erspeech.cfm. Acesso em: 3 abr. 2019.

seguiu rumos semelhantes no decorrer do pleito eleitoral de 1944. Nesse período, vivenciava-se a Segunda Guerra Mundial.[70]

Examinando esse contexto histórico, Michael J. Korzi registra:

> Os eleitores consideram a aceitabilidade da tentativa do quarto mandato de Roosevelt mais uma vez dentro do contexto de guerra, mas desta vez a questão chave não era se a guerra estava chegando, mas se terminaria antes da eleição.[71]

Como resultado, FDR se sagrou vencedor para o exercício do seu quarto mandato como Presidente dos Estados Unidos. Além dos dilemas enfrentados acerca da duração do mandato presidencial, para acentuar o quadro, no exercício de seu quarto mandato, o Presidente FDR veio a falecer, assumindo a cadeira da Presidência Harry S. Truman, que se tornou o 33º Presidente dos Estados Unidos.

A despeito da longa duração do mandato de FDR e do rompimento com a tradição de dois mandatos presidenciais, Steven Levitsky e Daniel Ziblatt advertem que não se pode afirmar que a administração do então Presidente se aproximou da autocracia, longe disso.

Nessa observação, os autores elencam os principais elementos que propiciaram o equilíbrio entre a longa duração do mandato presidencial exercido por FDR e o governo democrático naquele contexto:

> A concentração sem precedente do poder executivo por Roosevelt durante a Grande Depressão e a Segunda Guerra Mundial. Além da tentativa de aparelhamento da Suprema Corte (*court-packing plan*), a confiança de Roosevelt na ação unilateral representou um sério desafio para os pesos e contrapesos tradicionais. Seu uso de *executive orders* [ordens executivas] – mais de 3.000 durante o seu mandato, com uma média de mais de 300 por ano – era inigualável na época ou desde então. Sua decisão de buscar um terceiro (e depois um quarto) mandato rompeu uma norma de quase 150 anos de restrição de dois mandatos

---

[70] Michael J. Korzi relata que, "como a tentativa de reeleição de FDR em 1940, a busca pela reeleição em 1944 foi moldada pela Segunda Guerra Mundial". Tradução livre. KORZI, Michael J. *Presidential term limits in American history*: power, principles & politics. College Station: Texas A&M University Press, 2011, p. 103.

[71] Tradução livre. KORZI, Michael J. *Presidential term limits in American history*: power, principles & politics. College Station: Texas A&M University Press, 2011, p. 103.

presidenciais. (...) A presidência de Roosevelt nunca degringolou em autocracia, no entanto. Há muitas razões para isso, mas uma delas é que muitos dos excessos do poder executivo de Roosevelt desencadearam uma resistência bipartidária. O plano de aparelhamento da Suprema Corte (*court-packing plan*) foi rejeitado por ambos os partidos, e, embora Roosevelt tenha destruído a regra não escrita que limitava a Presidência a dois mandatos, o apoio à velha norma era tão forte que, em 1947, menos de dois anos de sua morte, uma coalizão bipartidária no Congresso aprovou a Vigésima Segunda Emenda, que consagrou essa tradição na Constituição dos Estados Unidos. As grades de proteção foram testadas durante a era Roosevelt, mas resistiram.[72]

Assim, a tênue balança entre poder e democracia foi resguardada e assegurada naquele momento histórico norte-americano, especialmente em razão dos seguintes fatores: a consolidação das instituições e o papel exercido pelos partidos políticos, antes e após a Presidência de FDR.

Na sequência do falecimento de FDR, momento em que Harry S. Truman assumiu a cadeira da Presidência, já era possível observar o desgaste e a insatisfação popular quanto aos sucessivos mandatos de FDR, ante a ausência de previsão constitucional acerca da reeleição presidencial, o que reacendeu ainda mais as discussões sobre o tema.

Se, por um lado, o terceiro mandato de FDR, segundo Michael J. Korzi, "indubitavelmente fornece forte argumento para a reelegibilidade ilimitada",[73] por outro lado, "seu quarto mandato sugere os problemas associados com o longo mandato no cargo".[74]

Nessa toada, os partidos, republicano e democrata, foram protagonistas, externando argumentos favoráveis e contrários, respectivamente, à introdução de instrumentos limitadores da reeleição presidencial.

Em defesa dos instrumentos de controle do Poder Executivo, o partido republicano apresentou proposta de Emenda à Constituição buscando, nos dizeres de Nathália Henrich, "frear o poder

---

[72] Tradução livre. LEVITSKY, Steven; ZIBLATT, Daniel. *How democracies die*. New York: Crown, 2018, p. 138.
[73] Tradução livre. KORZI, Michael J. *Presidential term limits in American history*: power, principles & politics. College Station: Texas A&M University Press, 2011, p. 103.
[74] Tradução livre. KORZI, Michael J. *Presidential term limits in American history*: power, principles & politics. College Station: Texas A&M University Press, 2011, p. 103.

excessivo do braço Executivo do governo e garantir a rotatividade dos indivíduos no poder".[75]

Michael J. Korzi ressalta que "os debates sobre a Vigésima Segunda Emenda revelariam um forte resíduo da filosofia *Whig* no Partido Republicano e na promoção da limitação de dois mandatos como regra constitucional".[76]

Sob essa óptica, Nathália Henrich identifica os argumentos utilizados pelo partido republicano, que defendia a rotatividade do presidente, e pelo partido democrata, que defendia a livre escolha dos representantes pelo povo:

> Para os Democratas, a lei significava uma barreira ao direito democrático do cidadão de escolher manter no governo o seu candidato (baseados amplamente na tese de Hamilton). Os Republicanos apelavam para a teoria democrática que diz que a força da democracia vem da confiança em diversos centros de opinião e que seu dinamismo estaria assegurado pela existência de um estoque infindável de novas ideias e visões garantidas pelo incentivo à rotatividade do poder.[77]

Nesse cenário, a proposição da 22ª Emenda à Constituição – a qual codificou a tradição de dois mandatos presidenciais – era matéria que já vinha sendo provocada, tendo ganhado efetividade e força no período entre 1947 e 1949, durante a Presidência de Harry Truman, oportunidade em que o Congresso norte-americano era composto por maioria republicana. Nesse panorama, Michael J. Korzi assinala:

> Logo no início do 80º Congresso, com os republicanos no controle pela primeira vez desde 1931, a proposta da Vigésima Segunda Emenda à Constituição veio antes da Casa dos Representantes e depois do Senado. (...) De fato, de acordo com o Deputado Louis E. Graham (Partido Republicano), "em um período de 139 anos, 210 tentativas foram feitas para fixar o mandato do presidente dos Estados Unidos. Então, não

---

[75] HENRICH, Nathália. Uma breve história do debate sobre a reeleição presidencial nos Estados Unidos da América. *In*: SANTANO, Ana Claudia (coord.). *Reeleição presidencial nos sistemas políticos das Américas*. Curitiba: Íthala, 2015, p. 426.
[76] Tradução livre KORZI, Michael J. *Presidential term limits in American history*: power, principles & politics. College Station: Texas A&M University Press, 2011, p. 9.
[77] HENRICH, Nathália. Uma breve história do debate sobre a reeleição presidencial nos Estados Unidos da América. *In*: SANTANO, Ana Claudia (coord.). *Reeleição presidencial nos sistemas políticos das Américas*. Curitiba: Íthala, 2015, p. 428.

estamos fazendo nada de novo, incomum ou fora do caminho neste momento".[78]

Em 24 de março de 1947, a 22ª Emenda à Constituição foi aprovada pelo Congresso norte-americano, e sua ratificação por Estados-membros completou-se em 27 de fevereiro de 1951.[79] A referida emenda foi resultado de uma recomendação da *Hoover Commission*,[80] que fora constituída no Congresso norte-americano com o objetivo de apresentar propostas para a reorganização do Poder Executivo.

Com essa alteração, a Constituição dos Estados Unidos passou a vigorar nos seguintes termos:

> Nenhuma pessoa será eleita para o cargo de Presidente mais de duas vezes, e nenhuma pessoa que ocupou o cargo de Presidente, ou atuou como Presidente, por mais de dois anos de um mandato no qual outra pessoa foi eleita Presidente, será eleita para o cargo de Presidente mais de uma vez.[81]

Daí, a partir da 22ª Emenda à Constituição, pode-se dizer que o exercício do cargo de Presidente dos Estados Unidos passou a se limitar, formalmente, a dois mandatos com duração de quatro anos cada.

Em outras palavras, o texto constitucional passou a restringir reeleições ilimitadas, codificando a tradição de dois mandatos, ao

---

[78] Tradução livre. KORZI, Michael J. *Presidential term limits in American history*: power, principles & politics. College Station: Texas A&M University Press, 2011, p. 127.

[79] Akhil Reed Amar explica que: "Roosevelt morreu no início do seu quarto mandato. Menos de dois anos depois, em março de 1947, o Congresso propôs uma emenda para limitar a reelegibilidade presidencial e codificar a prática pré-FDR. A ratificação ocorreu no início de 1951. Ao reduzir as tradições a um texto fixo, a emenda resolveu várias ambiguidades anteriores. As novas regras cobriram todos os termos, não apenas os consecutivos". Tradução livre. AMAR, Akhil Reed. *America's Constitution*: a biography. New York: Random House Publishing Group, 2012, p. 435.

[80] Hoover Commission: "Estabelecida sob a presidência do ex-presidente Herbert Hoover em 1947, a comissão entregou seus relatórios e recomendações ao presidente Harry S. Truman e ao Congresso em 1949. As propostas da Comissão Hoover resultaram em uma extensa reorganização do Poder Executivo do governo federal. Tradução livre. HARRY S. TRUMAN PRESIDENTIAL LIBRARY & MUSEUM. *The Hoover Commission Special Subject Guide*. Disponível em: em: https://www.trumanlibrary.org/hoover/hoover.htm. Acesso em: 4 abr. 2019.

[81] Tradução livre. ESTADOS UNIDOS DA AMÉRICA. Constituição. *22ª Emenda à Constituição*. Disponível em: https://www.senate.gov/civics/constitution_item/constitution. htm. Acesso em: 3 out. 2018.

fixar a regra de que o Chefe do Poder Executivo poderia tão somente se reeleger para um único mandato – sucessivo ou não –, vedando-se a reeleição para o terceiro mandato, sendo ele sucessivo ou não.

Com efeito, Akhil Reed Amar explica que a 22ª Emenda codificou a tradição não escrita de dois mandatos presidenciais. Não obstante sejam discutíveis as reais intenções do primeiro presidente dos Estados Unidos, George Washington, em fixar uma norma de renúncia após dois mandatos no cargo (não foi dada aos seus compatriotas qualquer explicação quando deixou o cargo), essa tradição não escrita ganhou força quando da recusa de Thomas Jefferson ao terceiro mandato na presidência.

Segundo o autor, Jefferson invocou publicamente o ideal de rotatividade republicana, o que foi seguido por Madison e Monroe. Nesse cenário, Akhil Reed Amar avalia que "qualquer sucessor que ousasse aspirar a um terceiro mandato sabia que estaria atraindo comparações políticas quase impossíveis", cujo parâmetro seria a própria postura dos pais fundadores nessa questão.[82]

Por seu turno, Michael J. Korzi aponta que a 22ª Emenda, além de ter codificado a tradição de dois mandatos presidenciais, teve significativa importância, pois atingiu os seguintes pontos de equilíbrios: i) a confiança na liderança e as suspeitas de tentações do poder; ii) os direitos democráticos do povo e o crescente poder da presidência; e iii) as aspirações por estabilidade e a necessidade de renovação. Nas palavras do autor, a referida emenda "é um compromisso adequado ou um ato de equilíbrio para uma nação com uma história profundamente conflituosa entre a permissão e, alternativamente, a restrição do poder executivo".[83]

Em outra passagem, Akhil Reed Amar, ao examinar o personalismo intrínseco do presidencialismo norte-americano, comenta que a referida emenda rechaça a ideia da indispensabilidade de um único líder no exercício da Presidência. Após quatro mandatos sucessivos de Franklin Delano Roosevelt na presidência dos Estados Unidos, emergia a necessidade de um novo formato de presidência,

---

[82] Tradução livre. AMAR, Akhil Reed. *America's Constitution*: a biography. New York: Random House Publishing Group, 2012, p. 433.

[83] Tradução livre. KORZI, Michael J. *Presidential term limits in American history*: power, principles & politics. College Station: Texas A&M University Press, 2011, p. 170.

que transcendesse essa ideia de indispensabilidade, da qual dotava, à época, FDR. Ao lado disso, os receios vivenciados naquela quadra histórica – corroborados pelas experiências de Hitler, Mussolini e Stalin – aumentaram a aversão norte-americana aos sistemas políticos que girassem em torno de um mesmo indivíduo no poder por longo período.[84]

Por seu turno, Bruce Ackerman registra que, no presidencialismo norte-americano contemporâneo, dominado pelos meios de comunicação predispostos ao culto da personalidade, a excessiva personalização dos líderes políticos é marcante em comparação à manifestação desse fenômeno nos sistemas parlamentares. O autor complementa sua argumentação revelando os riscos advindos do culto da personalidade nos sistemas presidencialistas, quando comparados com os sistemas parlamentares:

> As constituições parlamentares nunca acharam necessário limitar a duração do mandato do primeiro-ministro em exercício. (...) O resultado do culto presidencialista da personalidade certamente ofende aos que são mais voltados para a eficiência. (...) o culto da personalidade presidencial vai contra a semente do governo autônomo republicano. É francamente embaraçoso para uma constituição requerer de cidadãos livres e iguais o depósito de tamanha confiança na integridade pessoal e nos ideais de um único ser humano.[85]

Por essas razões, Ackerman sustenta que "uma presidência eleita predispõe o sistema à política da personalidade (...). Todavia, um sistema parlamentar faz um trabalho melhor ao manter tais tendências personalistas sob controle".[86]

Nessa perspectiva, Manoel Gonçalves Ferreira Filho, ao tratar do personalismo no presidencialismo, ensina que "esse governo de

---

[84] Tradução livre. AMAR, Akhil Reed. *America's Constitution*: a biography. New York: Random House Publishing Group, 2012, p. 436.

[85] ACKERMAN, Bruce. *A nova separação dos poderes*. Tradução Isabelle Maria Campos Vasconcelos, Eliana Valadares Santos. Rio de Janeiro: Lumen Juris, 2009, p. 34-35. É digno de nota que também há personalização do poder em sistemas parlamentaristas, tais como as experiências de Margaret Thatcher (1979-1990) no Reino Unido, de Indira Gandhi (1966-1977) na Índia, Helmut Kohl (1982-1998) e Angela Merkel (2005-2021), ambos na Alemanha. Todavia, os mecanismos de controle em sistemas parlamentaristas acabam por mitigar os riscos decorrentes da personalização em sistemas presidencialistas.

[86] *Ibidem*, p. 29.

homens é acentuado pelo fenômeno contemporâneo da personalização do poder".[87]

Mesmo diante dos argumentos apresentados em favor da 22ª Emenda, compreendida por alguns como fruto de uma construção histórica e de uma tradição de longa data, sua aprovação não passou imune às críticas. Muito pelo contrário. Como afirma Michael J. Korzi, ainda hoje existem opiniões contrárias à referida emenda.[88]

Assinala Michael J. Korzi que a corrente opositora à 22ª Emenda muitas vezes utiliza do argumento de que a influência do presidente frente ao Congresso, aos outros líderes de seu partido e ao país é atenuada de forma significativa, em razão da impossibilidade de se buscar o terceiro mandato, ou seja, a simples ameaça de ser reeleito ao terceiro período consecutivo fortalece, na visão dessa corrente contrária à limitação constitucional da reeleição presidencial, os poderes e a influência do Chefe do Poder Executivo Federal frente aos diversos atores políticos e setores da sociedade.[89]

Se, por um lado, é possível considerar a 22ª Emenda como um *turning-point* da história política norte-americana, uma vez que, pela primeira vez, passados mais de 150 anos, limitou-se, a partir de regra constitucional, a quantidade de mandatos do Chefe do Poder Executivo, por outro lado, também se costuma reconhecer, nos dizeres de Korzi, que, "desde a aprovação da Vigésima Segunda Emenda, a sabedoria convencional afirma que os presidentes se tornam patos mancos em seus segundos mandatos".[90]

---

[87] FERREIRA FILHO, Manoel Gonçalves. A revisão da doutrina democrática. *Revista de Direito Constitucional e Internacional*, v. 1/, p. 19-7, out.-dez. 1992, p. 14.

[88] No tocante às críticas da academia norte-americana frente à Vigésima Segunda Emenda à Constituição, Michael J. Korzi esclarece que: "Há quatro temas principais nas críticas da academia. Uma é que a emenda era uma resposta meramente ou predominantemente política (partidária). (...) A segunda linha principal é que a emenda, se não era apenas um ato de punição política, foi um ataque rancoroso ao cargo da presidência por um Congresso temeroso de sua influência decrescente. (...) Em terceiro lugar, há um apelo, às vezes direto, muitas vezes latente, à ideia de um líder 'indispensável' que seria necessário em um momento de emergência ou crise. (...) Finalmente, há uma forte suposição de que a emenda representa um passo para trás, já que exibe uma desconfiança das pessoas que não estão de acordo com a evolução política norte-americana". Tradução livre. KORZI, Michael J. *Presidential term limits in American history*: power, principles & politics. College Station: Texas A&M University Press, 2011, p. 126.

[89] Tradução livre. KORZI, Michael J. *Presidential term limits in American history*: power, principles & politics. College Station: Texas A&M University Press, 2011, p. 148-149.

[90] Tradução livre. KORZI, Michael J. *Presidential term limits in American history*: power, principles & politics. College Station: Texas A&M University Press, 2011, p. 143.

Em uma abordagem a respeito do termo "pato manco" (*lame duck*), que de forma recorrente é associado à duração do mandato presidencial, o autor ensina:

> A teoria do pato manco (*lame duck*) sugere que quanto mais próximo um presidente chega ao final de um segundo mandato – se ele ou ela é impedido de buscar a reeleição – menos relevante o presidente é para a cena de Washington e especialmente para os *players* do Congresso, os quais são fundamentais para a aprovação de muitas prioridades da Presidência. Após a ratificação da Vigésima Segunda Emenda, o termo ganhou força nas discussões da presidência, especialmente para os presidentes no segundo mandato.[91]

Portanto, em face desse complexo e antagônico cenário, em que se verificam favoráveis e contrários, historicamente, ao tema da reeleição e dos limites na duração dos mandatos presidenciais nos Estados Unidos, não foram poucas as tentativas de revogar a referida emenda. Atualmente, apesar das tentativas de revogação, a norma continua resguardada.

Não obstante isso, Akhil Reed Amar registra que o próprio Partido Republicano, que se posicionou a favor das restrições à reeleição presidencial, sofreu com as consequências oriundas da emenda. Em suas palavras, o autor relata:

> Em uma das pequenas ironias da História, a emenda, cujos defensores mais fervorosos foram os republicanos críticos de FDR, refletiu na restrição do próprio Partido Republicano, impedindo-o de recorrer à Dwight Eisenhower e Ronald Reagan na disputa por terceiros mandatos nas eleições de 1960 e 1988, respectivamente. Em ambos os anos, esses representantes poderiam ter sido preferidos, tanto pelos fiéis do partido, quanto pelo eleitorado, se tivessem permanecido elegíveis. Até agora, os outros únicos homens formalmente impedidos de buscar terceiros mandatos pela emenda foram Richard Nixon, Bill Clinton e George W. Bush. [e, agora, Barack H. Obama].[92]

De modo semelhante, Michael J. Korzi, examinando as contradições inerentes da política e do poder, ressalta que "é

---

[91] Tradução livre. KORZI, Michael J. *Presidential term limits in American history*: power, principles & politics. College Station: Texas A&M University Press, 2011, p. 145.
[92] Tradução livre. AMAR, Akhil Reed. *America's Constitution*: a biography. New York: Random House Publishing Group, 2012, p. 437.

impressionante a rapidez com que os partidários e os próprios presidentes revisam suas opiniões sobre a duração do mandato presidencial, quando o benefício político entra em confronto com seus princípios (...)".[93]

Essa volatilidade revela que esse é um tema ainda vivo no debate norte-americano, sendo possível afirmar que – mesmo passadas várias décadas da aprovação e ratificação da 22ª Emenda, que introduziu limites constitucionais à reeleição presidencial nos Estados Unidos – as complexidades inerentes ao enfrentamento dessa temática continuam presentes, muito embora, conforme reconhecido pelo próprio Michael J. Korzi, "a Vigésima Segunda Emenda à Constituição está entre as menos discutidas de todas as nossas emendas".[94]

Considerações finais sobre a reeleição no presidencialismo norte-americano

Diante desse quadro, em que não há respostas claras, tampouco certas, para a questão da limitação da duração dos mandatos presidenciais, o desenvolvimento do instituto da reeleição presidencial no contexto norte-americano tem demonstrado que o tema, há muito discutido, ainda gera repercussões na seara política.

O retorno recorrente desse debate é questão abordada por Michael J. Korzi, que evidencia, em seus estudos, a presença de corrente que ainda questiona os efeitos da restrição ao terceiro mandato a partir da introdução da 22ª Emenda à Constituição, assim explicando:

> Embora os autores da Constituição tenham visto a necessidade de reelegibilidade na presidência, uma tradição que proibia os terceiros mandatos se desenvolveu na primeira década do Século XIX. (...) Entretanto, durante a segunda metade do Século XIX, e durante grande parte do início do Século XX (com os presidentes Grant, Cleveland,

---

[93] Tradução livre. KORZI, Michael J. *Presidential term limits in American history*: power, principles & politics. College Station: Texas A&M University Press, 2011, p. 77.
[94] Tradução livre. KORZI, Michael J. *Presidential term limits in American history*: power, principles & politics. College Station: Texas A&M University Press, 2011, p. 124.

McKinley, Theodore Roosevelt, Wilson e Coolidge), a questão de um terceiro mandato retornou como uma questão-chave da política presidencial. Presidentes, candidatos, membros do Congresso e muitos comentaristas políticos avaliam a conveniência do terceiro mandato presidencial.[95]

Com efeito, a tradição de dois mandatos presidenciais codificada pela 22ª Emenda vem sendo contestada por personalidades políticas, incluindo ex-presidentes dos Estados Unidos, sob o argumento de que a limitação ao terceiro mandato inviabiliza a candidatura de presidenciáveis com alta popularidade e/ou probabilidade de vitória no pleito eleitoral.

Nesse sentido, Michael J. Korzi relata que o então Presidente democrata Bill Clinton confessou, no final do ano 2000, que, "se ele fosse elegível, teria buscado um terceiro mandato como presidente".[96]

Além disso, Korzi demonstra a insatisfação de Bill Clinton em relação à 22ª Emenda à Constituição:

> O Presidente Clinton revelou interesse devido aos seus comentários em uma entrevista de outubro de 2000 da Rolling Stone. Clinton, é claro, foi impedido pela emenda de buscar um terceiro mandato; no entanto, ele não foi impedido de registrar sua insatisfação com a emenda e seu desejo de um terceiro mandato. Clinton disse que teria se candidatado novamente se não fosse barrado pela Vigésima Segunda Emenda e acreditava que ganharia o terceiro mandato. Clinton reforçaria essa posição em 2003 com apelo para modificar a Vigésima Segunda Emenda, de forma que apenas terceiros mandatos consecutivos fossem proibidos.[97]

Akhil Reed Amar sustenta que "o limite constitucional afetou profundamente os anos de Clinton na presidência; sem esse limite, a política teria sido desempenhada de forma bastante diferente".[98]

---

[95] Tradução livre. KORZI, Michael J. *Presidential term limits in American history*: power, principles & politics. College Station: Texas A&M University Press, 2011, p. 76-77.
[96] Tradução livre. KORZI, Michael J. *Presidential term limits in American history*: power, principles & politics. College Station: Texas A&M University Press, 2011, p. 1.
[97] Tradução livre. KORZI, Michael J. *Presidential term limits in American history*: power, principles & politics. College Station: Texas A&M University Press, 2011, p. 124.
[98] Tradução livre. AMAR, Akhil Reed. *America's Constitution*: a biography. New York: Random House Publishing Group, 2012, p. 437.

Por seu turno, Michael J. Korzi especula ainda que, apesar da já consolidada restrição constitucional de dois mandatos presidenciais, não seria difícil imaginar "alguns dos partidários de Obama considerando os passos para permitir que ele buscasse um terceiro mandato".[99]

Em razão disso, compreende que "uma proibição constitucional de mais de dois mandatos, consecutivos ou não, é a melhor maneira de equilibrar os interesses conflitantes da democracia e do poder e ambição presidencial".[100]

Em sentido semelhante, Steven Levitsky e Daniel Ziblatt argumentam que "normas de reserva institucional são especialmente importantes em democracias presidenciais".[101]

Assim, conclui-se que, mesmo em uma democracia consolidada, como a norte-americana, cujo presidencialismo e as formas de controle são vistos como influência para a realidade sociopolítica de outros países, ainda estão presentes, na atualidade, dilemas referentes à duração do mandato e à reeleição presidencial.

1.3 O instituto da reeleição no presidencialismo latino-americano

Aproximando as ideias concatenadas no tópico anterior, referente ao desenvolvimento do instituto da reeleição no presidencialismo norte-americano, torna-se essencial demonstrar como o instituto tem se revelado nas novas democracias experimentadas na América Latina.

Como é cediço, a América Latina é formada por uma vasta quantidade de países,[102] com conjunturas políticas, sociais e

---

[99] Tradução livre. KORZI, Michael J. *Presidential term limits in American history*: power, principles & politics. College Station: Texas A&M University Press, 2011, p. 2.
[100] Tradução livre. KORZI, Michael J. *Presidential term limits in American history*: power, principles & politics. College Station: Texas A&M University Press, 2011, p. 12.
[101] Tradução livre. LEVITSKY, Steven; ZIBLATT, Daniel. *How democracies die*. New York: Crown, 2018, p. 108.
[102] A América Latina é composta pelos seguintes países, em ordem alfabética: Argentina, Bolívia, Brasil, Chile, Colômbia, Costa Rica, Cuba, Equador, El Salvador, Guatemala, Haiti, Honduras, México, Nicarágua, Panamá, Paraguai, Peru, República Dominicana, Uruguai e Venezuela.

econômicas, distintas e peculiares. A despeito da proximidade territorial e das mais variadas influências entre os países que compõem a região, é interessante notar e comparar as diferentes, mas aproximadas, percepções sobre a reeleição presidencial nesses contextos políticos.

Segundo Daniel Zovatto, o tema da reeleição presidencial na América Latina "experimentou uma mudança radical de tendência. Em apenas duas décadas, deixou de ser (no início da terceira onda democrática) uma região de forte vocação anti-reelecionista para uma de clara vocação pró-reeleição".[103]

Nessa linha de investigação, pretende-se verificar como os riscos de continuísmos de líderes políticos manifestam-se nas novas democracias presidencialistas latino-americanas, levando em consideração que, nos termos de Jorge Carpizo, "a democracia na América Latina, na maioria dos países, não é consolidada".[104]

Ao lado disso, entre outras patologias que afetam a governabilidade e o funcionamento institucional, buscar-se-á identificar fenômenos observados, por vezes, em determinados contextos políticos da América Latina, sendo eles: i) a exacerbada personalização do poder;[105] ii) os populismos; iii) os abusos da máquina pública pelo Chefe do Poder Executivo e a corrupção;[106] e iv) as alterações

---

[103] ZOVATTO, Daniel. Reforma político-electoral e innovación institucional en América Latina (1978-2016). 1. ed. México: Tirant Lo Blanch, 2018. (Monografías), p. 288.

[104] Tradução livre. CARPIZO, Jorge. Concepto de democracia y sistema de goviemo en América Latina. *Revista da Academia Brasileira de Direito Constitucional*, v. 10 B, p. 9-65, 2006, p. 99.

[105] De acordo com Roberto Viciano Pastor e Gabriel Moreno Gonzáles, "o sistema de governo presidencialista, no continente latino-americano, tem sido acompanhado, em algumas situações, por tendências caudilhistas, quando não por ditaduras unipessoais. A personalização do poder – sua concentração e continuidade – mantem-se como um problema nos presidencialismos latino-americanos. Com referência dos Estados Unidos, e sob as influências das teorias de poder que dizem respeito à alternância, os países latino-americanos em transformação acreditavam na limitação de mandatos dos chefes do poder executivo como solução para a experiência – problemática – do autoritarismo caudilhista". PASTOR, Roberto Viciano; GONZÁLEZ, Gabriel Moreno. Cuando los jueces declaran inconstitucional la Constitución: la reelección presidencial en América Latina a la luz de las últimas decisiones de las Cortes Constitucionales. *Anuario Iberoamericano de Justicia Constitucional*, n. 22, 2018, p. 169-170.

[106] Nesse prisma, Jorge Carpizo evidencia que "outro aspecto preocupante da democracia na América Latina é o problema da corrupção, que corrói e polui tudo. O Latinobarômetro de 2002 mostra que a percepção da sociedade é que a corrupção aumenta ano a ano". Tradução livre. CARPIZO, Jorge. Concepto de democracia y sistema de goviemo en América Latina. *Revista da Academia Brasileira de Direito Constitucional*, v. 10 B, p. 9-65, 2006, p. 100.

constitucionais e interpretações das Cortes, que modificam significativamente as normas relativas à reeleição do Chefe do Poder Executivo.[107]

Nesse sentido, o presente estudo partirá da percepção de que, em geral, nos países latino-americanos, o denominado forte sistema de governo presidencialista[108] se relaciona com a amplitude de poderes atribuídos ao Chefe do Poder Executivo e, eventualmente, com a intrínseca motivação dos líderes políticos à reeleição ao cargo, que, em casos extremos, conectam-se com a ambição referente à perpetuação no poder.

Por não se tratar do objeto principal dessa pesquisa, não se pretende esgotar o tema da reeleição e da duração de mandato dos presidentes de todos os países latino-americanos.

Portanto, a fim de examinar algumas peculiaridades que eventualmente se aproximam da realidade brasileira – e por vezes dela se distanciam –, será realizado um recorte para analisar, de forma breve e sucinta, o instituto da reeleição nos seguintes países, em ordem alfabética: Argentina, Bolívia, Colômbia, Costa Rica, Chile, Equador, Honduras, México, Paraguai, Peru, Uruguai e Venezuela.

Ressalte-se que essa seleção se deu com base na proximidade, mas também, essencialmente, na maior facilidade em acessar estudos e doutrinadores dos respectivos países, o que possibilitou uma compreensão mais apurada acerca da reeleição nos sistemas políticos adotados em cada um deles. Todavia, não se pretende, neste estudo, exaurir esse inesgotável e instigante tema, até porque parte-se de uma concepção de observador estrangeiro, sem a propriedade e a verticalidade daqueles que vivenciam, de perto, a realidade de cada país.

---

[107] Como será visto, as Cortes Constitucionais ou Supremas Cortes tiveram papel significativo, em alguns contextos políticos latino-americanos, na alteração constitucional de dispositivos que proibiam expressamente a reeleição presidencial, o que, na concepção de Roberto Viciano Pastor e Gabriel Moreno Gonzáles, configura indevida interferência do Poder Judiciário. PASTOR, Roberto Viciano; GONZÁLEZ, Gabriel Moreno. Cuando los jueces declaran inconstitucional la Constitución: la reelección presidencial en América Latina a la luz de las últimas decisiones de las Cortes Constitucionales. *Anuario Iberoamericano de Justicia Constitucional*, n. 22, 2018, p. 169-171.

[108] Conforme ensinado por Daniel Zovatto e Raúl Ávila, "os sistemas políticos latino-americanos têm sido caracterizados por um forte presidencialismo". Tradução livre. ZOVATTO, Daniel; ÁVILA, Raúl. Reelección presidencial en América Latina: nadando en contra de la ola? *Revista Brasileira de Direito Eleitoral – RBDE*, ano 2, n. 2, jan. /jun. 2010, p. 46-47.

Argentina

A reeleição presidencial é uma ideia historicamente contestada no constitucionalismo argentino. A Constituição da Nação Argentina de 1853, em seu texto original, vedava expressamente a reeleição presidencial imediata, admitindo, todavia, nova eleição após o interstício de um mandato presidencial, cuja duração era de 6 anos.[109]

De acordo com Mario Daniel Serrafero, a proibição da reeleição presidencial imediata, no contexto argentino, não foi prejudicial para o funcionamento do sistema político; ao contrário, apresentou saldo favorável.[110]

Em breve perspectiva histórica, Alejandro Pérez Hualde relata como o tema da reeleição presidencial esteve presente em debates de longa data na Argentina:

> Ao finalizar o século XIX, a segunda presidência de Julio Argentino Roca para o período de 1898-1904, que já havia governado desde 1880 a 1886, marcou o começo dessa prática ainda que os mandatos não fossem consecutivos, pois a constituição vigente o proibia. Logo, ocorreu com Hipólito Yrigoyen, que já havia exercido a presidência entre 1916 e 1922, o qual se elegeu pela segunda vez logo depois de transcorrido o mandato de Marcelo Torcuato de Alvear, a partir de 1928.

Além desses períodos, a questão da reeleição presidencial ressurgiu durante o primeiro mandato de Juan Domingo Perón na presidência. Em 1949, a Constituição argentina foi reformada, passando a permitir a reeleição presidencial imediata. Com essa alteração constitucional, nas eleições de 1951, Perón se reelegeu, sem, no entanto, concluir o segundo mandato consecutivo. Conforme relata Alberto Natale, em 1955, a Revolução Libertadora derrubou o então Presidente Perón e, após convocação de nova Constituinte, foi restabelecida a vedação à reeleição presidencial prevista na Constituição de 1853.[111]

---

[109] NATALE, Alberto Adolfo. La reforma constitucional argentina de 1994. *Cuestiones constitucionales*, n. 2, p. 219-237, 2000, p. 219.

[110] SERRAFERO, Mario Daniel. Presidencialismo argentino:¿ atenuado o reforzado? *Araucaria: Revista Iberoamericana de Filosofía, Política, Humanidades y Relaciones Internacionales*, v. 1, n. 2, p. 5, 1999, p. 145.

[111] NATALE, Alberto A. La reforma constitucional argentina de 1994. *Cuestiones constitucionales*, n. 2, p. 219-237, 2000, p. 219.

Nos meados de 1985, esse tema novamente retornou aos debates. Durante a Presidência de Raúl Alfonsín, iniciou-se movimento favorável à limitação da duração do mandato presidencial – de 6 para 4 anos – e à reeleição presidencial imediata. Contudo, como explica Alberto Natale, essa proposta de alteração constitucional não obteve, no plano nacional, o sucesso esperado, especialmente em razão dos resultados das eleições legislativas de 1987 e da crise econômica experimentada no período.[112]

Posteriormente, nas eleições presidenciais de 1989, sagrou-se vencedor Carlos Menem. Assumia a Presidência argentina mais uma personalidade que defendia a introdução da reeleição presidencial. O autor assinala que Menem – contrariando o posicionamento de seu partido – apoiou, em 1985, a ideia defendida pela corrente adepta ao então Presidente Alfonsín, que era favorável à introdução da reeleição presidencial.[113]

A aprovação de reforma constitucional com esse fim – reeleição presidencial imediata – não seria tarefa fácil para Menem. Nesse sentido, Natale ressalta que, no Congresso argentino, o então Presidente detinha a maioria no Senado, mas não conseguia reunir os dois terços necessários na Câmara de Deputados.[114]

O que tornou viável essa alteração constitucional foi a celebração de um acordo, denominado *Pacto de Olivos*, firmado em 14 de novembro de 1993 entre o Presidente, Carlos Menem, e o líder da oposição e ex-Presidente, Raúl Alfonsín. Esse acordo, segundo Gregorio Badeni, estabelecia o "conteúdo que deveria ter a reforma da Constituição".[115]

Se, para Menem, o objetivo dessa alteração constitucional se voltava, especialmente, à introdução da reeleição presidencial na Constituição, para Alfonsín, tratava-se de uma oportunidade para, dentre outras questões, limitar os poderes presidenciais. Na prática, excedendo as expectavas iniciais, a reforma constitucional de 1994

---

[112] NATALE, Alberto A. La reforma constitucional argentina de 1994. *Cuestiones constitucionales*, n. 2, p. 219-237, 2000, p. 219.

[113] NATALE, Alberto A. La reforma constitucional argentina de 1994. *Cuestiones constitucionales*, n. 2, p. 219-237, 2000, p. 219-221.

[114] NATALE, Alberto A. La reforma constitucional argentina de 1994. *Cuestiones constitucionales*, n. 2, p. 219-237, 2000, p. 220.

[115] Tradução livre. BADENI, Gregorio. *Reforma Constitucional de 1994*. Disponível em: http://www.derecho.uba.ar/publicaciones/pensar-en-derecho/revistas/5/reforma-constitucional-de-1994.pdf. Acesso em: 2 abr. 2019.

– derivada do *Pacto de Olivos* – mostrou-se ampla, com alterações significativas no texto constitucional.[116]

No que toca à reeleição presidencial, a Constituição de 1853, na redação dada pela reforma constitucional de 1994, passou a estabelecer, em seu art. 90, o seguinte:

> O Presidente e o Vice-Presidente têm mandato de quatro anos e podem ser reeleitos ou se sucederem por apenas um mandato consecutivo. Se forem reeleitos ou se sucederem, não poderão ser eleitos para nenhum dos dois cargos senão com um intervalo de um mandato.[117]

De notar que a introdução da reeleição presidencial em 1994 veio acompanhada da redução da duração do mandato presidencial de 6 para 4 anos. Essa redução na duração do mandato, atrelada à adoção da reeleição presidencial, é fenômeno observado em outros contextos políticos e se conecta diretamente com a discussão já apresentada neste estudo acerca da tênue interação entre continuísmo e continuidade.

Ao examinar esse período histórico, Roberto Gargarella pontua que, sob um prisma de objetivos em curto prazo, não se pode negar que a principal causa que motivou a reforma constitucional de 1994 foi viabilizar a reeleição imediata do Presidente em exercício.[118]

Com essa modificação no texto constitucional, os objetivos de Menem foram alcançados: reelegeu-se ao cargo de Presidente. Por outro lado, Alfonsín não obteve o mesmo sucesso quanto à pretensão de reduzir os poderes presidenciais.

Neste ponto, é digna de nota a observação de Alberto Natale sobre o fortalecimento do presidencialismo argentino após a reforma constitucional de 1994. Ao contrário do almejado pela oposição – composta por Alfonsín –, os poderes presidenciais

---

[116] NATALE, Alberto A. La reforma constitucional argentina de 1994. *Cuestiones constitucionales*, n. 2, p. 219-237, 2000, p. 220-221.

[117] ARGENTINA. *Constituição Nacional da Nação Argentina de 1853.* Disponível em: https://www.casarosada.gob.ar/images/stories/constitucion-nacional-argentina.pdf. Acesso em: 2 nov. 2018.

[118] GARGARELLA, Roberto. Un breve balance de la reforma constitucional de 1994, 20 años después. *Revista Argentina de Teoría Jurídica*, v. 15, n. 2, (dic. 2014). Disponível em: http://www.derecho.uba.ar/publicaciones/pensar-en-derecho/revistas/5/un-breve-balance-de-la-reforma-constitucional-de-1994-20-anos-despues.pdf. Acesso em: 27 dez. 2018.

foram fortalecidos, e não limitados, com a introdução de atribuições à Presidência, tais como: i) faculdade de emanar decretos de necessidade e urgência; ii) poder de veto parcial; e iii) delegação legislativa ao Poder Executivo.[119]

Após essas breves considerações sobre a história constitucional argentina, sem a pretensão de esgotar o tema, pode-se extrair que, no que diz respeito à reeleição presidencial imediata, as reformas constitucionais de 1949 e 1994 foram essenciais para viabilizar, respectivamente, as reeleições consecutivas dos Presidentes Perón e Menem.

Juan Bautista Alberdi, ao tratar do tema, adverte que "o presidente sempre tem meios para tentar a reeleição e raramente deixa de fazer isso".[120] Em sentido semelhante, Alejandro Pérez Hualde esclarece que, no contexto argentino, "(...) cada Presidente que se considerou com certas possibilidades, perseguiu a reiteração de sua Presidência".[121]

Além de Menem, sob a égide do texto constitucional ora vigente, foi reeleita, por mais um período consecutivo, a então Presidente Cristina Fernández de Kirchner.[122]

Em análise sobre reeleição presidencial e limitações de candidatura por parentesco no contexto latino-americano, Mario Daniel Serrafero destaca que essas medidas são adequadas para se evitar eventuais continuísmos, por vezes verificados na América Latina.

Nessa perspectiva, o autor tece considerações sobre o período exercido pela família Kirchner, que permaneceu 12 anos no poder: Nestór Kirchner foi Presidente da Argentina por um mandato (2003-2007) e sua esposa, Cristina Fernández de Kirchner, ocupou o mesmo cargo por dois mandatos consecutivos (2007-2015).[123]

---

[119] NATALE, Alberto A. La reforma constitucional argentina de 1994. *Cuestiones constitucionales*, n. 2, p. 219-237, 2000, p. 224-225.

[120] Tradução livre. ALBERDI, Juan Bautista. *Bases y puntos de partida para la organización política de la República de Argentina*. Buenos Aires: Biblioteca del Congreso de la Nación, 2017. Disponível em: https://bcn. gob.ar/uploads/BasesAlberdi.pdf. Acesso em: 5 fev. 2019.

[121] HUALDE, Alejandro Pérez. Reeleição na democracia argentina. In: SANTANO, Ana Claudia (coord.). *Reeleição presidencial nos sistemas políticos das Américas*. Curitiba: Íthala, 2015, p. 20-21.

[122] HUALDE, Alejandro Pérez. Reeleição na democracia argentina. In: SANTANO, Ana Claudia (coord.). *Reeleição presidencial nos sistemas políticos das Américas*. Curitiba: Íthala, 2015, p. 20-21.

[123] SERRAFERO, Mario Daniel. El control de la sucesión: reelección y limitaciones de elección presidencial por parentesco en América Latina. 2015, p. 100-101.

Por fim, cumpre esclarecer que, na perspectiva internacional, a aprovação da reforma constitucional de 1994 – que possibilitou a reeleição presidencial de Menem – teve relevância histórica para o contexto do Brasil, cuja Presidência era exercida, naquele momento, por Fernando Henrique Cardoso. A título ilustrativo, destaca-se matéria do Jornal do Brasil, datada de 8 de abril de 1996, em que se divulgou a visita do então Presidente Fernando Henrique Cardoso a Buenos Aires para encontro com o Presidente Menem, com a seguinte manchete: "Menem insiste em reeleição para FH. O presidente Carlos Menem voltou a defender ontem a reeleição de Fernando Henrique Cardoso".[124]

Bolívia

A reeleição presidencial não é um tema novo no debate constitucional boliviano.

José Antonio Rivera Santibáñez ensina que a reeleição presidencial foi introduzida no sistema constitucional boliviano em diferentes períodos.[125] Em uma análise das Constituições e de suas alterações, o autor identifica que – com exceção do primeiro texto constitucional, que previa mandato vitalício do Presidente,[126] e de alguns momentos em que se permitiu reeleição ilimitada[127] e reeleição imediata[128] – há uma tendência na Bolívia pela vedação à reeleição presidencial imediata.[129]

Em tempos mais recentes, a questão da reeleição presidencial foi retomada. Em 2005, Juan Evo Morales Ayma se sagrou vencedor das eleições presidenciais. Em 2006, convocou Assembleia

---

[124] JORNAL DO BRASIL. Menem insiste em reeleição para FH. 8 de abril de 1996. *In:* MENDONÇA FILHO. *Reeleição*: aprimorando o sistema presidencial brasileiro. Brasília: Câmara dos Deputados, Coordenação de Publicações, 1998, p. 89.

[125] RIVERA, José Antonio. La reelección presidencial en el sistema constitucional boliviano. *Revista Boliviana de Derecho*, n. 12, p. 10-29, 2011, p. 20.

[126] A Constituição bolivariana de 1826 previa, em seu art. 77, que o exercício do poder reside em um Presidente vitalício. Como será visto adiante, Simón Bolivar defendeu a presidência vitalícia na Bolívia.

[127] Constituição de 1831.

[128] Constituições de 1868 e 1961.

[129] RIVERA, José Antonio. La reelección presidencial en el sistema constitucional boliviano. *Revista Boliviana de Derecho*, n. 12, p. 10-29, 2011, p. 22.

Constituinte para elaboração de novo texto constitucional, que foi aprovado por 61,43% dos votantes no referendo constitucional realizado em janeiro de 2009, convocado pelo então Presidente Evo Morales.

No que se refere à reeleição presidencial, a Constituição Política do Estado Plurinacional da Bolívia (2009) estabelece, em seu art. 168, o seguinte:

> O período do mandato da presidenta ou do presidente e da vice-presidenta e do vice-presidente do Estado é de cinco anos, e eles podem ser reeleitas ou reeleitos apenas uma vez de maneira contínua.[130]

Vale ressaltar que a disposição transitória primeira, prevista na Constituição de 2009, estabelece que "os mandatos anteriores à vigência desta Constituição serão levados em consideração para efeito de cálculo dos novos mandatos".[131] Essa disposição transitória ensejou questionamentos acerca do cômputo do primeiro mandato exercido por Evo Morales, que, como visto, foi eleito Presidente em 2005, antes da vigência da nova Constituição (2009).

À vista disso, Nataly Viviana Vargas Gamboa relata que esse debate acerca do início da contagem do primeiro mandato do Presidente Evo Morales "realizou-se fora da Assembleia Constituinte, durante os Acordos Congressistas de outubro de 2008 e introduzida dessa maneira na CPE (Constituição)".[132] Nesse sentido, a autora pontua:

> Não foi expressada em nenhum momento a vontade constituinte no sentido de computar o mandato vigente do Presidente Juan Evo Morales Ayma como o primeiro período de mandato que a nova Constituição habilitaria para a única reeleição contínua possível. Ao contrário, o

---

[130] BOLÍVIA. *Constitución Política del Estado Plurinacional de Bolivia*. Disponível em: http://www.tcpbolivia.bo/tcp/sites//default/files/images/pdf/leyes/cpe/cpe.pdf. Acesso em: 15 dez. 2018.

[131] Tradução livre. PASTOR, Roberto Viciano; GONZÁLEZ, Gabriel Moreno. Cuando los jueces declaran inconstitucional la Constitución: la reelección presidencial en América Latina a la luz de las últimas decisiones de las Cortes Constitucionales. *Anuario Iberoamericano de Justicia Constitucional*, n. 22, 2018, p. 183.

[132] GAMBOA, Nataly Viviana Vargas. A segunda ou a primeira? Reeleição presidencial de Juan Evo Morales Ayma. *In*: SANTANO, Ana Claudia (coord.). *Reeleição presidencial nos sistemas políticos das Américas*. Curitiba: Íthala, 2015, p. 125.

texto resultado da Assembleia Constituinte indicava que a contagem do primeiro mandato teria que iniciar depois da vigência plena do novo texto constitucional.[133]

Além disso, a autora assinala que a interpretação da Constituição de 2009, no que diz respeito ao cômputo dos mandatos presidenciais, deu-se a partir da lei de aplicação normativa, apresentada pela Assembleia Legislativa Plurinacional, que estabeleceu que a disposição transitória primeira não seria aplicável ao então Presidente, Evo Morales, já que seu mandato teve início antes da plena vigência da Constituição de 2009.[134] Essa questão não passou isenta de críticas e polêmicas.

Provocado, o Tribunal Constitucional Plurinacional da Bolívia apreciou demanda judicial e, na Declaración Constitucional Plurinacional nº 0003/2013, em 25 de abril de 2013, decidiu pela constitucionalidade da lei de aplicação normativa, consignando o seguinte na parte objeto do estudo:

> (...) a Assembleia Constituinte na Bolívia, cujo processo foi iniciado em 2006, concluindo em 2009, teve inequivocadamente um caráter originário, com origem na vontade democrática popular, característica da qual se entende sua autonomia, em virtude da qual, a nova ordem é diferente da pré-existente, a nova ordem implica uma nova era jurídico-política baseada na refundação do Estado, portanto, conclui-se que é absolutamente razoável e de acordo com a Constituição calcular o prazo para o exercício de funções, tanto do presidente, como do vice-presidente, do Estado Plurinacional da Bolívia, a partir do momento em que a função constituinte reuniu o Estado e, portanto, criou uma nova ordem jurídico-política.[135]

Com essa decisão do Tribunal Constitucional Plurinacional, que validou a referida lei de aplicação normativa, possibilitou-se que Evo Morales disputasse as eleições para o cargo de Presidente,

---

[133] GAMBOA, Nataly Viviana Vargas. A segunda ou a primeira? Reeleição presidencial de Juan Evo Morales Ayma. *In*: SANTANO, Ana Claudia (coord.). *Reeleição presidencial nos sistemas políticos das Américas*. Curitiba: Íthala, 2015, p. 125.

[134] GAMBOA, Nataly Viviana Vargas. A segunda ou a primeira? Reeleição presidencial de Juan Evo Morales Ayma. *In*: SANTANO, Ana Claudia (coord.). *Reeleição presidencial nos sistemas políticos das Américas*. Curitiba: Íthala, 2015, p. 125.

[135] Tradução livre. BOLÍVIA. Tribunal Constitucional Plurinacional. *Declaración Constitucional Plurinacional 0003/2013*. 25/04/2013. Inteiro teor. Disponível em: https://blogs.ua.es/boliviadoxa/files/2014/11/Declaraci%C3%B3n0003_2013-TC-Bolivia.pdf. Acesso em: 2 nov. 2018.

sem computar o tempo em que exerceu a presidência antes da plena entrada em vigor da Constituição de 2009.[136]

Logo, mediante essa interpretação normativa, no pleito de 2009, Evo Morales foi eleito novamente Presidente. Na hipótese, a suposta reeleição não teria efeitos na contagem da duração do mandato presidencial até então exercido por ele.

Por seu turno, nas eleições de 2014, Evo Morales se sagrou vencedor, reelegendo-se Presidente da Bolívia para o exercício de seu terceiro mandato no cargo. Em 2016, convocou referendo para viabilizar a sua candidatura ao quarto mandato presidencial, porém não conseguiu atingir seu objetivo.[137]

Roberto Viciano Pastor e Gabriel Moreno González relatam que, ante a rejeição do referendo, um grupo de deputados da Assembleia Legislativa Plurinacional ajuizou ação abstrata de inconstitucionalidade perante o Tribunal Constitucional Plurinacional.

Nessa ação, pleitearam a inaplicabilidade de dispositivos da Constituição que limitavam a reeleição dos Chefes dos Poderes Executivos – no âmbito nacional e municipal – a uma única reeleição consecutiva. Em seus argumentos, apontaram que essa restrição violava o texto constitucional e estava em contradição com a Convenção Interamericana de Direitos Humanos. Ademais, sustentaram que, nos termos da Constituição, os tratados e as convenções internacionais que declaram direitos mais favoráveis aos contidos no texto constitucional devem prevalecer sobre ele.[138]

---

[136] Sobre essa questão, Beatriz Bastide Horbach aponta que uma das grandes críticas feitas à época pelos juristas locais era a de que, por meio da lei de aplicação normativa, o Poder Legislativo teria usurpado a função da Corte Constitucional de única intérprete da Constituição e que a Corte, ao declarar a constitucionalidade da referida lei, acabou por, implicitamente, renunciar sua função institucional interpretativa. HORBACH, Beatriz Horbach. Rumo das eleições na Bolívia foi decidido por seu Tribunal Constitucional. *Revista Consultor Jurídico*, 14 de fevereiro de 2015. Coluna Observatório Constitucional. Disponível em: https://www.conjur.com.br/2015-fev-14/observatorio-constitucional-rumo-eleicoes-bolivia-foi-decidido-tribunal-constitucional#_ftn8. Acesso em: 30 jun. 2021. Ver também: VARGAS LIMA, Alan Elliott. La reelección presidencial en la jurisprudencia del tribunal constitucional plurinacional de Bolivia. La ilegítima mutación de la constitución a través de una ley de aplicación normativa. *Iuris Tantum Revista Boliviana de Derecho*, n. 19, p. 446-469, 2015.

[137] BBC. Bolivia dise 'no' en referendo a otra reelección de Evo Morales. Disponível em: https://www.bbc.com/mundo/noticias/2016/02/160223_bolivia_evo_morales_referendo_resultado_ep. Acesso em: 15 dez. 2018.

[138] PASTOR, Roberto Viciano; GONZÁLEZ, Gabriel Moreno. Cuando los jueces declaran inconstitucional la Constitución: la reelección presidencial en América Latina a la luz de

Em novembro de 2017, o Tribunal Constitucional Plurinacional da Bolívia declarou inaplicáveis os dispositivos constitucionais impugnados, permitindo reeleições presidenciais ilimitadas. Na *Sentencia 0084-2017*, a Corte fixou o seguinte entendimento:

> (...) a vontade do constituinte, em relação à reeleição da presidenta ou do presidente e da vice-presidenta ou do vice-presidente, era optar pela reeleição consecutiva à vontade do povo; isto é, o constituinte originário considerou que não deveria haver limites para a possibilidade de que as referidas autoridades pudessem se candidatar novamente para o cargo em exercício, já que a continuidade, ou não, dependia, em qualquer caso, daquilo que determina a vontade popular de dar-lhe, ou não, mais uma vez a sua confiança.[139]

Como resultado da autorização de reeleições ilimitadas pelo Tribunal Constitucional Plurinacional, o Tribunal Supremo Eleitoral da Bolívia habilitou, em 2018, a candidatura de Evo Morales para a disputa, nas eleições de 2019, ao seu quarto mandato como Presidente.[140]

No pleito eleitoral realizado em outubro de 2019, Evo Morales alcançou a reeleição. Cumpre esclarecer, todavia, que o então Presidente da Bolívia não chegou a concluir o seu quarto mandato.

Em um cenário de ondas de protestos por suspeitas de fraudes no processo eleitoral – e com a pressão das Forças Armadas para que ele deixasse a Presidência –, Morales, em novembro daquele mesmo ano, renunciou ao cargo que exercia desde 2006. Após uma sequência de renúncias, assumiu a Presidência, como sucessora constitucional, a Segunda Vice-Presidente do Senado, Jeanine Áñez.[141] Nas eleições de 2020, o candidato do ex-Presidente Evo Morales, Luis Arce foi eleito Presidente da Bolívia.[142]

---

las últimas decisiones de las Cortes Constitucionales. *Anuario Iberoamericano de Justicia Constitucional*, n. 22, 2018, p. 184.

[139] BOLÍVIA. Tribunal Constitucional Plurinacional. *Sentencia n. 0084/2017*. 28/11/2017. Inteiro teor. Disponível em: https://buscador.tcpbolivia.bo/_buscador/(S(1vp1uia1zog2znne2sssz5s1))/WfrJurisprudencia1.aspx. Acesso em: 15 dez. 2018.

[140] BBC. Evo Morales: el Tribunal Electoral de Bolivia lo habilita como candidato presidencial tras haber perdido el referéndum por la reelección. Disponível em: https://www.bbc.com/mundo/noticias-america-latina-46450251. Acesso em: 15 dez. 2018.

[141] BBC. A cronologia da crise que levou à renúncia de Evo Morales na Bolívia. Disponível em: https://www.bbc.com/portuguese/internacional-50367271. Acesso em: 21 jun. 2021.

[142] EL País. Apuração oficial na Bolívia confirma vitória de Luis Arce com 55,1% dos votos. Disponível em: https://brasil.elpais.com/internacional/2020-10-23/apuracao-oficial-na-bolivia-confirma-vitoria-de-luis-arce-com-551-dos-votos.html. Acesso em: 21 jun. 2021.

Como visto, a Constituição de 2009 permitia uma única reeleição presidencial consecutiva. No caso boliviano, o Tribunal Constitucional Plurinacional teve papel significativo para flexibilizar as limitações do texto constitucional. Primeiro, ao declarar a constitucionalidade de lei de aplicação normativa, viabilizando que o então Presidente Evo Morales fosse reeleito em 2009, sem que houvesse o cômputo do tempo em que exerceu a Presidência antes da entrada em vigor da Constituição de 2009. Segundo, ao permitir reeleições presidenciais ilimitadas.

Sobre essa segunda interferência judicial referente à reeleição presidencial, Roberto Viciano Pastor e Gabriel Moreno González criticam o uso injustificado do controle de convencionalidade adotado pelo Tribunal Constitucional e a forma com que a Corte modificou explicitamente a configuração dos Poderes do Estado e seus limites, afrontando inclusive o posicionamento do povo boliviano que, no uso de sua soberania, havia rejeitado referendo convocado pelo então Presidente Morales, em que se buscava, no fundo, viabilizar outra reeleição ao então Chefe do Poder Executivo boliviano.[143]

Ao lado dessa crítica, merecem destaque os comentários de Agustín Grijalva Jiménez e José Luis Castro-Montero quanto à flexibilização das limitações da reeleição presidencial mediante decisão judicial da Corte Constitucional boliviana, no sentido de que a decisão – que permitiu reeleições presidenciais ilimitadas – traz consigo um curioso paradoxo: de um lado, possibilitou, novamente, a reeleição de Evo Morales, de outro, foi uma das causas de sua queda. Segundo os autores, a ânsia "reelecionista" do então Presidente e de seu partido – marcada por manobras eleitorais – em um país que, tradicionalmente, tem perfil contrário à reeleição criou um ambiente propício ao colapso democrático.[144]

---

[143] PASTOR, Roberto Viciano; GONZÁLEZ, Gabriel Moreno. Cuando los jueces declaran inconstitucional la Constitución: la reelección presidencial en América Latina a la luz de las últimas decisiones de las Cortes Constitucionales. *Anuario Iberoamericano de Justicia Constitucional*, n. 22, 2018, p. 195.

[144] GRIJALVA JIMÉNEZ, Agustín; CASTRO-MONTERO, José-Luis. La reelección presidencial indefinida en Venezuela, Nicaragua, Ecuador y Bolivia. Estudios constitucionales, v. 18, n. 1, p. 9-49, 2020, p. 41.

Colômbia

Augusto Hernández Becerra descreve que, ao longo da história colombiana, a reeleição presidencial foi objeto de diferentes tratamentos constitucionais, explicando que:

> Após a norma constitucional vedar a reeleição presidencial imediata durante 159 anos, e em 1991 a reeleição presidencial ser definitivamente proibida, em 2004 reformou-se a Constituição para permitir, pela primeira vez, a reeleição imediata de um Presidente em exercício.[145]

Conforme salientado pelo autor, a partir da reforma constitucional de 2004, realizada mediante o Acto Legislativo nº 2/2004, alterou-se o art. 197 da Constituição Política da Colômbia de 1991, que antes vedava a reeleição presidencial, para dispor-se acerca da possibilidade de reeleição imediata do Presidente em exercício, sendo considerada "uma das alterações mais bruscas na tradição constitucional colombiana".[146]

Eduardo Posada Carbó aponta que, no transcurso da referida reforma constitucional, "o governo manteve um certo distanciamento, deixando a iniciativa do projeto nas mãos de um grupo de congressistas amigáveis". Esclarece que o então Presidente Uribe, ainda no início de 2004, "não havia falado abertamente a favor da reforma" e que, em algumas de suas entrevistas à imprensa, "alimentou expectativas, mas sem definições claras", ressaltando, todavia, que, diante das dificuldades impostas pelo Congresso, o governo teve que modificar sua postura para defender – por meio de seus apoiadores e ministros – a introdução da reeleição presidencial, sob o argumento de que a continuidade de Uribe na Presidência seria favorável ao país.[147]

---

[145] BECERRA, Augusto Hernández. Presidencialismo e reeleição presidencial na Colômbia. *In:* SANTANO, Ana Claudia (coord.). *Reeleição presidencial nos sistemas políticos das Américas.* Curitiba: Íthala, 2015, p. 182.

[146] BECERRA, Augusto Hernández. Presidencialismo e reeleição presidencial na Colômbia. *In:* SANTANO, Ana Claudia (coord.). *Reeleição presidencial nos sistemas políticos das Américas.* Curitiba: Íthala, 2015, p. 186.

[147] POSADA CARBÓ, Eduardo. Colombia ante la reforma que permite la reelección presidencial. *Boletín Elcano*, n. 60, p. 6, 2005, p. 2.

A respeito da introdução da reeleição presidencial imediata, Juan Fernando Jaramillo comenta que a questão gerou uma grande polarização política na Colômbia.[148] Seria a nova norma constitucional aplicável ao então Presidente Álvaro Uribe? Ou seja, considerando que a reforma constitucional de 2004 ocorreu durante o exercício de seu primeiro mandato na Presidência, poderia Uribe postular a sua reeleição ao cargo nas eleições de 2006?

Nesse contexto, assinala Augusto Hernández Becerra que "a coincidência da reforma da Constituição, promovida pelo governo, com o interesse político do Presidente Álvaro Uribe Vélez em renovar o seu mandato, foi duramente criticada",[149] destacando que, "como era previsível, uma vez removida a proibição constitucional, o Presidente aspirou a reeleição e a obteve com uma alta votação".[150] Augusto Hernández Becerra ressalta que, não fosse suficiente o exercício de dois mandatos presidenciais por Álvaro Uribe, em 2008 "surgiu um movimento cidadão para apresentar ao Congresso um projeto de lei de iniciativa popular pelo qual se convocava um referendo constitucional, que possibilitasse um terceiro mandato ao Presidente Uribe".[151]

Diante disso, o Congresso colombiano aprovou a Lei nº 1.354/2009 e, naquele ano, foi convocado um referendo para tratar da possibilidade de o Presidente Álvaro Uribe disputar sua segunda reeleição presidencial consecutiva, cabendo ao povo colombiano responder sim, não ou branco ao seguinte questionamento:

> Artigo 1º. O parágrafo 1º do artigo 197 da Constituição Política terá a seguinte redação: "Quem for eleito para a presidência da República por dois períodos constitucionais só poderá ser eleito para outro mandato".[152]

---

[148] JARAMILLO, Juan Fernando. La reelección presidencial inmediata en Colombia. *Revista Nueva Sociedad*, v. 198, p. 15-31, 2005, p. 24.

[149] BECERRA, Augusto Hernández. Presidencialismo e reeleição presidencial na Colômbia. *In:* SANTANO, Ana Claudia (coord.). *Reeleição presidencial nos sistemas políticos das Américas.* Curitiba: Íthala, 2015, p. 186.

[150] BECERRA, Augusto Hernández. Presidencialismo e reeleição presidencial na Colômbia. *In:* SANTANO, Ana Claudia (coord.). *Reeleição presidencial nos sistemas políticos das Américas.* Curitiba: Íthala, 2015, p. 186.

[151] BECERRA, Augusto Hernández. Presidencialismo e reeleição presidencial na Colômbia. *In:* SANTANO, Ana Claudia (coord.). *Reeleição presidencial nos sistemas políticos das Américas.* Curitiba: Íthala, 2015, p. 188.

[152] Tradução livre. BECERRA, Augusto Hernández. Presidencialismo e reeleição presidencial na Colômbia. *In:* SANTANO, Ana Claudia (coord.). *Reeleição presidencial nos sistemas políticos das Américas.* Curitiba: Íthala, 2015, p. 188.

Entretanto, restou frustrada a tentativa de Álvaro Uribe em disputar e, eventualmente, exercer o terceiro mandato como Presidente da Colômbia, uma vez que, no âmbito de controle de constitucionalidade, a Corte Constitucional da Colômbia declarou, em 26 de fevereiro 2010, a inconstitucionalidade da Lei nº 1.354/2009, consignando que a segunda reeleição presidencial, ou seja, o exercício de três mandatos consecutivos, afrontaria o texto constitucional e o princípio da alternância.

Confiram-se, a propósito, os fundamentos adotados na *Sentencia C-141/10*:[153]

> O princípio democrático é um elemento essencial da Constituição de 1991 e está claro no texto constitucional que a Colômbia é uma democracia participativa, representativa e pluralista, características que estão indissoluvelmente ligadas à realização de eleições transparentes, periódicas, inclusivas, competitivas e igualitárias, onde a própria ideia de representação está conectada, portanto, a períodos fixos e eleições periódicas, nas quais a alternância assume uma dupla dimensão: (i) como um pilar da estrutura democrática em que toda a autoridade é alternada e não há previsão de cargos eletivos vitalícios; e (ii) como um limite ao poder político, e embora a reeleição imediata, introduzida pela Acto Legislativo n. 02, de 2004, não constituísse uma substituição da Constituição, porque, em qualquer caso, um limite absoluto foi contemplado no final do exercício do poder do Presidente da República e foram mantidas eleições periódicas para a ocupação deste cargo, um terceiro mandato no exercício do poder, que foi o resultado de um segundo mandato presidencial, poria em causa o princípio da alternância, uma vez que manter no poder uma pessoa e impor a reprodução da mesma tendência política e ideológica ao longo de um período mais longo que é considerado razoável, em conformidade com as regras de funcionamento de um regime presidencial típico e que o constituinte colombiano estabeleceu, tanto na versão original da Carta de 1991, como na reforma validamente introduzida pelo Acto Legislativo n. 02 de 2004. Essa afetação ao princípio da alternância projetaria consequências para os fins constitucionais por si perseguidos e, em particular, as chances das minorias e da oposição sofrerem consideráveis prejuízos, pois teriam que adiar suas expectativas legítimas por um período adicional, em que, novamente, as equipes e as teses já experimentadas ao longo de oito anos seriam impostas.[154]

---

[153] COLÔMBIA. Corte Constitucional de Colombia. *Sentencia c-141/10*. Integra do acórdão. Disponível em: http://www.corteconstitucional.gov. co/relatoria/2010/C-141-10.htm. Acesso em: 5 nov. 2018.

[154] Tradução livre. COLÔMBIA. Corte Constitucional de Colombia. *Sentencia c-141/10*. Integra do acórdão. Disponível em: http://www.corteconstitucional.gov. co/relatoria/2010/C-141-10. htm. Acesso em: 5 nov. 2018.

Por último, cumpre esclarecer que, mesmo após a decisão da Corte Constitucional colombiana, o debate sobre a reeleição presidencial na Colômbia ainda perdurou. Em 2014, Juan Manoel Santos foi reeleito para o segundo mandato, com duração de quatro anos cada, no cargo da Presidência, tornando-se o último Presidente – até o momento – a ser reeleito na Colômbia.

Em 2015, o Congresso colombiano aprovou o Acto Legislativo nº 2/2015, alterando o art. 197 da Constituição, para reestabelecer – retomando as tradições do texto original da Constituição de 1991 – a vedação absoluta da reeleição presidencial.[155] Como resultado, a Constituição Política da Colômbia de 1991, com redação dada pelo Acto Legislativo nº 2/2015, veda, de forma absoluta a reeleição presidencial, nos seguintes termos:

> Art. 197. O cidadão que tenha exercido a Presidência a qualquer título não pode ser eleito presidente da república. Esta proibição não abrange o vice-presidente que a tenha exercido por menos de três meses, de forma contínua ou descontínua, durante o mandato de quatro anos. A proibição da reeleição só pode ser reformada ou revogada por referendo de iniciativa popular ou assembleia constituinte.[156]

Costa Rica

A Constituição Política da República da Costa Rica de 1949, com redação dada pela reforma constitucional de 1969, em seu art. 132, inciso 1, previa que:

> Não poderá ser eleito presidente ou vice-presidente:
> 1) O presidente que tenha exercido a presidência durante qualquer período, nem o vice-presidente ou quem o substitua, que a tenha exercido durante a maior parte de um período constitucional.[157]

---

[155] BBC. *Congreso de Colombia elimina la reelección presidencial*. Disponível em: http://www.bbc.com/mundo/noticias/2015/06/150603_colombia_congreso_elimina_reeleccion_presidencial_ng. Acesso em: 15 dez. 2018.

[156] COLÔMBIA. *Constitución Política de Colombia*. Disponível em: http://www.corteconstitucional.gov.co/inicio/Constitucion%20politica%20de%20Colombia.pdf. Acesso em: 5 nov. 2018.

[157] COSTA RICA. *Constitución Política da República da Costa Rica de 1949*. Disponível em: http://www.cervantesvirtual.com/obra-visor/constitucion-politica-de-la-republica-de-costa-rica-de-1949/html/. Acesso em: 5 nov. 2018.

Jorge Enrique Romero Pérez comenta que, em tempos mais recentes, houve movimentação interna e externa para alterar a previsão constitucional que vedava a reeleição presidencial. E explica:

> os grupos hegemônicos do país e empresários estrangeiros com investimentos nesta nação tiveram plena consciência de que, para as eleições presidenciais de 2002 (período 2002-2006), bem como as eleições de 2006 (período de 2006-2010) não teriam um político que os representasse, sentindo, urgentemente, a necessidade de buscar e encontrar este ator político que fosse candidato, com possibilidades de sucesso em ambas as eleições.[158]

Segundo Elena Martínes-Barahona, o debate político sobre a reeleição presidencial se intensificou a partir do momento em que Óscar Arias – que havia exercido a Presidência da Costa Rica entre 1986 e 1990 – manifestou intenção de retornar ao cargo, não obstante a vedação constitucional.

Jorge Enrique Romero Pérez revela que o Tribunal Constitucional costa-riquenho foi instado a se manifestar sobre o tema em duas oportunidades e teve papel fundamental para modificar o entendimento acerca da proibição à reeleição presidencial na Costa Rica até então prevista pela reforma constitucional de 1969.[159]

É interessante observar que não coube ao Congresso da Costa Rica realizar essa alteração constitucional, mas sim ao Tribunal Constitucional. É ainda mais curioso o fato de Óscar Arias, em 1999, ter manifestado publicamente que a discussão da reeleição presidencial não caberia à Corte Constitucional, mas sim ao Parlamento, asseverando que "seria uma atitude antidemocrática bater às portas do Judiciário"[160] para essa finalidade.

Todavia, diante da ausência de apoio suficiente no Poder Legislativo para que o ex-Presidente alterasse a Constituição na parte

---

[158] PÉREZ, Jorge Enrique Romero. Reeleição presidencial na Costa Rica mediante a sentença do Tribunal Constitucional n. 2.771 de 2003. *In:* SANTANO, Ana Claudia (coord.). *Reeleição presidencial nos sistemas políticos das Américas.* Curitiba: Íthala, 2015, p. 229.

[159] PÉREZ, Jorge Enrique Romero. Reeleição presidencial na Costa Rica mediante a sentença do Tribunal Constitucional n. 2.771 de 2003. *In:* SANTANO, Ana Claudia (coord.). *Reeleição presidencial nos sistemas políticos das Américas.* Curitiba: Íthala, 2015, p. 229.

[160] MARTÍNEZ-BARAHONA, Elena. Las Cortes Supremas como mecanismo de distribución de poder: el caso de la reelección presidencial en Costa Rica y Nicaragua. *Revista de ciencia política (Santiago),* v. 30, n. 3, p. 723-750, 2010, p. 730.

que trata da reeleição presidencial, Óscar Arias teve que recorrer, em duas oportunidades, ao Poder Judiciário.

Em 2000, na *Sentença nº 7.818*, o Tribunal Constitucional se pronunciou pela proibição da reeleição presidencial.[161] Por outro lado, conforme relata Elena Martínez-Barahona, em 2003, a conjuntura política se alterou e mudanças na composição do Tribunal Constitucional contribuíram para que Óscar Arias formulasse novo recurso.[162]

Diante disso, o Tribunal Constitucional proferiu, naquele ano, a *Sentença nº 2.771*, em que declarou nula a reforma constitucional de 1969, retomando a redação original da Constituição de 1949 para permitir a reeleição presidencial imediata. Por 5 votos a favor e 2 contra, a Corte concluiu que:

> (…) na reforma do art. 132 da Constituição Política, operada pela Lei n. 4349, houve violação do procedimento previsto conforme indicado. (…) O direito à reeleição foi consagrado pela Assembleia Constituinte e é uma garantia constitucional dos direitos políticos dos costarriquenhos no exercício do direito de eleger, também consagrado no art. 23 da Convenção Americana sobre Direitos Humanos. Isso implica a anulação da reforma feita ao art. 132, parágrafo 1º, da Constituição Política, por meio da Lei n. 4349, de 11 de julho de 1969, razão pela qual retoma a validade da norma como era disposta antes da dita reforma (…).[163]

De acordo com Roberto Viciano Pastor e Gabriel Moreno Gonzáles, nessa decisão o Tribunal compreendeu que a reforma de 1969 foi inconstitucional, sob os seguintes argumentos: i) incorporou um retrocesso nos direitos fundamentais, especialmente quanto ao direto de participação política e igualdade; e ii) haveria limite substantivo ao poder reformador, consubstanciado no princípio da não regressividade.[164]

---

[161] COSTA RICA. Sala Constitucional de Costa Rica. *Sentencia n. 7.818, de 2000*. Disponível em: https://nexuspj.poder-judicial.go.cr/document/sen-1-0007-137882. Acesso em: 21 dez. 2018, p. 736.

[162] MARTÍNEZ-BARAHONA, Elena. Las Cortes Supremas como mecanismo de distribución de poder: el caso de la reelección presidencial en Costa Rica y Nicaragua. Revista de ciencia política (Santiago), v. 30, n. 3, p. 723-750, 2010, p. 736 e p. 740.

[163] COSTA RICA. Sala Constitucional de Costa Rica. *Sentencia n. 2.771, de 2003*. Disponível em: https://nexuspj.poder-judicial.go.cr/document/sen-1-0007-236027. Acesso em: 21 dez. 2018.

[164] PASTOR, Roberto Viciano; GONZÁLEZ, Gabriel Moreno. Cuando los jueces declaran inconstitucional la Constitución: la reelección presidencial en América Latina a la luz de

Essa decisão não ficou isenta de críticas. Conforme apontam os autores, no ordenamento jurídico costa-riquenho, a Lei de Jurisdição Constitucional nº 7.135/1989 – que regulamenta as funções e atribuições da Câmara Constitucional – impede o controle material das reformas constitucionais. Além disso, apontam que o princípio da não regressividade – adotado na decisão – não encontra guarida na Constituição.[165]

No prisma político-institucional, Elena Martínes-Barahona ressalta que esse caso – constitucionalidade da reeleição presidencial – foi um dos mais relevantes no contexto costa-riquenho, ante o impacto político e as consequências da decisão na redistribuição de poderes no país.[166] Em outro artigo, Elena Martínes-Barahona e Amelia Brenes Barahona reiteram o "desequilíbrio na distribuição do poder" causado pela referida decisão.[167]

Em decorrência da referida decisão judicial, o art. 132 da Constituição da Costa Rica passou a dispor o seguinte:

> Art. 132. Não poderá ser eleito presidente ou vice-presidente:
> 1) Aquele que tenha servido a presidência em qualquer período dentro dos oito anos anteriores ao período para o qual a eleição foi realizada, nem o vice-presidente ou quem o substitui, que a tenha servido durante a maior parte dos períodos que compreendem os oito anos expressos; (Por Resolução da Câmara Constitucional n. 2771-03, de 4 de abril de 2003, a emenda efetuada nesta subseção foi anulada pelo artigo único da Lei n. 4349, de 11 de julho de 1969, retomando a vigência da norma como era disposta antes da reforma).[168]

---

las últimas decisiones de las Cortes Constitucionales. Anuario Iberoamericano de Justicia Constitucional, n. 22, 2018, p. 172-173.

[165] PASTOR, Roberto Viciano; GONZÁLEZ, Gabriel Moreno. Cuando los jueces declaran inconstitucional la Constitución: la reelección presidencial en América Latina a la luz de las últimas decisiones de las Cortes Constitucionales. Anuario Iberoamericano de Justicia Constitucional, n. 22, 2018, p. 172-173.

[166] MARTÍNEZ-BARAHONA, Elena. Las Cortes Supremas como mecanismo de distribución de poder: el caso de la reelección presidencial en Costa Rica y Nicaragua. Revista de ciencia política (Santiago), v. 30, n. 3, p. 723-750, 2010, p. 729.

[167] MARTÍNEZ BARAHONA, Elena; BRENES BARAHONA, Amelia. "Y volver, volver, volver…". Un análisis de los casos de intervención de las cortes supremas en la reelección presidencial en Centroamérica. 2012, p. 128.

[168] Constituição Política da República da Costa Rica vigente. Tradução livre. COSTA RICA. *Constituição Política da República da Costa Rica*. Disponível em: https://www.poder-judicial.go.cr/salaconstitucional/index.php/shortcode/articulos-constitucionales?start=100. Acesso em: 20 dez. 2018.

Assim, ao se afastar o dispositivo constitucional fruto da reforma constitucional de 1969, que proibia a reeleição presidencial, restabeleceu-se a possibilidade de reeleição presidencial após o interstício de 8 anos. Na prática, a alteração constitucional – perpetrada pelo Tribunal Constitucional – permitiu a reeleição não consecutiva de Óscar Arias ao cargo de Presidente da República para outro mandato (2006-2010), possibilitando o seu retorno ao cargo que havia exercido entre 1986 e 1990.[169]

Chile

A história constitucional chilena revela que a discussão acerca da reeleição presidencial – como também ocorre em outros países – gira em torno de temas relativos à duração do mandato do Chefe do Poder Executivo e à simultaneidade das eleições presidenciais e parlamentares.

Ana María García Barzelatto ensina que a tradição política chilena sofreu variações quanto à duração do mandato e à reeleição presidencial. Em seu estudo, aponta que as Constituições dispuseram de forma distinta sobre o tema: com períodos em que havia vedação à reeleição presidencial e outros que a permitiam, além de uma variação na duração do mandato, com disposições constitucionais que previam, a depender do quadro histórico, quatro, cinco, seis e oito anos no cargo.[170]

Inicia sua análise a partir da Constituição de 1823, que previa quatro anos de duração do mandato do Chefe do Poder Executivo (Diretor Supremo) e permitia a reeleição condicionada à aprovação por 2/3 dos votos. Já a de 1828 previa cinco anos de mandato presidencial, vedada a reeleição imediata. O texto constitucional de 1833, apesar de manter os cinco anos de mandato, permitia a reeleição consecutiva, e a Constituição de 1871 retomou a proibição

---

[169] PASTOR, Roberto Viciano; GONZÁLEZ, Gabriel Moreno. Cuando los jueces declaran inconstitucional la Constitución: la reelección presidencial en América Latina a la luz de las últimas decisiones de las Cortes Constitucionales. Anuario Iberoamericano de Justicia Constitucional, n. 22, 2018, p. 172-173.

[170] GARCÍA BARZELATTO, Ana María. Duración del Mandato Presidencial, Reelección, y Simultaneidad de Elecciones Presidencial y Parlamentarias. *Ius et Praxis*, v. 8, n. 1, p. 549-559, 2002, p. 549.

da reeleição imediata, permitida após o interstício de um mandato presidencial, cuja duração também era de cinco anos.[171]

Por sua vez, na Constituição de 1925, a duração do mandato presidencial passou de cinco para seis anos, vedada a reeleição para o período seguinte. A Constituição de 1980, em seu texto original, previa oito anos de mandato, vedada a reeleição presidencial e, em 1989, sofreu alteração, reduzindo-se a duração do mandato para quatro anos, sendo mantida a vedação à reeleição presidencial.[172]

Como decorrência dessa reforma, foi eleito – para um mandato de quatro anos – o primeiro presidente do período de transição democrática pós-ditadura militar de Augusto Pinochet, que governou de 1973 a 1990. Sobre esse momento histórico, Jorge Mário Quinzio esclarece que a duração do mandato presidencial foi novamente alterada, em 1994, mediante reforma constitucional, de quatro para seis anos, mantida a vedação à reeleição presidencial.[173]

É interessante a constatação de Humberto Nogueira Alcalá de que, entre 1989 e 2005, foram realizadas dezessete alterações constitucionais com vistas a eliminar características autoritárias remanescentes na Constituição de 1980.[174] E, no que toca ao objeto deste estudo, a reforma de 2005 teve especial relevância, na medida em que deu nova redação ao art. 25 da Constituição Política da República do Chile de 1980, que passou a dispor o seguinte: "O presidente da república exerce o cargo pelo período de quatro anos e não pode ser reeleito para o mandato seguinte".[175]

Na República democrática chilena, por exemplo, Michelle Bachelet (2006-2010 e 2014-2018) e Sebastián Piñera (2010-2014 e

---

[171] GARCÍA BARZELATTO, Ana María. Duración del Mandato Presidencial, Reelección, y Simultaneidad de Elecciones Presidencial y Parlamentarias. *Ius et Praxis*, v. 8, n. 1, p. 549-559, 2002, p. 549-550.

[172] GARCÍA BARZELATTO, Ana María. Duración del Mandato Presidencial, Reelección, y Simultaneidad de Elecciones Presidencial y Parlamentarias. *Ius et Praxis*, v. 8, n. 1, p. 549-559, 2002, p. 549-550.

[173] QUINZIO, Jorge Mario. Duración del mandato, reelección y simultaneidad de elecciones presidenciales y parlamentarias. *Ius et Praxis*, v. 8, n. 1, p. 539-547, 2002.

[174] ALCALÁ, Humberto Nogueira. La reelección presidencial en el ordenamiento constitucional chileno en el contexto latinoamericano. *Revista de Derecho Público*, n. 74, p. 133-157, 2011, p. 152.

[175] CHILE. *Constituição Política da República do Chile de 1980*. Disponível em: https://www.leychile.cl/Navegar?idNorma=242302. Acesso em: 2 nov. 2018.

2018-2022) retornaram ao cargo da Presidência após o interstício de um mandato presidencial.

Em análise do histórico da reeleição presidencial no Chile, Francisco Zúñiga Urbina observa:

> (...) a não-reeleição imediata tem sido regra constitucional permanente no regime constitucional democrático chileno desde 1871 até os dias de hoje, com uma só interrupção do regime autoritário cívico-militar de 1973 a 1990.[176] Muito embora se constate uma prevalência da regra da não reeleição imediata, não significa dizer que esse tema não venha sendo alvo de discussões por aqueles que exercem, ou exerceram, cargos na chefia do poder executivo chileno, seja para alterar a duração do mandato ou os limites à reeleição presidencial.[177]

É digno de nota que, após protestos ocorridos no Chile em 2019, foi realizado plebiscito,[178] em 2020, em que 78% dos chilenos optaram pela substituição do texto constitucional de 1980 – o qual, como visto, detém reminiscências do regime militar de Augusto Pinochet. Em 2021, foram convocadas eleições para composição de Assembleia Constituinte, denominada Convenção Constitucional,[179] com a missão de elaborar uma nova Constituição chilena, cujo texto definitivo da proposta apresentada em 2022 – rejeitado por ampla maioria da população chilena[180] – previa, no art. 284, mandato presidencial de quatro anos com a possibilidade de reeleição, imediata ou não, nos seguintes termos:

---

[176] URBINA, Francisco Zúñiga. (Re)elección presidencial: algunas notas acerca del presidencialismo en chile. *In*: SANTANO, Ana Claudia (coord.). *Reeleição presidencial nos sistemas políticos das Américas*. Curitiba: Íthala, 2015, p. 53.

[177] LA TERCERA. ¿Cuánto debe durar el mandato presidencial? Disponível em: https://www.latercera.com/reconstitucion/noticia/cuanto-debe-durar-el-mandato-presidencial/QCPLNVQPZNEGDAMRLYSR6UNJOA/. Acesso em: 4 fev. 2022.

[178] G1. Globo. Chile aprova plebiscito histórico: por que é tão polêmica a Constituição que 78% dos chilenos decidiram trocar. Disponível em: https://g1.globo.com/mundo/noticia/2020/10/26/chile-aprova-plebiscito-historico-por-que-e-tao-polemica-a-constituicao-que-78-dos-chilenos-decidiram-trocar.ghtml. Acesso em: 4 fev. 2022.

[179] G1. Globo. Chile conclui eleição histórica para Assembleia Constituinte em busca de maior equidade. Disponível em: https://g1.globo.com/mundo/noticia/2021/05/16/chile-conclui-eleicao-historica-em-busca-de-maior-equidade-com-uma-nova-constituicao.ghtml. Acesso em: 4 fev. 2022.

[180] BBC. Chile rejeita proposta de nova Constituição. 2022. Disponível em: https://www.bbc.com/portuguese/internacional-62791155. Acesso em: 12 set. 2022.

Art. 284

1. A Presidenta ou o Presidente durará quatro anos no exercício das suas funções, após os quais poderá se reeleger, imediatamente ou posteriormente, uma única vez.

2. Caso se candidate à reeleição imediata, a partir do dia do registro da sua candidatura, não poderá executar despesas que não sejam de mera administração ou realizar atividades públicas que envolvam a propaganda para a sua campanha de reeleição. A Controladoria-Geral da República ditará uma instrução que regule as situações descritas neste artigo.[181]

Da leitura do referido dispositivo, verifica-se que a proposta do novo texto constitucional do Chile – que, como visto, foi rejeitada – permite o exercício da presidência por apenas dois mandatos de quatro anos cada, consecutivos ou não. É digna de nota a quinta disposição transitória da referida proposta de Constituição, que estabelece que quem for eleito para o cargo da presidência para o período de 2022-2026 não poderá ser reeleito – registre-se que Gabriel Boric foi eleito nas eleições presidenciais de 2021 – para o período seguinte e continuará no cargo com os poderes constitucionais para os quais foi eleito.[182]

Equador

A história constitucional equatoriana revela que, desde a independência do país, foram experimentados diversos processos de reformas políticas. Gabriel Negretto, em estudo sobre a duração das Constituições latino-americanas como fator de estabilidade institucional, destaca que, no período entre 1900-2000, o Equador teve oito Constituições (sendo três implementadas em anos democráticos), com duração média de 12,9 anos.[183]

---

[181] CHILE. Propuesta Constitución Política de la República de Chile. 2022. Disponível em: https://www.chileconvencion.cl/wp-content/uploads/2022/07/Texto-Definitivo-CPR-2022-Tapas.pdf. Acesso em: 15 ago. 2022.

[182] CHILE. *Propuesta Constitución Política de la República de Chile*. 2022. Disponível em: https://www.chileconvencion.cl/wp-content/uploads/2022/07/Texto-Definitivo-CPR-2022-Tapas.pdf. Acesso em: 15 ago. 2022.

[183] NEGRETTO, Gabriel L. *The durability of constitutions in changing environments*: explaining constitutional replacements in Latin America. Helen Kellogg Institute for International Studies, 2008, p. 12.

De acordo com o autor, esse indicador sugere – no contexto latino-americano – uma alta instabilidade política e constitucional. Nesse mesmo período (século XX), Honduras e Nicarágua também tiveram o mesmo número de Constituições que o Equador, superados apenas pela Venezuela, com 16 textos constitucionais.[184]

Correlacionando essas constatações com o exame do trato da reeleição presidencial nas Constituições equatorianas, é interessante a observação de Rafael Oyarte no sentido de que, no Equador, somente se proibiu a reeleição presidencial nas Constituições de 1929 e 1978-79.[185] Relata o autor que já foram experimentadas, no contexto equatoriano, "a proibição da reeleição na Constituição de 1978-79, a reeleição condicionada na reforma de 1995, para alcançar a limitada, com a possibilidade de exercê-la imediatamente, em 2008".[186]

Para fins deste estudo, não obstante se reconheça a importância dos demais períodos e textos constitucionais, será feito recorte histórico para se analisar como o instituto da reeleição presidencial imediata passou a vigorar no Equador a partir da Constituição de 2008.

Todavia, antes de tratar da reeleição presidencial propriamente dita, é importante pontuar o contexto político que antecedeu o referido texto constitucional. Em 2006, Rafael Correa se sagrou vencedor do pleito eleitoral, assumindo, em 2007, a chefia do Poder Executivo equatoriano com a proposta de elaborar uma nova Constituição.

De acordo com Ilka Treminio, Rafael Correa se beneficiou de um contexto político que favorecia seu estilo personalista, da crise do Poder Legislativo perante a população equatoriana e

---

[184] NEGRETTO, Gabriel L. *The durability of constitutions in changing environments*: explaining constitutional replacements in Latin America. Helen Kellogg Institute for International Studies, 2008, p. 12 e 26. Ver também: TREMINIO, Ilka. La reforma constitucional de Rafael Correa. El caso de la reelección presidencial en Ecuador. *América Latina Hoy*, v. 67, p. 65-90, 2014, p. 79.

[185] OYARTE, Rafael. Factores y variables en la reelección presidencial: especial mención al caso ecuatoriano. In: OYARTE, Rafael. *Direito eleitoral*: debates ibero-americanos. Memórias do V Congresso Ibero-americano de Direito Eleitoral e do IV Congresso de Ciência Política e Direito Eleitoral do Piauí. Curitiba: Íthala, 2014, p. 316-317.

[186] Tradução livre. OYARTE, Rafael. Factores y variables en la reelección presidencial: especial mención al caso ecuatoriano. In: OYARTE, Rafael. *Direito eleitoral*: debates ibero-americanos. Memórias do V Congresso Ibero-americano de Direito Eleitoral e do IV Congresso de Ciência Política e Direito Eleitoral do Piauí. Curitiba: Íthala, 2014, p. 321.

da enfraquecida oposição, fatores que viabilizaram, além de sua popularidade, a instauração de uma Assembleia Constituinte.[187]

Em outubro de 2008, foi realizada consulta popular (referendo), em que se aprovou, por mais de 60% dos votos, o novo texto constitucional. Por meio da Constituição de 2008, permitiu-se, segundo Ilka Treminio,[188] a institucionalização da Revolução Cidadã proposta por Rafael Correa. Dentre as inovações do texto, destacam-se: a) o fortalecimento dos poderes do Executivo,[189] ao lado do enfraquecimento dos poderes do Legislativo; e b) a introdução da reeleição presidencial imediata.

No que toca à reeleição presidencial, a Constituição da República do Equador de 2008, no art. 144, assim prevê: "A Presidente ou o Presidente da República permanecerá quatro anos no cargo e poderá ser reeleito apenas uma vez".[190]

É interessante observar que, já sob a égide da nova Constituição, Rafael Correa se elegeu Presidente em 2009, e se reelegeu em 2013. Ilka Treminio ressalta que, à época da elaboração do referido texto constitucional, houve movimentação por parte da oposição para aceitar a reeleição presidencial somente a partir de 2012, de modo a evitar que o então Presidente em exercício postulasse imediatamente a reeleição.

No entanto, essa posição não obteve forças suficientes para superar a maioria da Assembleia Constituinte. Prevaleceu, portanto, a proposta de reeleição presidencial imediata por dois mandatos, contados a partir da entrada em vigor do novo texto constitucional.[191] E mais, segundo Agustín Grijalva Jiménez e José Luis Castro-Montero, a orientação da Corte Constitucional também era no

---

[187] TREMINIO, Ilka. La reforma constitucional de Rafael Correa. El caso de la reelección presidencial en Ecuador. *América Latina Hoy*, v. 67, p. 65-90, 2014, p. 73.

[188] TREMINIO, Ilka. La reforma constitucional de Rafael Correa. El caso de la reelección presidencial en Ecuador. *América Latina Hoy*, v. 67, p. 65-90, 2014, p. 66.

[189] Ampliaram-se os poderes do presidente, instituindo poderes legislativos, poder de veto, poderes de nomeação e remoção de ministros e de dissolução da assembleia nacional, dentre outros.

[190] EQUADOR. *Constituição da República de Ecuador de 2008*. Disponível em: http://bivicce.corteconstitucional.gob.ec/site/image/common/libros/constituciones/Constitucion_2008.pdf. Acesso em: 5 nov. 2018.

[191] TREMINIO, Ilka. La reforma constitucional de Rafael Correa. El caso de la reelección presidencial en Ecuador. *América Latina Hoy*, v. 67, p. 65-90, 2014, p. 74-75.

sentido de que o cômputo dos mandatos presidenciais consecutivos se daria a partir da entrada em vigor da Constituição de 2008.[192] O tema da reeleição presidencial retornou ao debate equatoriano em 2015, ainda durante o exercício do segundo mandato consecutivo – sob a égide da Constituição de 2008 – do então Presidente Rafael Correa. Naquele ano, a Assembleia Nacional da República do Equador aprovou Emenda Constitucional que permitiu reeleições indefinidas. Alterou-se a redação do art. 144 da Constituição de 2008 para, no inciso segundo, suprimir "(...) a frase 'apenas uma vez'. Adicionar após a palavra 'pode' a frase: 'candidatar-se'".[193]

Agustín Grijalva Jiménez e José Luis Castro-Montero pontuam que a Constituição de 2008 exige que a Corte Constitucional qualifique o mecanismo constitucional pelo qual deve tramitar uma proposta de reforma.

No caso da reeleição indefinida, a referida Corte legitimou o procedimento de emenda constitucional pela via legislativa (à época, o Presidente Correa e seu partido detinham maioria legislativa) sem a necessidade de ratificação por referendo popular, sob o fundamento de que a reforma constitucional: a) não alterava a estrutura da Constituição, tampouco os elementos constitutivos do Estado; b) não restringia, e sim ampliava, direitos constitucionais; e c) admitia que eleitores pudessem eleger livremente o candidato que obtivesse votos para retornar, sem restrições, ao cargo de chefia do Poder Executivo.[194]

Não obstante a popularidade, a concentração de poder e o apoio parlamentar em favor de Rafael Correa, fatores esses que, de acordo com Ilka Treminio,[195] viabilizaram a aprovação da Emenda da reeleição indefinida, posteriormente, o então Presidente

---

[192] GRIJALVA JIMÉNEZ, Agustín; CASTRO-MONTERO, José-Luis. La reelección presidencial indefinida en Venezuela, Nicaragua, Ecuador y Bolivia. *Estudios constitucionales*, v. 18, n. 1, p. 9-49, 2020, p. 29.

[193] EQUADOR. Corte Constitucional do Equador. *Emiendas a la Constitución de la República del Ecuador*. Disponível em: http://bivicce.corteconstitucional.gob.ec/local/File/Constitucion_Enmiendas_Interpretaciones/Enmiendas_Constitucion_2015.pdf. Acesso em: 5 nov. 2018.

[194] GRIJALVA JIMÉNEZ, Agustín; CASTRO-MONTERO, José-Luis. La reelección presidencial indefinida en Venezuela, Nicaragua, Ecuador y Bolivia. *Estudios constitucionales*, v. 18, n. 1, p. 9-49, 2020, p. 31-35.

[195] TREMINIO, Ilka. La reforma constitucional de Rafael Correa. El caso de la reelección presidencial en Ecuador. *América Latina Hoy*, v. 67, p. 65-90, 2014, p. 79-84.

experimentou, em 2017, incertezas eleitorais, crise econômica e queda em sua popularidade. Diante disso, Agustín Grijalva Jiménez e José Luis Castro-Montero explicam que Correa introduziu uma disposição transitória para que fosse aplicada a reeleição indefinida somente a partir das eleições de 2021.

Com efeito, nas eleições de 2017 – após 10 anos no cargo da presidência – Correa apoiou a candidatura de Lenín Moreno, que se sagrou vencedor e veio a se tornar seu adversário político logo no primeiro ano de governo.[196] Em 2018, na Presidência por Lenín Moreno, convocou-se referendo para, dentre outros questionamentos, possibilitar ao povo equatoriano responder sim, ou não, para a seguinte pergunta:

> Para garantir o princípio da alternância, você concorda em emendar a Constituição da República do Equador para que todas as autoridades eleitas possam ser reeleitas por apenas uma vez para o mesmo cargo, recuperando o mandato da Constituição de Montecristi e deixar sem efeito a reeleição indefinida aprovada por emenda da Assembleia Nacional em 3 de dezembro de 2015, conforme estabelecido no anexo 2?[197]

Como resultado, "por ter obtido 6.115.590 votos que representam 64,20% do total de votos válidos dos eleitores que constam no Registro Eleitoral, os cidadãos se pronunciaram pela OPÇÃO SIM".[198]

Assim, a maioria do povo equatoriano decidiu, mediante referendo, pela eliminação das reeleições indefinidas, possibilitando tão somente uma única reeleição presidencial consecutiva.[199] Agustín Grijalva Jiménez e José Luis Castro-Montero destacam que a Corte Constitucional reverteu a interpretação quanto à reeleição

---

[196] GRIJALVA JIMÉNEZ, Agustín; CASTRO-MONTERO, José-Luis. La reelección presidencial indefinida en Venezuela, Nicaragua, Ecuador y Bolivia. *Estudios constitucionales*, v. 18, n. 1, p. 9-49, 2020, p. 35.
[197] CONSEJO NACIONAL ELECTORAL. ECUADOR. *Referendo-Consulta Popular-2018*. Disponível em: http://bivicce.corteconstitucional.gob.ec/local/File/Constitucion_Enmiendas_Interpretaciones/2018-02-14_Referendum_y_Consulta_Popular.pdf. Acesso em: 3 maio 2019.
[198] CONSEJO NACIONAL ELECTORAL. ECUADOR. *Referendo-Consulta Popular-2018*. Disponível em: http://bivicce.corteconstitucional.gob.ec/local/File/Constitucion_Enmiendas_Interpretaciones/2018-02-14_Referendum_y_Consulta_Popular.pdf. Acesso em: 3 maio. 2019.
[199] EL PAÍS. Ecuador elimina la reelección indefinida y pone fin a la era Correa. Disponível em: https://elpais.com/internacional/2018/02/04/america/1517770527_944169.html. Acesso em: 15 dez. 2018.

indefinida. Ao contrário do entendimento firmado em 2014, a Corte, em 2019, asseverou que a eliminação dos limites à reeleição não amplia direitos de participação, que a limitação resguarda a alternância democrática e que a reeleição indefinida poderia distorcer o sistema democrático, tornando-o incompatível com a democracia presidencial republicana.[200]

Honduras

Elena Martínes Barahona e Amelia Brenes Barahona descrevem o desenho constitucional de Honduras como "um dos mais particulares e *sui generis* da região letinoamericana".[201]

A Constituição da República de Honduras de 1982, em seu texto original, veda expressamente a reeleição ao cargo de Presidente. Prevê ainda que aqueles que pretenderem suprimir a norma perdem de imediato o cargo e os direitos para o exercício de qualquer função pública por dez anos.

Em seu art. 4, a Carta constitucional hondurenha estabelece que "a alternância no exercício da presidência da República é obrigatória. A violação desta regra constitui um crime de traição contra a pátria".[202]

O art. 237 dispõe que "o mandato presidencial será de quatro anos e terá início no vigésimo sétimo dia do mês de janeiro seguinte à data da eleição".[203]

Por sua vez, o art. 239 determina:

> O cidadão que tiver exercido a chefia do Poder Executivo não poderá ser presidente ou nomeado. Aqueles que violarem esta disposição ou proporem sua reforma, bem como aqueles que a apoiem, direta ou

---

[200] GRIJALVA JIMÉNEZ, Agustín; CASTRO-MONTERO, José-Luis. La reelección presidencial indefinida en Venezuela, Nicaragua, Ecuador y Bolivia. *Estudios constitucionales*, v. 18, n. 1, p. 9-49, 2020, p. 35-36.
[201] MARTÍNEZ BARAHONA, Elena; BRENES BARAHONA, Amelia. "Y volver, volver, volver...". Un análisis de los casos de intervención de las cortes supremas en la reelección presidencial en Centroamérica. 2012, p. 124.
[202] HONDURAS. *Constituição da República de Honduras de 1982*. Disponível em: http://www.oas.org/juridico/mla/sp/hnd/sp_hnd-int-text-const.pdf. Acesso em: 15 dez. 2018.
[203] HONDURAS. *Constituição da República de Honduras de 1982*. Disponível em: http://www.oas.org/juridico/mla/sp/hnd/sp_hnd-int-text-const.pdf. Acesso em: 15 dez. 2018.

indiretamente, deixarão imediatamente de trabalhar em seus respectivos cargos e serão inabilitados por dez anos para o exercício de qualquer função pública.[204]

Álvaro Felipe Albornoz Pérez entende que a vedação absoluta da reeleição presidencial em Honduras é considerada uma cláusula pétrea na Constituição vigente, explicando que "(...) o princípio da não reeleição se encontra blindado com normas que penalizam as reformas ou as propostas de reforma que pretendam estabelecer a reeleição presidencial do país".[205]

De acordo com o autor, em 2009, "Honduras presenciou o primeiro fracasso absoluto na tentativa de reformar a Constituição e eliminar a proibição para ser reeleito o Presidente da República".[206]

Isso porque o Presidente à época, Manuel Zelaya, propôs uma consulta popular para, por meio da convocação de uma Assembleia Constituinte, alterar o texto constitucional. Essa tentativa foi vista pelos atores políticos como uma manobra reeleicionista do então Presidente para modificar o desenho constitucional e eliminar o dispositivo constitucional que proibia a reeleição presidencial. Na visão de Pérez, essa situação gerou "(...) uma crise política sem precedentes, que terminou com a expulsão do poder do Presidente Zelaya, com a aplicação dos artigos constitucionais que protegem e blindam o princípio da alternância".[207]

Ilka Treminio adverte que Manuel Zelaya experimentou crise econômica e escasso capital político e popular para obter sucesso em sua iniciativa. Por seu turno, Roberto Viciano Pastor e Gabriel Moreno González apontam que Zelaya sofreu objeção dos tribunais, da oposição e do exército, que consideravam a medida por ele proposta ilegítima e inconstitucional.

---

[204] HONDURAS. *Constituição da República de Honduras de 1982*. Disponível em: http://www.oas.org/juridico/mla/sp/hnd/sp_hnd-int-text-const.pdf. Acesso em: 15 dez. 2018.

[205] PÉREZ, Álvaro Felipe Albornoz. A reeleição presidencial em Honduras. *In*: SANTANO, Ana Claudia (coord.). *Reeleição presidencial nos sistemas políticos das Américas*. Curitiba: Íthala, 2015, p. 283.

[206] PÉREZ, Álvaro Felipe Albornoz. A reeleição presidencial em Honduras. *In*: SANTANO, Ana Claudia (coord.). *Reeleição presidencial nos sistemas políticos das Américas*. Curitiba: Íthala, 2015, p. 288.

[207] PÉREZ, Álvaro Felipe Albornoz. A reeleição presidencial em Honduras. *In*: SANTANO, Ana Claudia (coord.). *Reeleição presidencial nos sistemas políticos das Américas*. Curitiba: Íthala, 2015, p. 288.

Quanto ao papel da oposição (Partido Nacional), é interessante destacar o paradoxo apresentado por Viciano Pastor e Gabriel Moreno González: em um primeiro momento, o partido exerceu a função de principal denunciante da manobra reelecionista de Zelaya e se beneficiou da destituição do então presidente. Anos depois, a mesma legenda questionou judicialmente a proibição constitucional da reeleição presidencial.[208]

Após a destituição de Zelaya da presidência, ocupou o cargo de forma interina – entre 2009 e 2010 – o então Presidente do Congresso Nacional Hondurenho Roberto Micheletti. Em seguida, Porfirio Lobo Sosa foi eleito e exerceu a presidência até o início de 2014.

No final de 2014, durante a presidência de Juan Orlando Hernández, um grupo composto de dezesseis deputados – quinze do Partido Nacional e um do Partido Unificação Democrática – ingressou com recurso de inconstitucionalidade contra: a) o dispositivo constitucional que vedava a reeleição presidencial; b) as normas que puniam eventual discussão sobre a reeleição; e c) normas penais que disciplinavam a referida previsão constitucional. Já em 2015, o ex-Presidente, Rafael Leonardo Callejas, integrante do Partido Nacional, apresentou novo recurso de inconstitucionalidade contra o mesmo dispositivo constitucional.

Ilka Treminio Sánchez assevera que o então Presidente Juan Orlando Hernández – que ocupava o cargo durante a tramitação das citadas ações judiciais – assumia postura discreta e não se posicionava a respeito do tema em discussão. E mais, a autora pontua que, ao contrário de Zelaya, Hernández detinha recursos políticos, alta popularidade e forte apoio de seu partido, o que também foi decisivo.[209]

Em 2015, a Corte Suprema de Justiça, ao apreciar os recursos, decidiu, por unanimidade, pela inconstitucionalidade da vedação à reeleição presidencial.[210]

---

[208] PASTOR, Roberto Viciano; GONZÁLEZ, Gabriel Moreno. Cuando los jueces declaran inconstitucional la Constitución: la reelección presidencial en América Latina a la luz de las últimas decisiones de las Cortes Constitucionales. *Anuario Iberoamericano de Justicia Constitucional*, n. 22, 2018, p. 179.

[209] SÁNCHEZ, Ilka Treminio. ¿Cómo borrar la letra escrita en piedra? Norma pétrea y reelección presidencial en Honduras. *Anuario de Estudios Centroamericanos*, p. 237-260, 2016, p. 249.

[210] DW. Supremo aprueba reelección presidencial en Honduras. Disponível em: https://www.dw.com/es/supremo-aprueba-reelecci%C3%B3n-presidencial-en-honduras/a-18407725. Acesso em: 15 dez. 2018.

Essa decisão não ficou isenta de críticas. Roberto Viciano Pastor e Gabriel Moreno González, ao analisarem o conteúdo decisório, destacam alguns argumentos que levaram a Corte a afastar a proibição à reeleição presidencial, quais sejam, que ela restringe a "capacidade soberana de participação cívica e política dos assuntos concernentes ao Estado", viola "um direito universal de escolher e ser eleito" e atenta contra princípios *pro homini* e o direito à liberdade. Além disso, equiparou-se – pela interpretação de normas internacionais, como a Convenção de Haia – a reeleição a um direito humano.[211]

De acordo com os autores, a Corte Suprema hondurenha, ao invés de interpretar a Constituição, acabou por substituí-la, transformando-se em verdadeiro constituinte. Ao assim proceder, modificou a jurisprudência – que antes compreendia que a limitação preservava interesses legítimos e a forma republicana – para declarar inaplicável o art. 239 do texto constitucional que vedava a reeleição presidencial.[212]

A esse respeito, Ilka Treminio Sánchez assinala que, por decisão judicial, a reeleição presidencial passou a ser permitida, sem que houvesse um redesenho constitucional sobre o tema. Ou seja, não se decidiu o tipo de reeleição presidencial consagrada nessa nova interpretação judicial.[213] Cabe destacar que a composição da Corte possibilitou a viragem jurisprudencial, opção que se mostrou mais viável do que a tentativa de alteração da Constituição pelo Poder Legislativo.[214]

Por sua vez, o Tribunal Supremo Eleitoral, em 2016, de forma unânime, decidiu por acatar e cumprir a decisão da Suprema

---

[211] PASTOR, Roberto Viciano; GONZÁLEZ, Gabriel Moreno. Cuando los jueces declaran inconstitucional la Constitución: la reelección presidencial en América Latina a la luz de las últimas decisiones de las Cortes Constitucionales. *Anuario Iberoamericano de Justicia Constitucional*, n. 22, 2018, p. 181.

[212] PASTOR, Roberto Viciano; GONZÁLEZ, Gabriel Moreno. Cuando los jueces declaran inconstitucional la Constitución: la reelección presidencial en América Latina a la luz de las últimas decisiones de las Cortes Constitucionales. *Anuario Iberoamericano de Justicia Constitucional*, n. 22, 2018, p. 182-183.

[213] SÁNCHEZ, Ilka Treminio. ¿Cómo borrar la letra escrita en piedra? Norma pétrea y reelección presidencial en Honduras. *Anuario de Estudios Centroamericanos*, p. 237-260, 2016, p. 249.

[214] SÁNCHEZ, Ilka Treminio. ¿Cómo borrar la letra escrita en piedra? Norma pétrea y reelección presidencial en Honduras. *Anuario de Estudios Centroamericanos*, p. 237-260, 2016, p. 252-253.

Corte.²¹⁵ Com o entendimento firmado pelas referidas Cortes, abriu-se caminho para a reeleição consecutiva do então Presidente Juan Orlando Hernández, que se sagrou vencedor nas eleições de 2017.²¹⁶

México

A Constituição Política dos Estados Unidos Mexicanos de 1917, em sua redação original, previa a vedação absoluta da reeleição presidencial.²¹⁷

O texto constitucional sofreu reforma em 2014, porém a vedação absoluta à reeleição foi mantida, nos termos do art. 83:

> O presidente iniciará o exercício de seu mandato em 1º de outubro e durará seis anos. O cidadão que ocupou o cargo de presidente da república, eleito popularmente, ou com o caráter de interino ou substituto, ou provisoriamente assuma a chefia do poder executivo federal, em nenhum caso e por qualquer razão poderá retornar ao cargo.²¹⁸

No contexto mexicano, o tema da reeleição presidencial possui relevância histórica. As críticas contra reeleições ilimitadas do Chefe do Poder Executivo há muito estiveram presentes na consciência mexicana, como esclarece Jorge Fernández Ruiz:

> A Constituição de 1857 não fez pronunciamento expresso sobre a reeleição, mas tampouco apontou como causa de inelegibilidade para a presidência da república ter ocupado o cargo anteriormente, o que

---

[215] DW. Honduras: Tribunal Supremo Electoral abre paso a reelección del actual presidente. Disponível em: http://www.dw.com/es/honduras-tribunal-supremo-electoral-abre-paso-a-reelecci%C3%B3n-del-actual-presidente/a-19542765. Acesso em: 15 dez. 2018.

[216] BBC. Quién es Juan Orlando Hernández, el primer presidente reelecto en Honduras desde el regreso de la democracia (y en las elecciones más controvertidas de la historia reciente). Disponível em: https://www.bbc.com/mundo/noticias-america-latina-42116189. Acesso em: 15 dez. 2018.

[217] MÉXICO. *Constituição Política dos Estados Unidos Mexicanos de 1917.* Disponível em: https://www.scjn. gob.mx/sites/default/files/cpeum/documento/2017-03/CPEUM-083.pdf. Acesso em: 15 dez. 2018.

[218] MÉXICO. *Constituição Política dos Estados Unidos Mexicanos de 1917.* Redação dada pela reforma de 2014. Disponível em: https://www.scjn. gob.mx/sites/default/files/cpeum/documento/2017-03/CPEUM-083.pdf. Acesso em: 15 dez. 2018.

foi interpretado na prática como uma autorização tácita de reeleição, que foi aproveitada pelos presidentes Benito Juárez e Sebastián Lerdo de Tejada.[219]

Desse modo, como na Constituição de 1857 não havia vedação expressa à reeleição presidencial, o então Presidente Benito Juárez, em 1871, postulou nova reeleição ao cargo, o que gerou reação imediata. Nesse mesmo ano, o General Porfirio Díaz Mora, contrário à reeleição sucessiva do então Presidente Benito Juárez, elaborou o *Plan de la Noria* para justificar a insurreição, que, como relata Jorge Fernández Ruiz, possuía a seguinte redação:

> começava com a frase: 'a reeleição indefinida, forçada e violenta do executivo federal, colocou em risco as instituições nacionais', e terminava dizendo: "Que nenhum cidadão se imponha e se perpetue no exercício do poder, e esta será a última revolução".[220]

Se, de um lado, é possível observar que, no *Plan de la Noria*, Porfirio Díaz Mora adotou uma bandeira contrária à reeleição presidencial, de outro, os atos praticados pelo General quando esteve no poder contradisseram as suas propostas iniciais.

Como salientado por Jorge Fernández Ruiz, "o porfiriato – entendido como a permanência de Porfirio Díaz no exercício do Poder Executivo – durou de 28 de novembro de 1876 a 25 de maio de 1911"[221] e, para atingir esse feito:

> A metamorfose do golpe anti-reeleicionista em reeleicionista foi gradual, através de três reformas na Constituição. (...) As repetidas reeleições do presidente Díaz foram acompanhadas de numerosas reeleições de

---

[219] Tradução livre. RUIZ, Jorge Fernández. La reelección en el régimen presidencial mexicano. *In:* RUIZ, Jorge Fernández. *Direito eleitoral:* debates ibero-americanos. Memórias do V Congresso Ibero-americano de Direito Eleitoral e do IV Congresso de Ciência Política e Direito Eleitoral do Piauí. Curitiba: Íthala, 2014, p. 246.

[220] Tradução livre. RUIZ, Jorge Fernández. La reelección en el régimen presidencial mexicano. *In:* RUIZ, Jorge Fernández. *Direito eleitoral:* debates ibero-americanos. Memórias do V Congresso Ibero-americano de Direito Eleitoral e do IV Congresso de Ciência Política e Direito Eleitoral do Piauí. Curitiba: Íthala, 2014, p. 243.

[221] Tradução livre. RUIZ, Jorge Fernández. La reelección en el régimen presidencial mexicano. *In:* RUIZ, Jorge Fernández. *Direito eleitoral:* debates ibero-americanos. Memórias do V Congresso Ibero-americano de Direito Eleitoral e do IV Congresso de Ciência Política e Direito Eleitoral do Piauí. Curitiba: Íthala, 2014, p. 244.

governadores dos Estados, de senadores, de deputados e de membros dos conselhos municipais.²²²

Como visto, Porfirio Díaz permaneceu no poder mediante reformas constitucionais. Na primeira delas, restabeleceu a reeleição não imediata, então prevista na Constituição de 1824,²²³ para, na segunda reforma, modificar e permitir uma única reeleição imediata. Na terceira, estabeleceu a reeleição indefinida e ilimitada, o que possibilitou sua perpetuação no poder.²²⁴

Jorge Fernández Ruiz esclarece que, somente em 1910, foi proclamado, por Francisco Ignacio Madero, o *Plan de San Luis*, sob o lema "*Sufragio efectivo. No reelección*" ("Sufrágio efetivo. Não reeleição"), movimento que se insurgia contra as autoridades que governavam naquele período. Deu-se início à Revolução Mexicana.²²⁵

Ao examinar a realidade mexicana, John M. Carey observa:

> A ideia de "não reeleição!" foi marcada na consciência política da América Latina como o grito de guerra de Francisco Madero em 1910 para derrubar Porfirio Díaz depois de 34 anos em que Díaz dominou o poder executivo mexicano.²²⁶

---

²²² Tradução livre. RUIZ, Jorge Fernández. La reelección en el régimen presidencial mexicano. *In*: RUIZ, Jorge Fernández. *Direito eleitoral*: debates ibero-americanos. Memórias do V Congresso Ibero-americano de Direito Eleitoral e do IV Congresso de Ciência Política e Direito Eleitoral do Piauí. Curitiba: Íthala, 2014, p. 244.

²²³ Conforme ensina Jorge Fernández Ruiz, a Constituição Mexicana de 1824 não proibiu a reeleição presidencial, mas apenas a permitia para mandatos não sucessivos, nos termos do art. 77: 'o presidente não poderá ser reeleito para o cargo, se não após o quarto ano do término de suas funções'". RUIZ, Jorge Fernández. La reelección en el régimen presidencial mexicano. *In*: RUIZ, Jorge Fernández. *Direito eleitoral*: debates ibero-americanos. Memórias do V Congresso Ibero-americano de Direito Eleitoral e do IV Congresso de Ciência Política e Direito Eleitoral do Piauí. Curitiba: Íthala, 2014, p. 245.

²²⁴ Segundo Jorge Fernández Ruiz, "Porfirio Díaz insurgiu-se contra a reeleição de ambos com a bandeira da não reeleição; já no exercício do poder mudou sua opinião; primeiro, restaurou a reeleição não imediata contemplada na Constituição de 1824, em seguida, fez a mudança para permitir uma reeleição imediata única e, finalmente, estabeleceu a reeleição indefinida, o que lhe permitiu perpetuar no exercício do poder descaradamente". Tradução livre. RUIZ, Jorge Fernández. La reelección en el régimen presidencial mexicano. *In*: RUIZ, Jorge Fernández. *Direito eleitoral*: debates ibero-americanos. Memórias do V Congresso Ibero-americano de Direito Eleitoral e do IV Congresso de Ciência Política e Direito Eleitoral do Piauí. Curitiba: Íthala, 2014, p. 246-247.

²²⁵ Movimento armado ocorrido no México entre 1910-1917. Ver mais em: BARBOSA, Carlos Alberto Sampaio; LOPES, Maria Aparecida de Souza. A historiografia da Revolução Mexicana no limiar do século XXI: tendências gerais e novas perspectivas. *História*, v. 20, p. 163-198, 2001.

²²⁶ Tradução livre. CAREY, John M. The reelection debate in Latin America. *Latin American Politics and Society*, v. 45, n. 1, p. 119-133, 2003, p. 121.

É digna de nota a constatação de Jorge Fernández Ruiz no sentido de que, desde os idos da Revolução Mexicana – teve como consequência expressivo número de militares e civis mortos – "(...) ninguém se atreveu a propor abertamente a reeleição presidencial no México".[227] Permanece, no texto constitucional ora vigente, a duração de mandato de 6 anos, vedada, em absoluto, a reeleição presidencial, permitindo-se o exercício de apenas um mandato na presidência.[228]

Não significa dizer, todavia, que não tenham sido feitas críticas ao exercício do governo por um único partido, o Partido Revolucionário Institucional (mais conhecido como PRI).

Embora vedada a reeleição presidencial, o PRI esteve no comando da presidência mexicana por 71 anos, o que foi reconhecido por Mario Vargas Llosa, na década de 1990, como "a ditadura perfeita", com a permanência não de um homem, mas de um único partido no poder, dissolvendo-se a alternância democrática.[229]

No sistema do PRI, o sucessor era escolhido pelo presidente, que exercia o cargo por 6 anos. Essa prática ficou conhecida como *dedazo*. Assim, apesar da vedação à reeleição presidencial, havia continuísmo no México, com as sucessivas presidências – com amplos poderes pessoais – exercidas pelo PRI.[230]

Registre-se que o PRI foi derrotado nas eleições gerais de 2000, assumindo a presidência o candidato da oposição, Vicente Fox Quesada, do Partido da Ação Nacional (PAN). Em 2006, Felipe Calderón, também do PAN, foi eleito Presidente. Nas eleições de 2012, o PRI retornou ao poder com a eleição de Enrique Peña Nieto. Em 2018, Andrés Manuel López Obrador, do Partido Movimento

---

[227] Tradução livre. RUIZ, Jorge Fernández. La reelección en el régimen presidencial mexicano. *In:* RUIZ, Jorge Fernández. *Direito eleitoral*: debates ibero-americanos. Memórias do V Congresso Ibero-americano de Direito Eleitoral e do IV Congresso de Ciência Política e Direito Eleitoral do Piauí. Curitiba: Íthala, 2014, p. 246-247.

[228] A duração de mandato de 6 anos é vista como razoável por Mario Daniel Serrafero, considerando a absoluta vedação constitucional à reeleição presidencial no México. SERRAFERO, Mario. La reelección presidencial indefinida en América Latina. Revista de Instituciones, Ideas y Mercados, v. 54, p. 225-259, 2011, p. 236-237.

[229] PÚBLICO. A ditadura perfeita passou à história. Disponível em: https://www.publico.pt/2012/07/04/jornal/a-ditadura-perfeita-passou-a-historia-24837983. Acesso em: 23 ago 2022.

[230] Poder-se-ia, nesse caso, afastar a ideia de que o continuísmo no poder está atrelado necessariamente ao instituto da reeleição presidencial.

Regeneração Nacional (MORENA), sagrou-se vencedor do pleito eleitoral, tornando-se Presidente do México.

Paraguai

A reeleição presidencial no Paraguai sofreu alterações significativas ao longo do tempo. Ao examinar a história do país, Ilka Treminio revela que, durante grande parte do século XX, a Constituição do Paraguai permitia a reeleição presidencial imediata.[231]

De acordo com as lições da autora, no contexto paraguaio, a reeleição presidencial imediata esteve presente, no século XX, em dois períodos: a) na Constituição de 1940 – imposta por decreto pelo governo do General Estigarribia –, cujo texto também lhe outorgava poderes supremos; e b) na Constituição de 1967, cujo texto foi fruto de Assembleia Constituinte convocada pelo General Alfredo Stroessner, que permaneceu na chefia do Poder Executivo de 1954 a 1989.[232]

No contexto paraguaio, as referidas experiências reforçaram – após a ditadura de Strossner, que perdurou por aproximadamente 35 anos – a necessidade de se introduzir dispositivo constitucional que vedasse a reeleição presidencial imediata.

Sobre o tema, Gustavo Javier Rojas Bogado enfatiza que a vedação absoluta da reeleição presidencial está atrelada ao período ditatorial paraguaio exercido pelo General Alfredo Stroessner, respaldado nas Constituições de 1940 e 1967 (reformada em 1977).[233]

É interessante observar que, ao contrário de outros países latino-americanos que, na década de 1990, adotaram a reeleição imediata em seus textos constitucionais, a história constitucional paraguaia caminhou em sentido oposto, isto é, pela vedação do instituto na Constituição Nacional do Paraguai de 1992, que estabelece, em seu art. 229:

---

[231] SÁNCHEZ, Ilka Treminio. Las reformas a la reelección presidencial en América Latina. *Estudios Sociológicos*, p. 59-85, 2013, p. 65.
[232] SÁNCHEZ, Ilka Treminio. Las reformas a la reelección presidencial en América Latina. *Estudios Sociológicos*, p. 59-85, 2013, p. 65.
[233] BOGADO, Gustavo Javier Rojas. Sobre a reeleição presidencial no sistema constitucional paraguaio. *In:* SANTANO, Ana Claudia (coord.). *Reeleição presidencial nos sistemas políticos das Américas*. Curitiba: Íthala, 2015, p. 88-89.

O presidente da república e o vice-presidente exercerão suas funções durante o período de cinco anos improrrogáveis, contado a partir do dia quinze de agosto após as eleições. Eles não podem ser reeleitos em nenhum caso. O vice-presidente só poderá ser eleito presidente para o mandato subsequente se tiver deixado o cargo seis meses antes das eleições gerais. Quem tiver ocupado a presidência por mais de doze meses não poderá ser eleito vice-presidente da república.[234]

Mario Daniel Serrafero pontua que a Constituição paraguaia de 1992 buscou – com a introdução da vedação da reeleição presidencial de forma absoluta – evitar a repetição de experiências autoritárias.[235] A modificação desse dispositivo constitucional permanece, como explica Gustavo Javier Rojas Bogado, um tabu no país.[236]

A exemplo disso, o ano de 2017 – marcado por inúmeros conflitos sociais e políticos – revela a sensibilidade desse tema na sociedade paraguaia.

Andrés Carrioza explica que, naquele ano, a tentativa de alteração na Constituição de 1992 para se permitir a reeleição presidencial imediata trouxe consigo severas consequências decorrentes das manifestações, tais como: i) incêndio em edifício do Congresso paraguaio; ii) um deputado do Partido Liberal gravemente ferido por tiro de bala de borracha; e iii) a morte de líder da juventude do Partido Liberal.[237]

Registre-se que, mesmo antes de 2017, as tentativas de introdução da reeleição presidencial – almejadas pelos então Presidentes Nicanor Duarte Frutos (2003-2008) e Fernando Lugo (2008-2012) – foram infrutíferas. Ao tratar sobre essa questão, Ignacio González Bozzolasco afirma que foi idealizada – também sem êxito – uma alternativa para introdução da reeleição presidencial imediata

---

[234] PARAGUAI. *Constituição Nacional do Paraguai de 1992*. Disponível em: http://jme.gov.py/transito/leyes/cn1992.html. Acesso em: 15 dez. 2018.

[235] SERRAFERO, Mario. La reelección presidencial indefinida en América Latina. Revista de Instituciones, Ideas y Mercados, v. 54, p. 225-259, 2011, p. 245.

[236] BOGADO, Gustavo Javier Rojas. Sobre a reeleição presidencial no sistema constitucional paraguaio. *In:* SANTANO, Ana Claudia (coord.). *Reeleição presidencial nos sistemas políticos das Américas*. Curitiba: Íthala, 2015, p. 94.

[237] Registre-se que os dois últimos acontecimentos foram resultantes de ação policial. CARRIZOSA, Andrés. Paraguay 2017: competencia política en las Cámaras, en las calles y en las urnas. *Revista de ciencia política (Santiago)*, v. 38, n. 2, p. 335-360, 2018, p. 336.

por meio de reinterpretação constitucional do art. 229 da Constituição pela Corte Suprema de Justiça.²³⁸ Segundo o autor, a tentativa que obteve mais avanços foi a do então Presidente Horacio Cartes em 2017.

A tênue relação entre popularidade e força política do então Presidente Horacio Cartes pode trazer alguns indicativos da crise institucional originada pela tentativa de introdução da reeleição presidencial imediata. De um lado, Horacio Cartes possuía apoio parlamentar para aprovação da reeleição presidencial imediata, de outro, os índices de aprovação, em 2016, caíram para 26%, enquanto os de rejeição subiram, no mesmo ano, para 77%.²³⁹

É interessante observar que a alteração constitucional beneficiaria a sua candidatura nas eleições de 2018 (o então Presidente Horácio Cartes exerceu a presidência no período de 2013 a 2018), como também a do ex-Presidente Fernando Lugo, que exerceu o cargo de 2008 a 2012 e se via impedido constitucionalmente de retornar à presidência.

No ano de 2017, no qual, como visto, o tema da reeleição presidencial imediata retornou ao debate, as articulações e disputas políticas abarcaram diversos setores políticos e sociais, meios de comunicação, movimentos e inclusive a Igreja Católica.²⁴⁰

No entanto, a proposta de emenda constitucional encontrou resistência na oposição, em movimentos civis e organizações internacionais que, em 31 de março daquele ano, reagiram à aprovação pelo Senado do projeto que permitia a reeleição presidencial imediata por mais um período. Vale ressaltar que a votação da referida emenda se deu de forma controversa – foi aprovada em sessão irregular, convocada por parte de senadores, e realizada fora do plenário, em desrespeito à autoridade do Presidente da Casa, que era contrário à emenda.²⁴¹

---

[238] GONZÁLEZ BOZZOLASCO, Ignacio. Paraguay: la reelección presidencial y los inicios de la carrera electoral 2018. *Revista de ciencia política (Santiago)*, v. 37, n. 2, p. 543-562, 2017, p. 552.
[239] GONZÁLEZ BOZZOLASCO, Ignacio. Paraguay: la reelección presidencial y los inicios de la carrera electoral 2018. *Revista de ciencia política (Santiago)*, v. 37, n. 2, p. 543-562, 2017, p. 554.
[240] GONZÁLEZ BOZZOLASCO, Ignacio. Paraguay: la reelección presidencial y los inicios de la carrera electoral 2018. *Revista de ciencia política (Santiago)*, v. 37, n. 2, p. 543-562, 2017.p. 557.
[241] INSTITUTO HUMANITAS UNISINOS. Revista IHU on-line. Paraguai. Proposta de reeleição de presidente é arquivada pela Câmara. Disponível em: https://www.ihu.unisinos.br/78-noticias/567073-paraguai-proposta-de-reeleicao-de-presidente-e-arquivada-pela-camara. Acesso em: 8 mar. 2022.

Diante dessa manobra, e da iminente possibilidade de aprovação da referida emenda pela Câmara dos Deputados, se acirraram as manifestações, cujas graves consequências – já mencionadas – enfraqueceram a possibilidade de aprovação da proposta.

Em 17 de abril de 2017, conforme relata Andrés Carrioza, o ex-Presidente Horacio Cartes escreveu carta aberta comunicando que não se candidataria à presidência. É interessante destacar a constatação do referido autor de que a carta foi dirigida ao Arcebispo de Assunção, Edmundo Valenzuela, e não à oposição, tampouco à população paraguaia.[242]

Em 27 de abril do mesmo ano, a Câmara de Deputados rejeitou e arquivou o projeto de emenda, pondo fim à crise originada pela tentativa de se introduzir na Constituição paraguaia a reeleição presidencial imediata.[243] Permanece, no texto constitucional ora vigente, a duração de mandato de 5 anos, vedada, em absoluto, a reeleição presidencial, permitindo-se o exercício de apenas um mandato na presidência.

Peru

A Constituição Política do Peru de 1993, em seu art. 112, nos termos originais, assim previa:

> O mandato presidencial é de cinco anos. O presidente pode ser reeleito imediatamente por um período adicional. Depois de outro período constitucional, pelo menos, o ex-presidente pode voltar a se candidatar, sujeito às mesmas condições.[244]

César Landa Arroyo esclarece que, ao longo da história constitucional peruana, prevalecia, nos textos constitucionais, a vedação à reeleição presidencial imediata.[245] Contudo, segundo o

---

[242] CARRIZOSA, Andrés. Paraguay 2017: competencia política en las Cámaras, en las calles y en las urnas. *Revista de ciencia política (Santiago)*, v. 38, n. 2, p. 335-360, 2018, p. 341-342.

[243] CARRIZOSA, Andrés. Paraguay 2017: competencia política en las Cámaras, en las calles y en las urnas. *Revista de ciencia política (Santiago)*, v. 38, n. 2, p. 335-360, 2018, p. 341-342.

[244] PERU. *Constituição Política do Peru de 1993*. Disponível em: https://www.tc.gob.pe/tc/private/adjuntos/institucional/normatividad/constitucion. pdf. Acesso em: 5 nov. 2018.

[245] César Landa Arroyo explica que "a proibição à reeleição imediata vem a partir da Constituição de 1834, que permite a reeleição logo após haver transcorrido um período

autor, a tradição pela irreelegibilidade foi interrompida durante os governos de Augusto Bernardino Leguía, que exerceu a presidência no período de 1919 a 1930, e Alberto Fujimori, que esteve no poder de 1990 a 2000.[246]

No que toca ao primeiro mandato de Fujimori, que foi eleito em 1990 sob a égide da Constituição de 1979, Edgar Carpio Marcos aponta que a busca pela elaboração de um novo texto constitucional – qual seja, a Constituição de 1993 – carregava consigo uma principal razão: a introdução da reeleição imediata, antes vedada pela Constituição de 1979, que apenas autorizava o retorno ao cargo após o interstício de um mandato presidencial de cinco anos.[247] Com a aprovação da Constituição de 1993, viabilizou-se a reeleição imediata de Fujimori ao cargo de Presidente do Peru no pleito eleitoral de 1995.

Não bastasse o êxito na introdução da reeleição imediata que veio a lhe propiciar o segundo mandato na presidência, posteriormente, como relata César Landa Arroyo, o então Presidente Fujimori buscou "(...) por diferentes meios facilitar uma segunda reeleição e, desta maneira, exercer o poder pela terceira vez consecutiva",[248] tendo em vista que, após o exercício de dois mandatos na Presidência, já não podia – sob a égide da Constituição de 1993, que somente permitia uma reeleição imediata – candidatar-se ao terceiro mandato no pleito eleitoral de 2000.

Nesse ponto, o Congresso Peruano exerceu papel significativo. César Landa Arroyo esclarece que, ante a vedação constitucional ao terceiro mandato sucessivo, "a maioria do Congresso, fazendo uso

---

presidencial. Esta é a regra que, ao final, prevalece na história constitucional do Peru. Essa regra persiste em nossas constituições do século XIX (1839, 1856, 1860 e 1867) até o texto original da Constituição de 1920, que logo foi sucessivamente reformada, em 1923 e 1927, para permitir a reeleição imediata e posteriormente indefinida, para favorecer o então Presidente Augusto B. Lenguía". ARROYO, Cesár Landa. A reeleição presidencial no Peru. *In:* SANTANO, Ana Claudia (coord.). *Reeleição presidencial nos sistemas políticos das Américas.* Curitiba: Íthala, 2015, p. 148.

[246] ARROYO, Cesár Landa. A reeleição presidencial no Peru. *In:* SANTANO, Ana Claudia (coord.). *Reeleição presidencial nos sistemas políticos das Américas.* Curitiba: Íthala, 2015, p. 160.

[247] MARCOS, Edgar Carpio. Constitución y reelección presidencial: el caso peruano. *Boletín Mexicano de Derecho Comparado,* v. 33, n. 98, p. 447-503, 2000, p. 452-454.

[248] ARROYO, Cesár Landa. A reeleição presidencial no Peru. *In:* SANTANO, Ana Claudia (coord.). *Reeleição presidencial nos sistemas políticos das Américas.* Curitiba: Íthala, 2015, p. 153.

das práticas parlamentares de exceção e de seu número aprovou, em setembro de 1996, a Lei nº 26.657, que 'interpretou de modo autêntico' o art. 112 da Constituição".[249]

Assim, a partir dessa nova interpretação do texto constitucional (interpretação autêntica), o Congresso peruano iniciou o processo para viabilizar a candidatura ao terceiro mandato de Fujimori nas eleições de 2000, dando a seguinte redação à norma constitucional:

> Art. Único – interpreta-se de modo autêntico que a reeleição a que se refere o art. 112 da Constituição está referida e condicionada aos mandatos presidenciais iniciados com posterioridade à data de promulgação do referido texto constitucional. Consequentemente, interpreta-se autenticamente que no cômputo não se considera retroativamente os mandatos presidenciais iniciados antes da vigência da Constituição.[250]

Essa lei de interpretação autêntica gerou discussões doutrinárias sobre a sua constitucionalidade. Dentre as objeções, Edgar Carpio Marcos destaca o questionamento acerca da competência de o Poder Legislativo interpretar, por meio de interpretação autêntica, a Constituição. Para o autor, não caberia ao Poder Legislativo editar a referida lei com caráter meramente interpretativo de dispositivo constitucional, pois, ao assim proceder, estaria desrespeitando as fronteiras entre Poder constituinte e Poder constituído.[251]

Cesár Landa Arroyo destaca que, contra a referida lei de interpretação autêntica, foi ajuizada ação de inconstitucionalidade, cujas sentenças foram publicadas, em 1997, pelo Presidente do Tribunal Constitucional, na seguinte forma:

> (...) uma, declarando a inaplicabilidade desta lei ao Presidente Fujimori, e outra, que declarou improcedente a ação, ao não ter alcançado

---

[249] ARROYO, Cesár Landa. A reeleição presidencial no Peru. *In:* SANTANO, Ana Claudia (coord.). *Reeleição presidencial nos sistemas políticos das Américas.* Curitiba: Íthala, 2015, p. 153.
[250] ARROYO, Cesár Landa. A reeleição presidencial no Peru. *In:* SANTANO, Ana Claudia (coord.). *Reeleição presidencial nos sistemas políticos das Américas.* Curitiba: Íthala, 2015, p. 154.
[251] MARCOS, Edgar Carpio. Constitución y reelección presidencial: el caso peruano. *Boletín Mexicano de Derecho Comparado*, v. 33, n. 98, p. 447-503, 2000, p. 461-464.

a maioria [dos votos] requerida para que a norma fosse declarada inconstitucional.[252]

Ao examinarem as particularidades do caso, Roberto Viciano Pastor e Gabriel Moreno González evidenciam que o Congresso Peruano, de um lado, editou a norma de interpretação autêntica e, de outro, inabilitou três magistrados do Tribunal Constitucional, impedindo a formação do quórum necessário para apreciação da referida ação de inconstitucionalidade.[253]

Dessa forma, abriu-se caminho para o terceiro mandato consecutivo, possibilitando que Fujimori se reelegesse em 2000, "dentro de um clima de grave crise institucional, denúncias de fraude eleitoral e corrupção".[254] É digno de nota, todavia, que, em razão de diversos acontecimentos que prejudicaram a governabilidade do então Presidente Fujimori, o exercício do terceiro mandato perdurou por apenas um ano.[255]

Ademais, com o término do regime fujimorista, retomou-se a tradição constitucional peruana de vedação à reeleição presidencial imediata, por meio da aprovação pelo Congresso, no final de 2000, da Lei nº 27.635, que modificou a redação do art. 112 da Constituição, passando a dispor o seguinte:

> O mandato presidencial é de cinco anos, não há reeleição imediata. Depois de outro período constitucional, pelo menos, o ex-presidente pode voltar a se candidatar, sujeito às mesmas condições.[256]

Assim, retomou-se a vedação à reeleição presidencial imediata no Peru, sendo permitida, no entanto, nova eleição após o interstício de um mandato presidencial.

---

[252] ARROYO, Cesár Landa. A reeleição presidencial no Peru. *In:* SANTANO, Ana Claudia (coord.). *Reeleição presidencial nos sistemas políticos das Américas*. Curitiba: Íthala, 2015, p. 154.

[253] PASTOR, Roberto Viciano; GONZÁLEZ, Gabriel Moreno. Cuando los jueces declaran inconstitucional la Constitución: la reelección presidencial en América Latina a la luz de las últimas decisiones de las Cortes Constitucionales. *Anuario Iberoamericano de Justicia Constitucional*, n. 22, 2018, p. 171.

[254] ARROYO, Cesár Landa. A reeleição presidencial no Peru. *In:* SANTANO, Ana Claudia (coord.). *Reeleição presidencial nos sistemas políticos das Américas*. Curitiba: Íthala, 2015, p. 159.

[255] ARROYO, Cesár Landa. A reeleição presidencial no Peru. *In:* SANTANO, Ana Claudia (coord.). *Reeleição presidencial nos sistemas políticos das Américas*. Curitiba: Íthala, 2015, p. 159.

[256] PERU. *Constituição Política do Peru de 1993*. Disponível em: https://www.tc.gob.pe/tc/private/adjuntos/institucional/normatividad/constitucion.pdf. Acesso em: 5 nov. 2018.

Uruguai

A Constituição da República Oriental do Uruguai de 1967, com redação dada pela reforma constitucional de 1996, em seu art. 152, estabelece o seguinte:

> O presidente e o vice-presidente permanecerão no cargo por cinco anos e, para voltarem a exercer o cargo novamente, será necessário o transcurso do prazo de cinco anos desde a data do término do mandato.
> Esta disposição inclui o presidente em relação à vice-presidência e não ao vice-presidente em relação à presidência, salvo as exceções dos parágrafos a seguir.
> O vice-presidente e o cidadão que tenham ocupado a presidência por mais de um ano, não poderão ser eleitos para tais cargos sem o transcurso do mesmo prazo estabelecido no primeiro parágrafo.
> O presidente, o vice-presidente ou o cidadão que estiver no exercício da presidência nos três meses anteriores à eleição também não pode ser eleito.[257]

Rubén Flores Dapkevicius, ao tratar da reeleição presidencial no Uruguai, explica que "a história constitucional uruguaia nunca autorizou esta prática".[258] Isso não significa dizer que não houve, ao longo do tempo, tentativas de modificação com vistas a introduzir esse instituto no ordenamento jurídico uruguaio.

Daniel Chasquetti explica que o então Presidente Jorge Pacheco Areco, do Partido Colorado, em 1971, tentou, sem êxito, a introdução da reeleição presidencial imediata, sofrendo resistência da oposição, composta à época pelo Partido Frente Ampla.

Entre 1973 e 1985, o Uruguai experimentou período ditatorial. Charlotte Heyl e Mariana Llanos constatam que, desde a transição democrática ocorrida em 1985, apenas dois presidentes retornaram ao cargo após o interstício de um mandato presidencial, conforme previsão da Constituição uruguaia.[259] Foram eles: Julio Maria

---

[257] URUGUAI. *Constituição da República Oriental do Uruguai de 1967*. Disponível em: https://parlamento.gub.uy/documentosyleyes/constitucion. Acesso em: 5 nov. 2018.
[258] DAPKEVICIUS, Rubén Flores. A reeleição presidencial na República Oriental do Uruguai. *In:* SANTANO, Ana Claudia (coord.). *Reeleição presidencial nos sistemas políticos das Américas.* Curitiba: Íthala, 2015, p. 63.
[259] HEYL, Charlotte; LLANOS, Mariana. Presidential term limits in Africa and Latin America: contested but resilient. 2020, p. 6.

Sanguinetti (1985-1990 e 1995-2000) – pelo Partido Colorado, e Tabaré Vázquez (2005-2010 e 2015-2020) – pelo Partido Frente Ampla. E, após 15 anos do Partido Frente Ampla no exercício da Presidência,[260] nas eleições de 2019, sagrou-se vencedor o candidato do Partido Nacional, Luis Alberto Lacalle Pou.[261]

Vale anotar que, além do então Presidente Jorge Pacheco Areco, houve especulações de que apoiadores do ex-Presidente Tabaré Vázquez – durante o seu primeiro mandato (2005-2010) – buscavam a introdução da reeleição presidencial imediata.

Sobre essa questão, Daniel Chasquetti esclarece que a mera comparação com o então Presidente Pacheco desestimulou os apoiadores e o próprio Tabaré Vázquez, que proferiu declaração, em canal de televisão, de que não buscaria reformar a Constituição com a finalidade de introduzir a reeleição presidencial imediata. Esse movimento foi bem recebido pela oposição. É curiosa, contudo, a constatação do autor no sentido de que a opinião pública, em pesquisa realizada em 2006, era favorável, por maioria (59%), à introdução da reeleição presidencial.[262]

Com essas considerações, eventualmente, pode-se visualizar cenário propício para alteração dessa forte tradição constitucional uruguaia para se permitir a reeleição presidencial imediata. Por ora, permanece vedada a reeleição presidencial imediata no Uruguai, sendo possível, no entanto, nova eleição após o interstício de cinco anos do exercício das funções como Presidente ou Vice-Presidente.

Venezuela

Luis Daniel Álvarez Vanegas comenta que a questão da reeleição presidencial na Venezuela se inicia com a contradição de que, muito embora tradicionalmente houvesse uma restrição constitucional ao instituto, "desde a separação de Colômbia e o

---

[260] Nesse período, ocuparam o cargo da Presidência, nessa ordem: Tabaré Vázquez, José Mujica e Tabaré Vázquez, todos do Partido Frente Ampla.
[261] HEYL, Charlotte; LLANOS, Mariana. Presidential term limits in Africa and Latin America: contested but resilient. 2020, p. 6-7.
[262] CHASQUETTI, Daniel. Uruguay 2007: El complejo año de las reformas. *Revista de ciencia política (Santiago)*, v. 28, n. 1, p. 385-403, 2008, p. 390-391.

nascimento do Estado independente, transcorreram 184 anos, dos quais 60,86% desse período, a Venezuela teve, unicamente, dez presidentes".²⁶³

O governo de Hugo Chávez é um exemplo desse paradoxo.

Em 1999, assumia a cadeira da presidência Hugo Chávez, que convocou uma Assembleia Nacional Constituinte para a elaboração de uma nova Constituição. Nesse ponto, Luis Daniel Álvarez Vanegas esclarece que a convocatória de uma Constituinte "(...) não estava contemplada na Constituição então vigente, mas que foi avalizada pela Corte Suprema de Justiça".²⁶⁴

Aprovada por referendo popular, a Constituição da República Bolivariana da Venezuela de 1999, no art. 230, em sua redação original, passou a prever o seguinte: "O mandato presidencial é de seis anos. O presidente ou a presidenta da república pode ser reeleito ou reeleita, imediatamente e apenas uma vez, por um novo mandato".²⁶⁵

Em seguida, foram convocadas novas eleições e Hugo Chávez se sagrou vencedor do pleito eleitoral de 2000 para o cargo de Presidente, sob a égide da Constituição de 1999.

Nesse sentido, Luis Daniel Álvarez Vanegas explica que "Hugo Chávez conseguiu ser eleito para o mandato de 2000-2006, sendo que o Tribunal Supremo de Justiça decidiu não computar o período desde 1999 que o Presidente tinha estado no poder".²⁶⁶

Em razão da interpretação dada à Constituição de 1999, Hugo Chávez se reelegeu, em 2006, para o segundo mandato presidencial, sob a égide da Constituição de 1999.

Luis Daniel Álvarez Vanegas assinala, ainda, que, em 2007, o então Presidente Chávez convocou um referendo para a modificação,

---

²⁶³ VANEGAS, Luis Daniel Álvarez. A reeleição na Venezuela: uma tragédia com muito continuísmo, personalismo e, em alguns casos, autocracia. *In:* SANTANO, Ana Claudia (coord.). *Reeleição presidencial nos sistemas políticos das Américas.* Curitiba: Íthala, 2015, p. 163.
²⁶⁴ VANEGAS, Luis Daniel Álvarez. A reeleição na Venezuela: uma tragédia com muito continuísmo, personalismo e, em alguns casos, autocracia. *In:* SANTANO, Ana Claudia (coord.). *Reeleição presidencial nos sistemas políticos das Américas.* Curitiba: Íthala, 2015, p. 176.
²⁶⁵ VENEZUELA. *Constituição da República Bolivariana da Venezuela de 1999.* Disponível em: http://www.asambleanacional.gob.ve/documentos_archivos/constitucion-nacional-7.pdf. Acesso em: 5 nov. 2018.
²⁶⁶ VANEGAS, Luis Daniel Álvarez. A reeleição na Venezuela: uma tragédia com muito continuísmo, personalismo e, em alguns casos, autocracia. *In:* SANTANO, Ana Claudia (coord.). *Reeleição presidencial nos sistemas políticos das Américas.* Curitiba: Íthala, 2015, p. 176.

dentre outras questões, da duração do mandato (de seis para sete anos) e dos limites à reeleição presidencial. Apesar de não ter alcançado seus objetivos, Chávez convocou, em 2009, novo referendo para reforma de dispositivos constitucionais.

Segundo Luis Daniel Álvarez Vanegas:

> a convocatória *per se* gerava polêmica, uma vez que o art. 345 da Magna Carta apontava que uma proposta de reforma constitucional rejeitada não poderia ser apresentada no mesmo período constitucional à Assembleia Nacional.[267]

O governo ignorou as críticas e seguiu com a convocatória do referendo e, em fevereiro de 2009, formulou à população a seguinte pergunta:

> Você aprova a emenda dos arts. 160, 162, 174, 192 e 230 da Constituição da República, em trâmite na Assembleia Nacional, que amplia os direitos políticos do povo, a fim de permitir que qualquer cidadão ou cidadã no exercício de um cargo eletivo possa ser sujeito à postulação como candidato ou candidata ao mesmo cargo, pelo tempo estabelecido pela Constituição, dependendo sua possível eleição, exclusivamente, do voto popular?[268]

Como resultado do referendo de 2009, 54,85% (sim) contra 45,14% (não),[269] aprovou-se a *Enmienda nº 1/2009*, permitindo-se a reeleição presidencial ilimitada na Venezuela.[270]

Segundo Agustín Grijalva Jiménez e José Luis Castro-Montero, a adoção desse modelo de reeleição presidencial – sem

---

[267] VANEGAS, Luis Daniel Álvarez. A reeleição na Venezuela: uma tragédia com muito continuísmo, personalismo e, em alguns casos, autocracia. *In:* SANTANO, Ana Claudia (coord.). *Reeleição presidencial nos sistemas políticos das Américas*. Curitiba: Íthala, 2015, p. 177.

[268] RESULTADOS DEL REFERENDO APROBATORIO DE LA ENMIENDA CONSTITUCIONAL. República Bolivariana de Venezuela. *Political Database of the Americas*. Georgetown University. Disponível em: http://pdba.georgetown.edu/Elecdata/Venezuela/ref09.html. Acesso em: 8 abr. 2019.

[269] RESULTADOS DEL REFERENDO APROBATORIO DE LA ENMIENDA CONSTITUCIONAL. República Bolivariana de Venezuela. *Political Database of the Americas*. Georgetown University. Disponível em: http://pdba.georgetown.edu/Elecdata/Venezuela/ref09.html. Acesso em: 8 abr. 2019.

[270] EL PAÍS. Chávez consigue vía libre a la reelección. Disponível em: https://elpais.com/internacional/2009/02/16/actualidad/1234738801_850215.html. Acesso em: 15 dez. 2018.

limitação – foi consequência de um processo de centralização do poder político na figura do Presidente, com vastos poderes, em cenário com alta subordinação institucional dos demais Poderes frente ao Poder Executivo.[271]

Ao lado disso, destacam que, tal como em outros países latino-americanos, o Tribunal Supremo de Justiça da Venezuela flexibilizou a reeleição presidencial por meio de suas decisões, rejeitando, por exemplo, duas ações que visavam obstar a proposta reeleicionista apresentada por Chávez em 2009.[272]

Ocorre que, com a aprovação do mencionado referendo, o art. 230 da Constituição venezuelana, que antes autorizava tão somente uma reeleição presidencial imediata, foi alterado, passando a permitir reeleições presidenciais ilimitadas, nos seguintes termos: "O mandato presidencial é de seis anos. O presidente ou a presidenta pode ser reeleito ou reeleita".[273] No pleito de 2012, Hugo Chávez foi reeleito novamente, mas veio a falecer em 2013, sem terminar, portanto, seu terceiro mandato como Presidente da Venezuela.

Em decorrência disso, em 2013, foram convocadas novas eleições, assumindo a presidência, Nicolás Maduro, que, por sua vez, foi reeleito no pleito de 2018. Registre-se que as eleições de 2018 não foram reconhecidas pela Organização dos Estados Americanos (OEA)[274] e, em 2019, diversos países, incluindo o Brasil, reconheceram Juan Guaidó como Presidente interino da Venezuela.[275]

---

[271] GRIJALVA JIMÉNEZ, Agustín; CASTRO-MONTERO, José-Luis. La reelección presidencial indefinida en Venezuela, Nicaragua, Ecuador y Bolivia. *Estudios constitucionales*, v. 18, n. 1, p. 9-49, 2020, p. 41-42.

[272] GRIJALVA JIMÉNEZ, Agustín; CASTRO-MONTERO, José-Luis. La reelección presidencial indefinida en Venezuela, Nicaragua, Ecuador y Bolivia. *Estudios constitucionales*, v. 18, n. 1, p. 9-49, 2020, p. 42.

[273] VENEZUELA. *Constituição da República Bolivariana da Venezuela de 1999*, com redação dada pela Emienda n. 1/2009. Disponível em: http://www.asambleanacional.gob.ve/documentos_archivos/constitucion-nacional-7.pdf. Acesso em: 15 dez. 2018.

[274] OEA. *O Conselho Permanente da OEA concorda em "não reconhecer a legitimidade do período do regime de Nicolás Maduro"*. Disponível em: http://www.oas.org/pt/centro_midia/nota_imprensa.asp?sCodigo=P-001/19. Acesso em: 12 mar. 2019.

[275] VALOR ECONÔMICO. Brasil reconhece Juan Guaidó como presidente interino da Venezuela. Disponível em: https://www.valor.com.br/politica/6082635/brasil-reconhece-juan-guaido-como-presidente-interino-da-venezuela. Acesso em: 9 abr. 2019.

Considerações finais sobre a reeleição no presidencialismo latino-americano

Simón Bolívar, em seu célebre Discurso de Angostura, realizado em 15 de fevereiro de 1819 perante o Congresso da Venezuela, afirmou que a continuação da mesma pessoa no exercício da chefia do Poder Executivo tem sido, de forma frequente, a ultimação de governos democráticos. Em suas palavras, manifestou:

> A continuação da autoridade em um mesmo indivíduo tem sido frequentemente o término dos governos democráticos. As eleições reiteradas são essenciais nos sistemas populares, porque nada é tão perigoso quanto deixar um cidadão permanecer longo tempo no poder. O povo fica acostumado a obedecê-lo e ele fica acostumado a mandar; de onde a usurpação e a tirania se originam. A garantia da liberdade republicana é um zelo justo, e nossos cidadãos devem temer, com ampla justiça, que o mesmo magistrado que mandou neles muito tempo, mande perpetuamente.[276]

Não obstante ter fixado seu entendimento no discurso realizado no Congresso da Venezuela, Simón Bolívar modificou sua posição a respeito da reeleição presidencial e do continuísmo. Em estudo sobre a reeleição na América Latina, John M. Carey destaca que, após sete anos do discurso proferido na Venezuela, em pronunciamento ao Congresso da Bolívia, em 25 de maio de 1826, Simón Bolívar defendeu:

> O presidente da república vem a estar em nossa Constituição como o Sol que, firme em seu centro, dá vida ao Universo. Esta autoridade suprema deve ser perpétua; porque nos sistemas sem hierarquias é necessário, mais do que em outros, um ponto fixo em torno do qual os magistrados e os cidadãos, os homens e as coisas se voltam. Dê-me um ponto fixo, disse um velho homem, e moverei o mundo. Para a Bolívia, esse ponto é o presidente vitalício. Nele reside toda a nossa ordem, independente desta ação. Sua cabeça foi cortada para que ninguém

---

[276] BOLÍVAR, Simón. Discurso del General Bolívar al Congreso de Venezuela. Discurso de Angostura. Tradução livre. BOLÍVAR, Simón. *Simón Bolívar*: o libertador. Caracas: Biblioteca Ayacucho, 2007, p. 98.

possa temer suas intenções e suas mãos foram amarradas para que ninguém seja ferido.²⁷⁷ ²⁷⁸

Nessa perspectiva, John M. Carey pontua que Simón Bolivar, de início, defendia para a Venezuela uma concentração de poder no Executivo e mandatos curtos. Já no contexto boliviano, apoiava a ideia de presidência vitalícia, que, em sua visão, era dotada de autoridade limitada: "enquanto, inicialmente, para Venezuela, [Simón Bolivar] defendia uma concentração de poder no Executivo e mandatos curtos, a sua presidência vitalícia para a Bolívia era dotada de autoridade constitucional limitada".²⁷⁹

Segundo John M. Carey, Simón Bolívar – na defesa da presidência vitalícia para a Bolívia – utilizou da premissa de que as limitações constitucionais dos poderes presidenciais garantiriam a estabilidade e preveniriam a tirania.²⁸⁰

Entretanto, indaga-se: seriam essas limitações constitucionais suficientes?

Após a breve descrição sobre o controverso e instigante tema da reeleição presidencial em determinados países da América Latina, sem a pretensão de esgotá-lo, observa-se que, apesar de alguns primarem pela irreelegibilidade, não é possível traçar uma característica uniforme em todos eles, tendo em vista os distintos contextos culturais e políticos de cada localidade, a influenciar diretamente o desenho institucional e o emprego da reeleição do Chefe do Poder Executivo nos sistemas políticos.²⁸¹

Por outro lado, constatou-se que alguns países latino-americanos experimentaram a introdução da reeleição presidencial mediante a utilização dos mais variados instrumentos constitucionais

---

²⁷⁷ CAREY, John M. The reelection debate in Latin America. *Latin American Politics and Society*, v. 45, n. 1, p. 119-133, 2003, p. 121.
²⁷⁸ BOLÍVAR, Simón. *Discurso del libertador ao Congreso Constituyente de Bolivia*. Disponível em: https://www.ensayistas.org/antologia/XIXA/bolivar/bolivia.htm. Acesso em: 8 fev. 2019.
²⁷⁹ Tradução livre. CAREY, John M. The reelection debate in Latin America. *Latin American Politics and Society*, v. 45, n. 1, p. 119-133, 2003, p. 122.
²⁸⁰ CAREY, John M. The reelection debate in Latin America. *Latin American Politics and Society*, v. 45, n. 1, p. 119-133, 2003, p. 122.
²⁸¹ Não obstante isso, como será observado adiante, o casuísmo, no trato recente da reeleição presidencial, parece ser fator comum de instabilidade severa nos países latino-americanos investigados.

e, em busca da continuidade e da perpetuação de líderes políticos, acabaram por despertar aversão e medo da sociedade pela ausência de limites ao instituto.

Sobre essa problemática, Gabriel L. Negretto explica:

> A maioria das reformas constitucionais na América Latina afrouxou as normas de reeleição presidencial, passando da vedação absoluta ou reeleição após um período para uma única reeleição consecutiva. Em contraste com a redução do mandato, a possibilidade de reeleição consecutiva, mesmo limitada a dois períodos, aumenta a probabilidade de os presidentes em exercício prolongarem seu mandato.[282]

Em exame do contexto eleitoral na América Latina, Tarcisio Vieira de Carvalho Neto demonstra sua inquietação com o instituto da reeleição quando ilimitada e sucessiva, argumentando que, em determinadas circunstâncias, ele acaba por se transformar em continuísmos de líderes políticos populares.[283]

Por sua vez, Mônica Caggiano, ao verificar que a realidade latino-americana constitui campo fértil para investigação, identifica que se fazem presentes, em determinados países da região, a personalização exacerbada dos Chefes do Poder Executivo e a utilização de instrumentos de redução da alternância com vistas à perpetuação do líder político no poder.[284]

Noutra passagem, Gabriel L. Negretto relata:

> (...) na América Latina contemporânea, os presidentes geralmente não desfrutam de forte apoio partidário no Congresso. Os presidentes, no

---

[282] Tradução livre. NEGRETTO, Gabriel L. La reforma del presidencialismo en América Latina hacia un modelo híbrido. *Revista Uruguaya de Ciencia Política*, v. 27, n. 1, p. 131-151, 2018, p. 137-138.

[283] CARVALHO NETO, Tarcisio Vieira de. Reeleição no Brasil: efeitos perversos no processo eleitoral. *In:* CARVALHO NETO, Tarcisio Vieira de; FERREIRA, Telson Luís Cavalcante; GONZAGA NETO, Admar *et al.* (coord.). *Direito eleitoral*: aspectos materiais e processuais. São Paulo: Migalhas, 2016, p. 381.

[284] Monica Caggiano associa os instrumentos de redução de alternância com as patologias institucionais da democracia latino-americana. Nesse particular, entende que "a América Latina constitui florescente campo de pesquisa" – ao explicar que "comparecem os tradicionais fenômenos advindos do campo da patologia institucional que atingem a representação política, fragilizando-a e provocando um efeito extremamente desgastante, a exemplo (...) a redução da alternância, mediante permissividade de sucessivas reeleições dos chefes do Executivo". CAGGIANO, Monica Herman Salem. *Reforma política*: um mito inacabado. Barueri, SP: Manole, 2017. (Série Culturalismo Jurídico / coord. Cláudio Lembo), p. 6-7.

entanto, têm a capacidade de compensar a desvantagem de sua posição minoritária forjando coalizões legislativas formais ou informais e/ou usando recursos materiais ou administrativos para comprar o apoio de legisladores.[285]

Com efeito, as experiências vivenciadas por alguns países latino-americanos fizeram com que, nos dizeres de Dieter Nohlen, fosse consolidada a tradição da vedação à reeleição do Chefe do Poder Executivo,[286] atribuída às seguintes razões: "o presidencialismo latino-americano e a tentação de presidentes se perpetuarem no poder, por um lado, e a coerção e a fraude nos processos eleitorais, por outro".[287]

Seguindo essa linha de raciocínio, Giovanni Sartori, ao tratar especificamente da América Latina, esclarece que "o problema reside, em última análise, na separação do princípio do poder; separação que mantém os presidencialismos latino-americanos numa oscilação permanente e instável entre o abuso do poder e a deficiência de poder".[288]

Daniel Zovatto e Raúl Ávila, por seu turno, afirmam que a ausência de limitadores de mandatos presidenciais, ao lado da possibilidade de reeleições ilimitadas, por vezes adotada na América Latina contemporânea, devem ser encaradas como fenômenos que estão nadando contra a Terceira Onda Democrática.[289] Além disso,

---

[285] Tradução livre. NEGRETTO, Gabriel L. La reforma del presidencialismo en América Latina hacia un modelo híbrido. *Revista Uruguaya de Ciencia Política*, v. 27, n. 1, p. 131-151, 2018, p. 147.

[286] Segundo Dieter Nohlen, "uma das características constitucionais mais peculiares da América Latina em matéria eleitoral é a proibição da reeleição. (...) A não reeleição tem uma grande tradição histórica, e sua base mais sólida é a própria experiência histórico-política da América Latina". Tradução livre. NOHLEN, Dieter. La reelección. *In:* NOHLEN Dieter; ZOVATO, Daniel; OROZCO, Jesús; THOMPSON, José (comp.). *Tratado de derecho electoral comparado de América Latina* 2. ed. México: Fondo de Cultura Económica; San José Costa Rica: Instituto Interamericano de Derechos Humanos, 2007, p. 287.

[287] Tradução livre. NOHLEN, Dieter. La reelección. *In:* NOHLEN Dieter; ZOVATO, Daniel; OROZCO, Jesús; THOMPSON, José (comp.). *Tratado de derecho electoral comparado de América Latina* 2. ed. México: Fondo de Cultura Económica; San José Costa Rica: Instituto Interamericano de Derechos Humanos, 2007, p. 287.

[288] SARTORI, Giovanni. *Engenharia constitucional*: como mudam as constituições. Tradução Sérgio Bath. Brasília: UnB, 1996, p. 109.

[289] Em seus termos, os autores destacam que "(...) a tendência contemporânea à reeleição consecutiva, especialmente à reeleição ilimitada ou indefinida, ao violar os valores, princípios e instituições da democracia constitucional, leva à avaliação de que seus promotores e operadores estão nadando contra a terceira onda democrática". Tradução

os autores entendem que, no contexto latino-americano, "a reeleição consecutiva aumenta a utilização clientelista da política e o uso/abuso dos programas sociais".[290]

Ocorre que, após o exame dos variados cenários de alguns países latino-americanos, é possível verificar que as previsões constitucionais sobre a reeleição e a duração do mandato presidencial vêm se revelando frágeis e sujeitas às, por vezes frequentes, alterações constitucionais ou interpretações das Cortes constitucionais.

Com efeito, o casuísmo no trato recente da reeleição presidencial parece ser fator comum de instabilidade severa nos países latino-americanos investigados.

Conforme descreve o laboratório de análise de temas eleitorais e de transparência *Strategia Electoral*:

> Quanto à reeleição, deve-se reconhecer que sua regulamentação não tem sido suficiente para impedir que alguns governos busquem perpetuar-se no poder além do que é permitido, como na Nicarágua, Honduras e Bolívia, onde, após a impugnação das normas que estabelecem a proibição da reeleição ou da reeleição indefinida, assegurou-se que os órgãos jurisdicionais não aplicassem essas disposições e que os agentes permanecessem no cargo além do permitido constitucionalmente.[291]

Por essas razões, é possível verificar, no contexto latino-americano, um número significativo de estudiosos contrários ao instituto da reeleição do Chefe do Poder Executivo. Em geral, defendem que a vedação da reeleição presidencial é um "símbolo político e instrumento indispensável do constitucionalismo democrático".[292]

---

livre. ZOVATTO, Daniel; ÁVILA, Raúl. Reelección presidencial en América Latina: nadando en contra de la ola? *Revista Brasileira de Direito Eleitoral – RBDE*, ano 2, n. 2, jan. / jun. 2010, p. 51.

[290] Tradução livre. ZOVATTO, Daniel; ÁVILA, Raúl. Reelección presidencial en América Latina: nadando en contra de la ola? *Revista Brasileira de Direito Eleitoral – RBDE*, ano 2, n. 2, jan. /jun. 2010, p. 50.

[291] Tradução livre. ANIMAL POLITICO. *Reelección presidencial em América Latina*. Disponível em: https://www.animalpolitico.com/candidata/reeleccion-presidencial-en-america-latina/. Acesso em: 15 dez. 2018.

[292] Tradução livre. NOHLEN, Dieter. La reelección. *In*: NOHLEN Dieter; ZOVATO, Daniel; OROZCO, Jesús; THOMPSON, José (comp.). *Tratado de derecho electoral comparado de América Latina* 2. ed. México: Fondo de Cultura Económica; San José Costa Rica: Instituto Interamericano de Derechos Humanos, 2007, p. 287.

Cumpre esclarecer, todavia, que, se, de um lado, a reeleição do Chefe do Poder Executivo na América Latina pode ser considerada, nos dizeres de Ana Paula Fuliaro, "como ponto desfavorável à alternância, na medida em que pode facilitar a ideia de continuísmo numa região marcada pela história de personalismo e concentração do poder,"[293] por outro lado, Dieter Nohlen entende que, "através da não reeleição, a alternância pessoal no mandato é garantida, sem que tenha qualquer efeito de controle sobre seu exercício".[294] E vai além, salientando que a vedação da reeleição pode acarretar efeitos negativos, tais como: i) redução da liberdade de escolha dos representantes pelo povo; ii) redução da confiança entre eleitor e representantes; iii) eventuais crises de governabilidade; e iv) restrição de métodos de controle e responsabilização dos representantes.[295]

Nesse problemático enfrentamento entre defensores e críticos do instituto, a presente pesquisa buscará elencar reflexões para verificar como as experiências latino-americanas – por vezes marcadas por continuísmos, personalismos e rupturas democráticas – influenciaram e inspiram, ainda hoje, o contexto brasileiro no tocante à reeleição dos Chefes do Poder Executivo Federal.

---

[293] FULIARO, Ana Paula. *Democracia na América Latina*: enfoque especial: alternância no poder. 2016. Tese (Doutorado). Universidade Federal de São Paulo, Faculdade de Direito. São Paulo: 2016, p. 292.

[294] Tradução livre. NOHLEN, Dieter. La reelección. *In:* NOHLEN Dieter; ZOVATO, Daniel; OROZCO, Jesús; THOMPSON, José (comp.). *Tratado de derecho electoral comparado de América Latina* 2. ed. México: Fondo de Cultura Econômica; San José Costa Rica: Instituto Interamericano de Derechos Humanos, 2007, p. 293.

[295] Dieter Nohlen explica: "Em primeiro lugar, a reeleição encoraja a constituição de uma elite parlamentar especializada que pode ser funcional sob uma perspectiva de eficiência e eficácia, contribuindo para a qualidade da política. A promoção da experiência não é apenas individual, mas também institucional, que se perde mudando completamente a composição do Parlamento a cada eleição. Em segundo lugar, a não-reeleição priva o eleitor de votar ou de ser livremente eleito, sem razões democráticas que possam legitimá-lo. Em terceiro lugar, a reeleição cria as condições para o eleitor encontrar seu representante com quem ele experimenta uma relação de confiança crítica. Em tempos caracterizados pela desconfiança interpessoal e institucional, não é lógico que o cidadão que encontrou uma pessoa para confiar não tenha a possibilidade de reelegê-lo. Quarto, sem reeleição, o problema da adequação dos parlamentares às necessidades de um presidencialismo renovado, do desenvolvimento de relações flexíveis entre o presidente e o parlamento que facilitam a governança pode ser agravado. E quinto, a não reeleição restringe a capacidade do eleitorado de processar – positiva ou negativamente – os representantes". Tradução livre. NOHLEN, Dieter. La reelección. *In:* NOHLEN Dieter; ZOVATO, Daniel; OROZCO, Jesús; THOMPSON, José (comp.). *Tratado de derecho electoral comparado de América Latina* 2. ed. México: Fondo de Cultura Econômica; San José Costa Rica: Instituto Interamericano de Derechos Humanos, 2007, p. 287-293.

O que se pode afirmar, antes de tudo, é que, na linha apresentada por Daniel Zovatto e Raúl Ávila, as eleições livres e competitivas não são suficientes para a democracia, tendo em vista que as fraudes eleitorais, as arbitrariedades no poder e outros distúrbios são vislumbrados de forma recorrente nos contextos políticos latino-americanos. Por isso, segundo eles, é necessário o resguardo do princípio republicano a partir da institucionalização das esferas de poder, independentes e equilibradas.[296]

Em sentido semelhante, Daniel Zovatto, ao analisar temas relativos à reforma político eleitoral e à inovação institucional na América Latina entre o período de 1978 e 2016, critica a recente febre reeleicionista, sustentando que:

> algo está muito errado quando em uma democracia um presidente é considerado tão indispensável para mudar a Constituição com o objetivo de continuar no poder. O fortalecimento e a consolidação de nossas democracias ainda frágeis não passam por líderes carismáticos e providenciais. O caminho a seguir é outro: através da participação madura e ativa dos cidadãos; instituições legítimas, transparentes e eficazes; sistema de freios e contrapesos entre os poderes; liderança democrática e uma forte cultura cidadã.[297]

Feitas essas considerações a respeito do tema no contexto latino-americano, ao lado da intricada relação entre o Presidencialismo experimentado nos países selecionados e a reeleição dos Chefes do Poder Executivo, objetiva-se, no próximo capítulo, examinar os desafios e enfrentamentos da temática sob a óptica da história constitucional brasileira.

Confira-se, antes disso, o quadro a seguir, inspirado nas ideias e formulações de Giovanni Sartori,[298] o qual sintetiza como

---

[296] Em suas palavras, os autores esclarecem que "(...) a democracia não se limita à realização de eleições livres e justas, mas inclui também uma rede de instituições que garante a independência e o equilíbrio de poderes, o respeito pelas normas e procedimentos legais, a validade do princípio republicano e das instituições democráticas, a favor da proteção efetiva dos direitos, o que equivale a proibir a arbitrariedade no exercício do poder". Tradução livre. ZOVATTO, Daniel; ÁVILA, Raúl. Reelección presidencial en América Latina: nadando en contra de la ola? *Revista Brasileira de Direito Eleitoral – RBDE*, ano 2, n. 2, jan. /jun. 2010, p. 75.

[297] ZOVATTO, Daniel. *Reforma político-electoral e innovación institucional en América Latina (1978-2016)*. 1. ed. México: Tirant Lo Blanch, 2018. (Monografías), p. 532.

[298] SARTORI, Giovanni. *Engenharia constitucional*: como mudam as constituições. Tradução Sérgio Bath. Brasília: UnB, 1996, p. 186.

os países latino-americanos objeto do presente estudo adotam o instituto da reeleição e a duração do mandato presidencial em seus sistemas políticos:

PAÍS	DURAÇÃO DO MANDATO PRESIDENCIAL (anos)	REELEIÇÃO PRESIDENCIAL	MODELO
Argentina	4	Permitida	Veda-se 3º mandato consecutivo
Bolívia	5	Permitida	Ilimitada por decisão do Tribunal Constitucional
Brasil	4	Permitida	Veda-se o 3º mandato consecutivo
Chile	4	Permitida quando não consecutiva*	Veda-se a reeleição consecutiva * A proposta do novo texto constitucional do Chile – apresentada em 2022, mas rejeitada – admite a reeleição presidencial imediata, permitindo-se o exercício da presidência por apenas dois mandatos, consecutivos ou não.
Colômbia	4	Vedada	Vedada
Costa Rica	4	Permitida quando não consecutiva	Veda-se a reeleição consecutiva
Equador	4	Permitida	Uma única reeleição
Honduras	4	Vedada	Permitida por decisão da Corte Suprema
México	6	Vedada	Vedada
Paraguai	5	Vedada	Vedada
Peru	5	Permitida quando não consecutiva	Veda-se a reeleição consecutiva
Uruguai	5	Permitida quando não consecutiva	Veda-se a reeleição consecutiva
Venezuela	6	Permitida	Ilimitada

CAPÍTULO 2

A REELEIÇÃO PRESIDENCIAL NA HISTÓRIA CONSTITUCIONAL BRASILEIRA

Este capítulo busca demonstrar o desenvolvimento da tradição constitucional da vedação da reeleição presidencial no Brasil. Para tanto, serão examinados os textos constitucionais brasileiros, a partir da primeira Constituição republicana até a Constituição de 1988, com a pretensão de verticalizar a discussão em dois períodos específicos: os antecedentes da Constituição de 1891 e da Constituição de 1988.

Justifica-se essa escolha pela relevância do desenvolvimento do texto constitucional que inaugurou o período republicano, para se chegar, então, à contemporaneidade e examinar as influências do texto de 1891 na Carta de 1988.

Assim, após a detida análise dos anais da Assembleia Nacional Constituinte de 1987/1988, no tocante à escolha do Constituinte pela vedação da reeleição presidencial, o estudo investigará a Emenda Constitucional nº 16/1997, que, de forma inédita, introduziu a reeleição para o cargo de Presidente da República, alterando o legado que se fez presente ao longo da história constitucional brasileira.

Nessa abordagem, identifica-se que a interpretação da referida Emenda Constitucional gerou controvérsias, tanto no âmbito do Poder Judiciário quanto do Poder Legislativo. Assim, serão investigados os seguintes temas: i) a desincompatibilização dos Chefes do Poder Executivo Federal em exercício para a disputa da reeleição para o mesmo cargo; ii) a elegibilidade dos Vices; e iii) as propostas de emenda constitucional que ainda tramitam em ambas as Casas do Congresso Nacional com vistas ao retorno da vedação da reeleição presidencial ou ao aperfeiçoamento do instituto.

2.1 A tradição da vedação da reeleição presidencial: da Constituição de 1891 à Constituição de 1988

A história constitucional brasileira revela que, após a monarquia imperial, disseminou-se, na consciência política coletiva, a relevância da alternância do poder nos cargos destinados aos Chefes do Executivo.

De fato, ao examinar a história e o conteúdo das Constituições brasileiras, extrai-se que os textos constitucionais de 1891, 1934, 1946, 1967 e 1988 previam expressamente a vedação da reeleição dos Chefes do Poder Executivo Federal. A despeito de não prever essa vedação de forma explícita a Constituição de 1937 estabelecia como prerrogativa do Presidente da República em exercício a indicação de um candidato à eleição subsequente.

Sob essa perspectiva, José Jairo Gomes afirma que "a reeleição [presidencial] não pertence à história do sistema político brasileiro, haja vista que desde a primeira constituição republicana, de 1891, esse instituto jamais foi contemplado".[299]

Diante de sua relevância para a história constitucional brasileira, os antecedentes da elaboração da Constituição de 1891 merecem detido exame.

Afonso Arinos evidencia, em seus estudos sobre presidencialismo e parlamentarismo, que a consciência presidencialista no Brasil se aproxima mais à continuação do que propriamente uma revolução,[300] registrando que:

> as origens do presidencialismo brasileiro podem ser encontradas na nossa própria tradição colonial e imperial de governos caracterizados por um Executivo forte. Para não ir aos governadores-gerais e aos vice-reis, limitamo-nos a observar que a tradição de Pedro I e Pedro II se coadunava muito mais – tenhamos a coragem de afirmá-lo – com os governos

---

[299] GOMES, José Jairo. *Direito eleitoral*. São Paulo: Atlas, 2016, p. 188. Como será visto adiante, a reeleição no âmbito da chefia do Poder Executivo estadual era permitida em alguns ordenamentos estaduais na República Velha.

[300] FRANCO, Afonso Arinos de Melo; PILA, Raul. *Presidencialismo ou parlamentarismo?* Brasília: Senado Federal, Conselho Editorial, 1999, p. 36.

americanos que iríamos tomar como modelos, do que com os sistemas europeus, que conhecíamos literariamente e só praticávamos de nome.[301]

Nessa perspectiva, Afonso Arinos explica: "os construtores da Constituição brasileira de 1891 planejaram, pois, sua grande obra política servindo-se conscientemente da experiência continental norte-americana, chilena e argentina".[302]

E vai além, ao afirmar que essa experiência estrangeira que inspirou o sistema presidencialista brasileiro "(...) se compunha admiravelmente com a singular instituição do Poder Moderador imperial".[303]

Ao examinar os anais da primeira Constituinte republicana, o autor ainda observa que a vasta maioria da Assembleia era a favor da adoção do presidencialismo. Em suas palavras, define que "(...) a Constituinte foi presidencialista".[304]

Por sua vez, João Coelho Gomes Ribeiro ensina que, "feita a República, urgia elaborar-se a Constituição, a pedra basilar do novo regime",[305] e, para tanto, o Governo Provisório, a partir do Decreto nº 29, de 3 de dezembro de 1889, nomeou uma comissão de membros para elaborar um projeto de Constituição a fim de auxiliar os futuros debates da Constituinte.

Segundo Ribeiro, essa comissão era formada por renomados juristas, reconhecidos por suas convicções republicanas, sendo eles:

> Joaquim Saldanha Marinho, como presidente; Americo Brasiliense de Almeida Mello, vice-presidente; Antonio Luiz dos Santos Werneck, Francisco Rangel Pestana e José Antonio Pedreira de Magalhães Castro.[306]

---

[301] FRANCO, Afonso Arinos de Melo; PILA, Raul. *Presidencialismo ou parlamentarismo?* Brasília: Senado Federal, Conselho Editorial, 1999, p. 36.
[302] FRANCO, Afonso Arinos de Melo; PILA, Raul. *Presidencialismo ou parlamentarismo?* Brasília: Senado Federal, Conselho Editorial, 1999, p. 40.
[303] FRANCO, Afonso Arinos de Melo; PILA, Raul. *Presidencialismo ou parlamentarismo?* Brasília: Senado Federal, Conselho Editorial, 1999, p. 40.
[304] FRANCO, Afonso Arinos de Melo; PILA, Raul. *Presidencialismo ou parlamentarismo?* Brasília: Senado Federal, Conselho Editorial, 1999, p. 36.
[305] RIBEIRO, João Coelho Gomes. *A genese histórica da constituição federal*: subsidio para sua interpretação e reforma: os ante-projectos, contribuições e programmas. Rio de Janeiro: Off. Graph. da Liga Maritima Brazileira, 1917, p. 15.
[306] RIBEIRO, João Coelho Gomes. *A genese histórica da constituição federal*: subsidio para sua interpretação e reforma: os ante-projectos, contribuições e programmas. Rio de Janeiro: Off. Graph. da Liga Maritima Brazileira, 1917, p. 15.

Como resultado dessa comissão, foram apresentados três projetos de Constituição: i) uma proposta de Américo Brasiliense de Almeida Mello;[307] ii) outra de coautoria de Antonio Luiz dos Santos Werneck e Francisco Rangel Pestana;[308] e iii) uma terceira de José Antonio Pedreira de Magalhães Castro.[309] Nos dizeres de Afonso Arinos, "esses três anteprojetos denotam todos a preocupação de adotar a solução presidencialista americana para o Poder Executivo".[310]

Da fusão dos três projetos de Constituição, a Comissão de Juristas nomeada pelo Governo Provisório apresentou, em 24 de maio de 1890, seu projeto de Constituição,[311] no qual previa, em seu art. 44, temas relativos ao presidencialismo, duração de mandato e reeleição presidencial, nos seguintes termos:

> Art. 44. O presidente exercerá as funções por cinco anos, e só decorridos dois períodos iguais, poderá ser reeleito.[312]

---

[307] Projeto apresentado por Americo Brasiliense de Almeida Mello na parte sobre presidencialismo: "Art. 31. O Presidente começará a exercer suas funções em 15 de novembro e continuará até completar-se o quatriênio; não poderá ser reeleito para o período seguinte. Se por qualquer motivo, a eleição de presidente não for feita até 15 de novembro ou se o novo eleito não puder entrar em funções, e igualmente o vice-presidente, o poder executivo será provisoriamente confiado ao presidente da Corte Suprema de Justiça". RIBEIRO, João Coelho Gomes. *A genese histórica da constituição federal*: subsidio para sua interpretação e: os ante-projetos, contribuições e programmas. Rio de Janeiro: Off. Graph. da Liga Maritima Brazileira, 1917, p. 64.

[308] Projeto em coautoria de Antonio Luiz dos Santos Werneck e Francisco Rangel Pestana na parte sobre presidencialismo: "Art. 114. O mandato presidencial durará sete anos sem desconto de interrupção alguma, a contar do dia da posse, e não pode absolutamente e em tempo nenhum, ser renovado; mas quem tiver sido vice-presidente pode ser reeleito ou eleito presidente, salvo se exerceu o cargo deste, durante todo o último terço do periodo anterior. RIBEIRO, João Coelho Gomes. *A genese histórica da constituição federal*: subsidio para sua interpretação e reforma: os ante-projetos, contribuições e programmas. Rio de Janeiro: Off. Graph. da Liga Maritima Brazileira, 1917, p. 93.

[309] Projeto de José Antonio Pedreira de Magalhães Castro na parte de presidencialismo: "Art. 74. O presidente e vice-presidente exercerão as suas funções por cinco anos: e só decorridos dois períodos iguais, poderá o presidente ser reeleito". RIBEIRO, João Coelho Gomes. *A genese histórica da constituição federal*: subsidio para sua interpretação e reforma: os ante-projetos, contribuições e programmas. Rio de Janeiro: Off. Graph. da Liga Maritima Brazileira, 1917, p. 114.

[310] FRANCO, Afonso Arinos de Melo; PILA, Raul. *Presidencialismo ou parlamentarismo?* Brasília: Senado Federal, Conselho Editorial, 1999, p. 35.

[311] RIBEIRO, João Coelho Gomes. *A genese histórica da constituição federal*: subsidio para sua interpretação e reforma: os ante-projetos, contribuições e programmas. Rio de Janeiro: Off. Graph. da Liga Maritima Brazileira, 1917, p. 16-17.

[312] RIBEIRO, João Coelho Gomes. *A genese histórica da constituição federal*: subsidio para sua interpretação e reforma: os ante-projetos, contribuições e programmas. Rio de Janeiro: Off. Graph. da Liga Maritima Brazileira, 1917, p. 190.

João Coelho Gomes Ribeiro ensina:

> Recebido o projeto da comissão, o governo provisório, pelo Decreto n. 510, de 22 de junho do mesmo ano de 1890, promulgou aquele projeto, devidamente revisto, mandando que ele entrasse em vigor, somente no tocante à dualidade das câmaras, à sua composição, eleição e função que lhes competia, de aprovar a Constituição.[313]

João Coelho Gomes Ribeiro explica que o projeto do Governo Provisório fez poucas alterações na proposta apresentada pela Comissão de Juristas, porém – para o escopo do presente estudo – cumpre destacar que o texto do projeto do governo provisório passou a prever o seguinte: "Art. 40. O presidente exercerá o cargo por seis anos; não podendo ser reeleito, no período presidencial imediato".[314]

Após alteração do projeto do Governo Provisório pelo Decreto nº 914 A, de 23 de outubro de 1890, foi apresentada proposta ao Congresso Constituinte. Segundo o referido autor, "em sessão de 22 de setembro do mesmo ano de 1890, foi eleita uma comissão de 21 membros, um por cada Estado, para dar parecer sobre o projeto de constituição do governo provisório".[315]

Em apertada síntese, além do parecer e das emendas apresentadas, João Coelho Gomes Ribeiro registra que os debates da Constituinte se prolongaram até 23 de fevereiro de 1891, sendo promulgada, solenemente, a Constituição no dia seguinte.[316]

Assim, o texto definitivo da Constituição da República dos Estados Unidos do Brasil de 1891 previa, em seu art. 43, o seguinte: "O Presidente exercerá o cargo por quatro anos, não podendo ser reeleito para o período presidencial imediato".[317]

---

[313] RIBEIRO, João Coelho Gomes. *A genese histórica da constituição federal*: subsidio para sua interpretação e reforma: os ante-projectos, contribuições e programmas. Rio de Janeiro: Off. Graph. da Liga Maritima Brazileira, 1917, p. 17.

[314] RIBEIRO, João Coelho Gomes. *A genese histórica da constituição federal*: subsidio para sua interpretação e reforma: os ante-projectos, contribuições e programmas. Rio de Janeiro: Off. Graph. da Liga Maritima Brazileira, 1917, p. 212.

[315] RIBEIRO, João Coelho Gomes. *A genese histórica da constituição federal*: subsidio para sua interpretação e reforma: os ante-projectos, contribuições e programmas. Rio de Janeiro: Off. Graph. da Liga Maritima Brazileira, 1917, p. 16-17.

[316] RIBEIRO, João Coelho Gomes. *A genese histórica da constituição federal*: subsidio para sua interpretação e reforma: os ante-projectos, contribuições e programmas. Rio de Janeiro: Off. Graph. da Liga Maritima Brazileira, 1917, p. 18.

[317] BRASIL. *Constituição da República dos Estados Unidos do Brasil de 1891*. Disponível em: http://www.planalto.gov.br/CCivil_03/Constituicao/Constituicao91.htm. Acesso em: 8 nov. 2018.

Pedro Calmon, em prefácio da obra "A Constituição de 1891", de Rui Barbosa, explica que a duração do mandato presidencial proposta pela Comissão de Juristas foi de cinco anos, modificada, por emenda de Rui Barbosa, para seis anos, até que o Congresso Constituinte reduziu para quatro anos. Todavia, afirma, nessa passagem, que "estavam concordes em relação à inelegibilidade para o período seguinte".[318]

É interessante notar que João Coelho Gomes Ribeiro, em sua obra sobre a gênese histórica da Constituição Federal, já pontuava, em 1917, a tensão na solução do seguinte dilema: como delimitar os poderes do Chefe do Poder Executivo sem enfraquecê-lo?

Em sua análise, pontuou o autor que, entre as várias medidas propostas pela Constituição de 1891, "são precisas as seguintes medidas para conseguir-se este resultado: (...) período presidencial limitado a quatro anos; (...) proibição da reeleição do Presidente ou Vice-Presidente ou de parentes seus, no período presidencial seguinte".[319]

Em sentido semelhante, José Soriano de Souza, examinando o pensamento do legislador constituinte da primeira Constituição republicana no tocante à duração do mandato, ensina: "o Congresso constituinte, porém, reduziu o tempo a quatro anos, e com razão. Em nossa opinião é melhor lastimar que um bom Presidente só tenha podido governar quatro anos, do que sofrer um ruim durante seis longos anos".[320]

Já em relação à vedação da reeleição, Soriano de Souza elucida:

> Se um Presidente pudesse ser candidato, poria em favor de sua eleição todas as forças e recursos de que dispõe em virtude de seu alto cargo. (...) Sem medo de errar, se pode dizer que, nessas atuais circunstâncias, nem um só candidato Presidente deixaria de triunfar. O governo, se impondo por todos os meios aos sufrágios dos eleitores, a liberdade do voto, que é da essência do regime republicano, desapareceria diante de candidato tão poderoso.[321]

---

[318] BARBOSA, Rui. *A Constituição de 1891*. Rio de Janeiro: Ministério da Educação e Saúde: Casa de Rui Barbosa, 1946, p. XIX.

[319] RIBEIRO, João Coelho Gomes. *A genese histórica da constituição federal*: subsidio para sua interpretação e reforma: os ante-projectos, contribuições e programmas. Rio de Janeiro: Off. Graph. da Liga Maritima Braziliera, 1917, p. 51-52.

[320] SOUZA, Jose Soriano de. *Principios geraes de direito publico e constitucional*. Recife: Empreza da Provincia, 1893, p. 299.

[321] SOUZA, Jose Soriano de. *Principios geraes de direito publico e constitucional*. Recife: Empreza da Provincia, 1893, p. 296-297.

Em sua obra, o autor esclarece ainda que, nesse particular, a Constituição de 1891 diverge da norte-americana, pois, como visto no capítulo sobre a reeleição presidencial nos Estados Unidos, "os constituintes americanos, não querendo limitar o direito do povo de escolher a seu gosto o seu primeiro magistrado, deixaram em silêncio o ponto da inelegibilidade do presidente em exercício e mais de um tem sido ali reeleito".[322]

Por sua vez, João Barbalho critica a Constituição de 1891, pois a considera, no tocante à reeleição presidencial, "uma imitação mal avisada, incongruente, incompleta"[323] do modelo adotado nos Estados Unidos. Explica, então, que, no contexto norte-americano:

> (...) os deputados são eleitos por dois anos, renova-se pelo terço o senado também bienalmente e, se o prazo da presidência é de quatro anos (o que permite a coincidência das eleições), a constituição de certo modo remedeia essa estreiteza, permitindo a reelegibilidade (proibida pela nossa) e deste feitio proporcionando à nação um meio de conservar o bom administrador, de prolongar as funções dos presidentes que bem tenham servido. O período é curto, mas é síncrono com o fixado à legislatura e é prorrogável. Este sistema compreende-se, é lógico.[324]

Além disso, João Barbalho ressalta que "dar à presidência um prazo escasso, ao mesmo tempo vedando a reeleição e desencontrando as épocas eleitorais, é proceder sem sistema, sem exata compreensão do assunto, sem seguro critério".[325]

Muito embora defensor de mandatos presidenciais mais longos do que quatro anos, João Barbalho apresenta ressalvas à reeleição. Nesse prisma, argumenta:

> Admitir presidente candidato é expôr o eleitorado à pressão, corrupção e fraude na mais larga escala. Já de si a eleição presidencial engendra no país agitação não pequena e temerosa; e o que não se dará quando

---

[322] SOUZA, Jose Soriano de. *Principios geraes de direito publico e constitucional*. Recife: Empreza da Provincia, 1893, p. 296-297.
[323] CAVALCANTI, João Barbalho Uchôa. *Constituição federal brasileira (1891)*: comentada. Brasília: Senado Federal, Conselho Editorial, 2002, p. 166.
[324] CAVALCANTI, João Barbalho Uchôa. *Constituição federal brasileira (1891)*: comentada. Brasília: Senado Federal, Conselho Editorial, 2002, p. 166.
[325] CAVALCANTI, João Barbalho Uchôa. *Constituição federal brasileira (1891)*: comentada. Brasília: Senado Federal, Conselho Editorial, 2002, p. 166.

o candidato for o homem que dispõe da maior soma de poder e força, pela sua autoridade, pelos vastos recursos que pode pôr em ação para impor a sua reeleição?! E que perturbação na administração pública e que enorme prejuízo para o país no emprego de elementos oficiais com esse fim? Não há incompatibilidade pois mais justificada.[326]

Por essas razões, João Barbalho entende que, "por mais pobre que o país possa ser de homens capazes de assumir o governo e bem regê-lo, não lhe faltará algum nestas condições a quem se incumba a sucessão do que tem terminado o seu período".[327]

Feitas essas considerações históricas, a investigação das previsões constitucionais relativas ao tema em discussão se faz necessária para averiguar o espírito das Constituintes e o núcleo essencial do instituto da reeleição presidencial no panorama político e histórico brasileiro.

Partindo da primeira república até os tempos atuais, notam-se algumas aproximações.

Como visto, a Constituição da República dos Estados Unidos do Brasil de 1891, em seu art. 43, assim dispunha: "O Presidente exercerá o cargo por quatro anos, não podendo ser reeleito para o período presidencial imediato".

Seguindo essa linha, a Constituição de 1934 estabelecia, em seu art. 52:

> O período presidencial durará um quadriênio, não podendo o Presidente da República ser reeleito senão quatro anos depois de cessada a sua função, qualquer que tenha sido a duração desta.

Conforme já salientado, a Constituição dos Estados Unidos do Brasil de 1937 não previa de forma expressa a vedação da reeleição presidencial, em contrariedade aos textos constitucionais anteriores. Todavia, determinava que seria prerrogativa do Presidente em exercício a indicação do candidato para a sucessão, nos seguintes termos:

> Art 75 – São prerrogativas do Presidente da República: (Suprimido pela Lei Constitucional n. 9, de 1945)

---

[326] CAVALCANTI, João Barbalho Uchôa. *Constituição federal brasileira (1891)*: comentada. Brasília: Senado Federal, Conselho Editorial, 2002, p. 166.
[327] CAVALCANTI, João Barbalho Uchôa. *Constituição federal brasileira (1891)*: comentada. Brasília: Senado Federal, Conselho Editorial, 2002, p. 166.

a) indicar um dos candidatos à Presidência da República;
Art 84 – O Colégio Eleitoral reunir-se-á na Capital da República vinte dias antes da expiração do período presidencial e escolherá o seu candidato à Presidência da República. Se o Presidente da República não usar da prerrogativa de indicar candidato, será declarado eleito o escolhido pelo Colégio Eleitoral. (Suprimido pela Lei Constitucional n. 9, de 1945).

Cumpre registrar, entretanto, que o contexto político experimentado na Era Vargas durante o Estado Novo vai de encontro aos princípios basilares do Estado Democrático de Direito, o que inviabiliza a detida análise do instituto da reeleição nesse período histórico.

Nesse sentido, Karl Loewenstein, na obra *Brazil under Vargas*, explica:

> (...) a Constituição do Estado Novo existe? Talvez se possa responder assim: na medida em que o Estado Novo tomou uma forma material, a Constituição é uma realidade viva. Não existe no que diz respeito ao funcionamento das instituições governamentais previstas pelo instrumento. Aqui a única parte viva ou, se preferir, a parte válida da Constituição é o Presidente; ele não está limitado por nenhuma limitação constitucional. Ele é a Constituição.[328]

Em seguida, retomando a linha democrática, a Constituição de 1946, em seu art. 82, estabelecia: "O Presidente e o Vice-Presidente da República exercerão o cargo por quatro anos. (Redação dada pela Emenda Constitucional nº 9, de 1964)".

Já o art. 139, I, "a", assim dispunha:

> Art. 139 – São também inelegíveis:
> I – Para Presidente e Vice-Presidente da República:
> a) o Presidente que tenha exercido o cargo por qualquer tempo, no período imediatamente anterior, e bem assim o Vice-Presidente que lhe tenha sucedido ou quem, dentro dos seis meses anteriores ao pleito, o haja substituído. (Redação dada pela Emenda Constitucional n. 14, de 1965).

Por conseguinte, na quadra histórica da Constituição de 1967, momento em que se vivenciou a supressão de direitos e liberdades

---

[328] LOEWENSTEIN, Karl. *Brasil under Vargas*. New York: Macmillan, 1944, p. 49.

pelo regime militar, o texto previa, no art. 77, §3º, que "O mandato do Presidente da República é de quatro anos".

Ademais, seguindo a linha da Constituição de 1946, a Constituição de 1967 vedava a reeleição presidencial, nos termos do art. 146, I, "a":

> Art. 146 – São também inelegíveis:
> I – para Presidente e Vice-Presidente da República:
> a) o Presidente que tenha exercido o cargo, por qualquer tempo, no período imediatamente anterior, ou quem, dentro dos seis meses anteriores ao pleito, lhe haja sucedido ou o tenha substituído;

De acordo com as lições de Alexandre de Moraes,[329] o Parágrafo único do art. 151 da Constituição de 1967, com redação dada pela Emenda Constitucional nº 1/1969, posteriormente transformado em §1º, "a", pela Emenda Constitucional nº 19/1981, dispunha:

> A irrelegibilidade de quem haja exercido cargo de Presidente e de Vice-Presidente da República, de Governador e de Vice-Governador, de Prefeito e de Vice-Prefeito, por qualquer tempo, no período imediatamente anterior.

Ocorre que, em vista do afastamento das matrizes do Estado Democrático de Direito ao longo do regime militar, não há falar em eleições livres e competitivas, real alternância e oposição, dentre outros princípios, o que compromete significativamente o exame do instituto da reeleição do Chefe do Poder Executivo no período em questão.

Cumpre esclarecer, todavia, que durante esse período não houve Presidente reeleito.

Sobre essa temática, Mendonça Filho, autor da Proposta de Emenda Constitucional nº 1/1995, que deu origem à Emenda Constitucional nº 16/1997, a qual introduziu o instituto da reeleição para os cargos de Chefe do Poder Executivo, pontua que "a reeleição não é intrinsecamente antidemocrática",[330] destacando que "o

---

[329] MORAES, Alexandre de. *Constituição do Brasil interpretada e legislação constitucional*. 9. ed. atualizada até a EC n. 71/12. São Paulo: Atlas, 2013, p. 554.

[330] MENDONÇA FILHO. *Reeleição*: aprimorando o sistema presidencial brasileiro. Brasília: Câmara dos Deputados, Coordenação de Publicações, 1998, p. 18.

regime militar procedeu a rodízio na presidência, ao contrário do que ocorreu entre nossos vizinhos sul-americanos".[331]

Por seu turno, Octavio Amorim Neto e Igor Acácio explicam que, na experiência do regime militar,[332] "houve a observância dos limites do mandato presidencial".[333] Por isso, ressaltam que "a fixação de limites de mandato foi decisiva para a sobrevivência do regime militar no Brasil".[334]

Entretanto, nem por isso a Carta de 1967 deixou de ser uma Constituição semântica. Na linha dos ensinamentos de Karl Loewenstein, verifica-se que os textos de 1937 e 1967 são casos típicos de Constituições semânticas. Ao tratar desse conceito, o autor ensina:

> Nas constituições semânticas, porém, existem certos sintomas que permitem reconhecer seu caráter ontológico: quando o presidente do Estado pode permanecer sem limitação temporal em sua posição; quando estiver autorizado a colocar seu veto sobre as decisões da assembleia legislativa, sem, em última instância, recorrer à decisão do eleitorado; quando a confirmação de decisões políticas fundamentais é reservada para plebiscitos manipulados, em vez de um

---

[331] MENDONÇA FILHO. *Reeleição*: aprimorando o sistema presidencial brasileiro. Brasília: Câmara dos Deputados, Coordenação de Publicações, 1998, p. 18.

[332] Octavio Amorim Neto e Igor Acácio destacam que, "em 1969, uma emenda reescreveu essencialmente a Constituição de 1967, incorporando na Carta o quadro legal de um regime autoritário com pouca preocupação com o Estado de Direito e o devido processo legal. Os mandatos presidenciais foram fixados em cinco anos e a reeleição consecutiva foi proibida. O general Emílio Garrastazu Médici governou por 4 anos e 4 meses (entre outubro de 1969 e março de 1974). Ele foi o primeiro presidente após o período de anarquia militar após a crise sucessória de 1969. Com o presidente Artur da Costa e Silva doente, o vice-presidente foi impedido de tomar posse por uma junta militar, que alterou amplamente a Constituição de 1967 e presidiu o processo de seleção do próximo presidente militar. O presidente Ernesto Geisel (1974-1979) cumpriu o limite de cinco anos estabelecido pela emenda de 1969. O general João Figueiredo, empossado na presidência em 1979, permaneceu no poder por mais um ano porque, em 1977, o presidente Geisel havia decretado que o mandato do próximo presidente seria de seis anos. Em 1985, o Brasil fez a transição para a democracia". Tradução livre. AMORIM NETO, Octavio; ACÁCIO, P. Igor. Presidential term limits as a credible-commitment mechanism: the case of Brazil's military regime. Chapter prepared for the *Handbook of Presidential Term Limits*, edited by Robert Elgie and Alex Baturo, to be published by Oxford University Press in 2019, p. 9.

[333] Tradução livre. AMORIM NETO, Octavio; ACÁCIO, P. Igor. Presidential term limits as a credible-commitment mechanism: the case of Brazil's military regime. Chapter prepared for the *Handbook of Presidential Term Limits*, edited by Robert Elgie and Alex Baturo, to be published by Oxford University Press in 2019, p. 11.

[334] Tradução livre. AMORIM NETO, Octavio; ACÁCIO, P. Igor. Presidential term limits as a credible-commitment mechanism: the case of Brazil's military regime. Chapter prepared for the *Handbook of Presidential Term Limits*, edited by Robert Elgie and Alex Baturo, to be published by Oxford University Press in 2019, p. 20.

parlamento livremente eleito; quando apenas um partido é permitido nas eleições.[335]

Em outra passagem, Octavio Amorim Neto e Igor Acácio argumentam que o estabelecimento de limites à duração dos mandatos presidenciais também ajudou a resolver os problemas enfrentados internamente pelas Forças Armadas, pois garantiu "(...) um equilíbrio inter-temporal na balança de poder entre as duas divisões em conflito dentro do Exército, os linha-dura e os liberais".[336] Nesse sentido, sustentam que os limites dos mandatos presidenciais se tornaram instrumento de coordenação intramilitar, auxiliando a sobrevivência do regime militar no Brasil por período significativo.[337]

Não obstante isso, os referidos autores questionam as frequentes alterações na duração do mandato presidencial ao longo do regime militar, alegando o seguinte:

> A prática do regime militar de alterar os limites do mandato presidencial acabou contaminando o novo regime democrático brasileiro. Em outras palavras, enquanto o período autoritário gerou o efeito positivo de fortalecer a tradição constitucional do país de limitar o mandato dos cargos executivos, também deixou como legado às elites democráticas o hábito pouco saudável de ajustar com muita frequência a duração dos mandatos. Assim, não devemos nos surpreender se os limites do mandato presidencial mudarem novamente no Brasil no futuro próximo.[338]

---

[335] LOEWENSTEIN, Karl. *Teoria de la constitución*. 2. ed. Barcelona: Ariel, 1970, p. 219.

[336] Tradução livre. AMORIM NETO, Octavio; ACÁCIO, P. Igor. Presidential term limits as a credible-commitment mechanism: the case of Brazil's military regime. Chapter prepared for the *Handbook of Presidential Term Limits*, edited by Robert Elgie and Alex Baturo, to be published by Oxford University Press in 2019, p. 16.

[337] Tradução livre. AMORIM NETO, Octavio; ACÁCIO, P. Igor. Presidential term limits as a credible-commitment mechanism: the case of Brazil's military regime. Chapter prepared for the *Handbook of Presidential Term Limits*, edited by Robert Elgie and Alex Baturo, to be published by Oxford University Press in 2019, p. 3.

[338] Tradução livre. AMORIM NETO, Octavio; ACÁCIO, P. Igor. Presidential term limits as a credible-commitment mechanism: the case of Brazil's military regime. Chapter prepared for the *Handbook of Presidential Term Limits*, edited by Robert Elgie and Alex Baturo, to be published by Oxford University Press in 2019, p. 19. Desde 1994, não houve alteração na Constituição de 1988 no tocante à duração dos mandatos presidenciais. Assim, ao menos no espectro temporal examinado, afasta-se, em parte, o vaticínio feito pelos autores relativo à dita frequência de revisão da duração dos mandatos no Brasil. Poder-se-ia sugerir que a introdução da reeleição presidencial acabou por mitigar os motivos que ensejavam a recorrente alteração constitucional quanto à duração dos mandatos

Na transição para a democracia, o debate sobre a duração do mandato e da reeleição presidencial retornou nos idos da Assembleia Nacional Constituinte de 1987/1988.

Já nos antecedentes da Constituição de 1988, a Comissão Afonso Arinos – convocada pelo então Presidente José Sarney mediante o Decreto nº 91.450, de 18 de julho de 1985 – apresentou, em 18 de setembro de 1986, Anteprojeto constitucional propondo, no art. 221, a vedação à reeleição e a duração de seis anos para o mandato de Presidente da República, nos seguintes termos: "O mandato do presidente e do vice-presidente da república é de seis anos, vedada a reeleição".[339]

O Anteprojeto, apesar de não ter sido oficialmente enviado ao Congresso, acabou por inspirar a redação do texto constitucional durante os trabalhos realizados na Assembleia Nacional Constituinte.

Ao examinarem a formação e instalação da Assembleia Nacional Constituinte, Paulo Bonavides e Paes de Andrade relatam:

> No dia 15 de novembro de 1986 o povo compareceu às urnas para eleger os membros da Constituinte, composta de 487 deputados e 72 senadores. Ocorreu, como estava previsto na emenda convocatória, a instalação da Constituinte no dia 1º de fevereiro de 1987. (...) No dia seguinte ao da instalação, ou seja, em 2 de fevereiro de 1987, o deputado Ulysses Guimarães foi eleito presidente da Assembleia Nacional Constituinte, por 425 votos contra 59 ao deputado Lisâneas Macial, do Partido Democrático Trabalhista, o PDT.[340]

Paulo Bonavides e Paes de Andrade, então, descrevem os desafios percorridos nas subcomissões e comissões temáticas, marcadas

---

da Chefia do Poder Executivo Federal. Entretanto, conforme será demonstrado nesta pesquisa, entende-se que o instituto da reeleição presidencial potencializa vícios observados no denominado Presidencialismo de Coalizão no Brasil.

[339] BRASIL. Senado Federal. *Anteprojeto apresentado pela Comissão Affonso Arinos*. Disponível em: http://www.senado.leg.br/publicacoes/anais/constituinte/AfonsoArinos.pdf. Acesso em: 20 jan. 2019. Ver também: BONAVIDES, Paulo; PAES DE ANDRADE, Antônio. *História constitucional do Brasil*. 4. ed. Brasília: OAB Editora, 2002, p. 457.

[340] BONAVIDES, Paulo; PAES DE ANDRADE, Antônio. *História constitucional do Brasil*. 4. ed. Brasília: OAB Editora, 2002, p. 458.

pela participação de vários setores da sociedade, e evidenciam que, durante o primeiro turno de votação, mais especificamente, em 22 de março de 1988:

> (...) feriu-se em Plenário uma das batalhas políticas mais acesas de toda a história da Constituinte, aquela em que se decidiu a forma de governo: pela vez primeira se alcançou naquela casa o *quórum* máximo, a saber, a presença de 559 parlamentares constituintes no recinto, tomando parte na votação. Votou-se também durante aquela reunião outra matéria vastamente controvertida, de caráter passional, relativa ao mandato do presidente da República.[341]

Como resultado da votação do primeiro turno dos temas relativos ao sistema de governo e à duração do mandato presidencial, asseveram Paulo Bonavides e Paes de Andrade que "(...) a preferência da Assembleia recaiu sobre o presidencialismo, cuja continuidade no País ficou aprovada por 343 votos contra 213, tendo havido três abstenções",[342] e que, por 304 votos contra 223, estabeleceu-se em cinco anos a duração do mandato presidencial.[343]

Após a aprovação do texto definitivo pela Assembleia Nacional Constituinte, em 22 de setembro de 1988, a Carta Constitucional de 1988 foi promulgada em 5 de outubro de 1988.[344] O texto constitucional, em sua redação original, previa a vedação da reeleição para os Chefes dos Poderes Executivos e mandatos presidenciais com duração de cinco anos.

Nesse sentido, confira-se o disposto no art. 14, §5º:

> São inelegíveis para os mesmos cargos, no período subseqüente, o Presidente da República, os Governadores de Estado e do Distrito Federal, os Prefeitos e quem os houver sucedido ou substituído nos seis meses anteriores ao pleito.

---

[341] BONAVIDES, Paulo; PAES DE ANDRADE, Antônio. *História constitucional do Brasil*. 4. ed. Brasília: OAB Editora, 2002, p. 468.

[342] BONAVIDES, Paulo; PAES DE ANDRADE, Antônio. *História constitucional do Brasil*. 4. ed. Brasília: OAB Editora, 2002, p. 468.

[343] BONAVIDES, Paulo; PAES DE ANDRADE, Antônio. *História constitucional do Brasil*. 4. ed. Brasília: OAB Editora, 2002, p. 468.

[344] BONAVIDES, Paulo; PAES DE ANDRADE, Antônio. *História constitucional do Brasil*. 4. ed. Brasília: OAB Editora, 2002, p. 472-73.

Por seu turno, o art. 82 assim dispunha: "O mandato do Presidente da República é de cinco anos, vedada a reeleição para o período subseqüente, e terá início em 1º de janeiro do ano seguinte ao da sua eleição".

Após a alteração conferida pela Emenda Constitucional nº 16/1997, o que será mais bem examinado nos próximos tópicos, o art. 14, §5º, da Constituição de 1988, passou a permitir a reeleição aos Chefes do Poder Executivo, prevendo o seguinte:

> O Presidente da República, os Governadores de Estado e do Distrito Federal, os Prefeitos e quem os houver sucedido, ou substituído no curso dos mandatos poderão ser reeleitos para um único período subseqüente.

No tocante ao art. 82 da Constituição de 1988, a Emenda Constitucional de Revisão nº 5/1994 alterou a duração do mandato presidencial de 5 para 4 anos, estabelecendo o seguinte: "O mandato do Presidente da República é de quatro anos, vedada a reeleição para o período subseqüente, e terá início em 1º de janeiro do ano seguinte ao da sua eleição".

Nota-se que a vedação da reeleição, prevista no texto original da Constituição de 1988, permaneceu intacta na revisão constitucional de 1994, tendo sido modificada tão somente pela Emenda Constitucional nº 16/1997.

Diante disso, e após a releitura das cartas constitucionais brasileiras, conclui-se que a proibição da reeleição do Chefe do Poder Executivo é um marco da história constitucional brasileira, que tinha como premissa – nos dizeres de Alexandre de Moraes – "afastar o perigo da perpetuidade da mesma pessoa na chefia da Nação, por meio de sucessivos mandatos, mas também evitar o uso da máquina pública administrativa por parte do Chefe do Executivo".[345]

No entanto, essa tradição constitucional brasileira veio a ser modificada pela Emenda Constitucional nº 16/1997, que inaugurou a possibilidade de reeleição dos Chefes do Poder Executivo Federal, foco de análise do próximo tópico, o qual trata dos antecedentes da referida Emenda Constitucional e dos debates ocorridos no decorrer da tramitação da Proposta de Emenda Constitucional (PEC) nº 1/1995.

---

[345] MORAES, Alexandre de. *Presidencialismo*. São Paulo: Atlas, 2004, p. 125.

2.2 A Proposta de Emenda Constitucional nº 1/1995: a retomada do debate da reeleição presidencial

Em 16 de fevereiro de 1995, o então Deputado Federal Mendonça Filho apresentou a Proposta de Emenda Constitucional (PEC) nº 1/1995, que dava nova redação ao §5º do art. 14 da Constituição Federal de 1988, nos seguintes termos:

> As Mesas da Câmara dos Deputados e do Senado Federal, nos termos do art. 60 da Constituição Federal, promulgam a seguinte Emenda ao texto constitucional:
>
> Art. 1º – O §5º do art. 14 da Constituição Federal passa a vigorar com a seguinte redação:
>
> "§5º O Presidente da República, os Governadores de Estado e do Distrito Federal, os Prefeitos e quem os houver sucedido ou substituído no curso do mandato poderão ser reeleitos por um período imediatamente subseqüente e concorrer no exercício do cargo".
>
> Art. 2º – Fica suprimida a expressão 'vedada a reeleição para o período subseqüente' constante do art. 82.

Na justificação da referida PEC, Mendonça Filho argumentou que a introdução da reeleição para os Chefes do Poder Executivo devia ser encarada como reflexo do amadurecimento da democracia brasileira, de forma a conceder ao povo a possibilidade de escolher e decidir pela continuidade de uma boa administração.

Nessa oportunidade, o então Deputado Federal destacou:

> Durante o período de revisão constitucional, recentemente concluído, cerca de oitenta proposições apresentadas sugeriram a modificação desse dispositivo. É importante ressaltar que, destas, 40% visavam não apenas a possibilitar a reeleição para cargos executivos, como também entendiam ser inconsistente a manutenção, em tal caso, da exigência da renúncia prévia, assim como da inelegibilidade dos substitutos.

Em sua obra "Reeleição: aprimorando o sistema presidencial brasileiro", publicada após a aprovação da Emenda Constitucional nº 16/1997, Mendonça Filho esclarece que, em face da crise econômica que o país enfrentava, encontrou-se solução a partir do Plano Real, que não se tratava, a seu entender, de uma política pontual e instantânea, mas sim dependente da continuidade administrativa para o seu sucesso.

Diante desse cenário, Mendonça Filho pontua que, no período de retomada do debate da reeleição, eram necessários instrumentos para dar continuidade às políticas bem-sucedidas. Assim, considerava "o instituto da reeleição (...) um desses instrumentos, um necessário aperfeiçoamento de nosso presidencialismo".[346]

Nesse prisma, ao examinar o presidencialismo no Brasil, explica:

> Carente o nosso presidencialismo da flexibilidade e adaptabilidade do parlamentarismo, a reeleição nos pareceu, com base no exemplo estadunidense, o mecanismo capaz de aprimorá-lo e dar-lhe condições de implementar políticas de longo prazo, sem quebra da continuidade administrativa e da governança democrática, aquela gerada pela vontade popular e perante ela responsável. Nossa convicção se reforçou ao exame da questão no seu nascedouro, ou seja, na fundação do sistema de governo norte-americano.[347]

Assim, por compreender que "a efetiva competição pelo poder é o que distingue a democracia",[348] o autor defende:

> A reeleição equivale, no presidencialismo, a um voto de confiança, conferido em datas preestabelecidas, não pelos representantes, mas pelo próprio povo, nas eleições, e provê o presidencialismo de maior adaptabilidade e flexibilidade.[349]

Mendonça Filho, nessa obra, supera um dos óbices frequentemente apresentados pelos críticos da reeleição presidencial, qual seja: a desigualdade de oportunidade entre os candidatos.

Nesse ponto, Mendonça Filho não nega que "(...) o ocupante de um cargo que se recandidate a ocupá-lo goza de um *status* diferente do dos demais candidatos. Tem, por isso, maior

---

[346] MENDONÇA FILHO. *Reeleição*: aprimorando o sistema presidencial brasileiro. Brasília: Câmara dos Deputados, Coordenação de Publicações, 1998, p. 10.

[347] MENDONÇA FILHO. *Reeleição*: aprimorando o sistema presidencial brasileiro. Brasília: Câmara dos Deputados, Coordenação de Publicações, 1998, p. 10.

[348] MENDONÇA FILHO. *Reeleição*: aprimorando o sistema presidencial brasileiro. Brasília: Câmara dos Deputados, Coordenação de Publicações, 1998, p. 15.

[349] MENDONÇA FILHO. *Reeleição*: aprimorando o sistema presidencial brasileiro. Brasília: Câmara dos Deputados, Coordenação de Publicações, 1998, p. 12.

visibilidade, exposição à mídia, reconhecimento pelo eleitor".[350] Considera, todavia, um equívoco "(...) supor que o eleitor dele não esteja ciente em sua decisão de voto e não possa descontá-lo, se assim o quiser fazer".[351]

Por essas razões, o referido autor, ao tratar do eventual uso da máquina pública pelos Chefes do Poder Executivo que almejam a reeleição, dissocia esse distúrbio da reelegibilidade e argumenta que é preferível a adoção do instituto da reeleição ao aumento da duração do mandato do presidente. Em suas palavras, sustenta:

> Tendo optado pelo presidencialismo, foi importante corrigir-lhe a rigidez, adotando o dispositivo da reeleição, alternativa melhor do que a da adoção de um mandato presidencial longo. Nos debates sobre a reeleição presidencial, atribuiu-se ao titular dos cargos executivos um poder incontrastável de, pelo uso da máquina e de todos os meios espúrios, praticamente liquidar com as possibilidades dos demais candidatos. Todavia, pelo menos no caso da eleição presidencial, já de longa data se tem observado ser disputa em que é difícil controlar a vontade do eleitor. De qualquer maneira, se o chamado uso da máquina é um problema, não surgiu ele da norma da reelegibilidade. O mal radica em níveis mais profundos de nossa cultura política e deve ser enfrentado por outros meios.[352]

Nessa linha argumentativa, afirma ainda que "(...) o controle desse uso não significa tolhimento ao titular no seu direito e obrigação de continuar a exercer o mandato na plenitude durante a campanha eleitoral".[353] Assim, pelos motivos expostos, entende que "proibir a reeleição para obstar a fraude pode significar um sacrifício grande e desnecessário".[354]

---

[350] MENDONÇA FILHO. *Reeleição*: aprimorando o sistema presidencial brasileiro. Brasília: Câmara dos Deputados, Coordenação de Publicações, 1998, p. 15-16.

[351] MENDONÇA FILHO. *Reeleição*: aprimorando o sistema presidencial brasileiro. Brasília: Câmara dos Deputados, Coordenação de Publicações, 1998, p. 15-16.

[352] MENDONÇA FILHO. *Reeleição*: aprimorando o sistema presidencial brasileiro. Brasília: Câmara dos Deputados, Coordenação de Publicações, 1998, p. 19.

[353] MENDONÇA FILHO. *Reeleição*: aprimorando o sistema presidencial brasileiro. Brasília: Câmara dos Deputados, Coordenação de Publicações, 1998, p. 19.

[354] MENDONÇA FILHO. *Reeleição*: aprimorando o sistema presidencial brasileiro. Brasília: Câmara dos Deputados, Coordenação de Publicações, 1998, p. 30.

Após vislumbrar os argumentos aduzidos pelo autor da PEC, cumpre esclarecer que não foram poucos os debates à época da tramitação da proposta, seja no âmbito acadêmico, seja na esfera política, com a presença de fortes argumentos favoráveis contrabalançando com fundamentos contrários à reeleição dos Chefes do Poder Executivo.

A propósito, confira-se o entendimento de Sérgio Sérvulo da Cunha sobre a referida Proposta de Emenda Constitucional:

> O projeto de emenda constitucional, objetivando a reeleição do presidente, governadores e prefeitos, é casuístico e continuísta; integra-se na estratégia neoliberal, que objetiva amoldar as instituições políticas ao processo de concentração do poder. Nada justifica sua aprovação, e tudo, na democracia, aconselha sua rejeição.[355]

Ao lado dessa posição, destacam-se, a seguir, alguns pronunciamentos realizados na Câmara dos Deputados, em audiências públicas, as quais contaram com a participação de personalidades relevantes, que aprimoraram a deliberação sobre o tema.

Em 26 de novembro de 1996, Paulo Kramer opinou pela aprovação da norma que introduzia o instituto da reeleição, mediante plebiscito, ao seguinte argumento:

> O povo demonstrou no pleito de 1996 que deseja a continuidade administrativa de boas administrações. O povo queria a reeleição. A vitória de candidatos a prefeito apoiados pelos titulares, como em São Paulo e Rio de Janeiro, estaria demonstrando que o povo teria reeleito o próprio titular, caso estivesse em vigor a norma da reeleição.[356]

Em 27 de novembro de 1996, Ciro Ferreira Gomes sustentou que a emenda da reeleição "representaria um tumulto institucional de absoluta inconveniência para o melhor interesse público do Brasil".[357]

---

[355] CUNHA, Sérgio Sérvulo da. Reeleição do presidente da República. *Revista de Infomação Legislativa*, Brasília, ano 33, n. 130. abr./jun. 1996, p. 54.
[356] MENDONÇA FILHO. *Reeleição*: aprimorando o sistema presidencial brasileiro. Brasília: Câmara dos Deputados, Coordenação de Publicações, 1998, p. 33.
[357] MENDONÇA FILHO. *Reeleição*: aprimorando o sistema presidencial brasileiro. Brasília: Câmara dos Deputados, Coordenação de Publicações, 1998, p. 36.

No mesmo dia, José Roberto Batochio elencou elementos históricos contra a reeleição:

> O argumento continuísta, de que a reeleição permite planejar e arrematar o que se planejou, já teria sido rebatido por Hermes Lima na Constituinte de 1946, quando defendeu a tese de que a continuidade depende não de pessoas, mas da organização da vida política nacional, por meio da atuação dos partidos nacionais.[358]

Em 5 de dezembro de 1996, Paulo Brossard asseverou:

> É natural que se queira a reeleição, pois o governante sempre crê que não concluiu sua tarefa e que um só mandato é insuficiente. Ora, as tarefas são sempre intermináveis. (...) Com a mudança pretendida, estamos indo contra cem anos de história republicana. A reeleição para o período imediato tem sido estigmatizada desde a fundação da república.[359]

Em 12 de dezembro de 1996, Luiz Inácio Lula da Silva criticou os moldes adotados para introduzir o instituto da reeleição, alegando o seguinte:

> É preciso garantias prévias para que tratemos da reeleição. Seria indispensável que a mudança fosse antecedida por alterações de nosso sistema político eleitoral. Temos partidos que são legendas de aluguel, muitas trocas de partido e a inexistência de fidelidade partidária. A máquina pública é usada no processo eleitoral. Qualquer um de nós que se dispuser a enfrentar, como candidato, um presidente interessado em reeleger-se, estará enfrentando não uma pessoa, mas o Estado. (...) Tal como está sendo proposta, a reeleição significa golpe. Mudam-se as regras do jogo no meio do jogo para garantir o resultado.[360]

No mesmo dia, em contraponto àqueles contrários à reeleição, Bolívar Lamounier sustentou que a reeleição concederia

---

[358] MENDONÇA FILHO. *Reeleição*: aprimorando o sistema presidencial brasileiro. Brasília: Câmara dos Deputados, Coordenação de Publicações, 1998, p. 36-37.
[359] MENDONÇA FILHO. *Reeleição*: aprimorando o sistema presidencial brasileiro. Brasília: Câmara dos Deputados, Coordenação de Publicações, 1998, p. 39.
[360] MENDONÇA FILHO. *Reeleição*: aprimorando o sistema presidencial brasileiro. Brasília: Câmara dos Deputados, Coordenação de Publicações, 1998, p. 41.

flexibilidade ao sistema presidencial brasileiro, sob o fundamento de que:

> Os mandatos curtos adotados no presidencialismo da América Latina advieram do temor aos presidentes, ao poder excessivo que podem concentrar e ao uso da máquina pública e representam um engessamento do sistema presidencial. A reeleição, como nos Estados Unidos, torna o sistema mais flexível. (...) No nosso caso, um sistema presidencial, os mandatos curtos, mas com possibilidade de reeleição, dariam flexibilidade ao sistema.[361]

Além dos debates e pronunciamentos citados, registram-se também relatos escritos, dentre eles, o parecer elaborado por Manoel Gonçalves Ferreira Filho e a carta redigida por Itamar Franco.

No parecer, Manoel Gonçalves Ferreira Filho opinou, em síntese, no seguinte sentido:

> O princípio da irreelegibilidade do Presidente da República está em todas as Constituições republicanas brasileiras (salvo a de 1937...). Basta isto para sublinhar a sua importância. Será imoral, ou antiético, suprimi-lo com efeito imediato, beneficiando o atual Presidente (ainda mais, logo após haver sido – de fato – recusado a chefes de Executivo – os Prefeitos – que a norma constitucional põe na mesma situação do chefe do Executivo da União).
> (...) a convocação pelo Senhor Presidente da República de sessão extraordinária do Congresso Nacional para a apreciação de Emenda Constitucional que favoreça os seus interesses políticos pessoais e imediatos, mesmo que na aparência atenda às exigências constitucionais, *é substancialmente inconstitucional: a) porque importa desvio de finalidade, ou seja, abuso de poder; b) porque descumpre a condição expressa de "urgência" (art. 57, §6º, II da Constituição); e c) porque viola o princípio de moralidade pública (art. 37, caput, da Constituição).* Também decorre que a adoção da reelegibilidade já em benefício dele, ou não, beneficiando chefes de Executivo na mesma situação, é inconstitucional: *a) porque importa em desvio de finalidade, ou seja, abuso de poder; e b) porque viola o princípio de moralidade pública (art. 37, caput, da Constituição).*[362]

---

[361] MENDONÇA FILHO. *Reeleição*: aprimorando o sistema presidencial brasileiro. Brasília: Câmara dos Deputados, Coordenação de Publicações, 1998, p. 40.
[362] MENDONÇA FILHO. *Reeleição*: aprimorando o sistema presidencial brasileiro. Brasília: Câmara dos Deputados, Coordenação de Publicações, 1998, p. 34-35.

Em sua Carta, Itamar Franco colocou-se contra o instituto da reeleição, fazendo alusão à experiência histórica brasileira e ressaltando que, durante a revisão constitucional, quando exercia a Presidência da República, afastou-se dos debates, tendo comunicado aos líderes partidários a sua posição contrária à eventual reeleição que o beneficiasse.[363]

Nesse sentido, cumpre ressaltar que, ao longo da tramitação da referida PEC, diversos substitutivos e emendas aditivas foram apresentados, e envolviam a implantação das seguintes medidas: i) referendo ou plebiscito para deliberar a viabilidade da reeleição dos Chefes do Poder Executivo no Brasil; ii) vedação do terceiro mandato não consecutivo dos Chefes do Poder Executivo; e iii) desincompatibilização dos Chefes do Poder Executivo quando candidato à reeleição para o mesmo cargo.

Ao final, e após breve síntese, a Emenda Constitucional nº 16/1997 foi promulgada, em 4 de junho de 1997, durante o primeiro mandato do Presidente Fernando Henrique Cardoso, muito embora tenha experimentado forte oposição no Congresso Nacional e denúncias de compra de votos noticiadas em jornais de grande circulação.[364]

Todavia, Fernando Henrique Cardoso, Presidente da República no período de tramitação da PEC, em seus Diários da Presidência, relata que, se, de um lado, "a oposição tentou obstruir a votação e não registrou seus votos",[365] por outro lado, assevera o então Presidente: "(...) os jornais tentaram o tempo todo dizer que houve um balcão nas negociações da reeleição. E a verdade vai ser comprovada pouco a pouco, porque nos Diários Oficiais, e também nos gastos do governo, não haverá registro do tal balcão".[366]

---

[363] MENDONÇA FILHO. *Reeleição*: aprimorando o sistema presidencial brasileiro. Brasília: Câmara dos Deputados, Coordenação de Publicações, 1998, p. 41-42.
[364] UOL NOTÍCIAS. Conheça a história da compra de votos a favor da emenda da reeleição. Disponível em: https://fernandorodrigues.blogosfera.uol.com.br/2014/06/16/conheca-a-historia-da-compra-de-votos-a-favor-da-emenda-da-reeleicao/. Acesso em: 23 maio 2019.
[365] CARDOSO, Fernando Henrique. *Diários da presidência*. São Paulo: Companhia das Letras, 2015. 2 v, p. 73.
[366] CARDOSO, Fernando Henrique. *Diários da presidência*. São Paulo: Companhia das Letras, 2015. 2 v, p. 79.

Tramitação na Câmara dos Deputados[367]

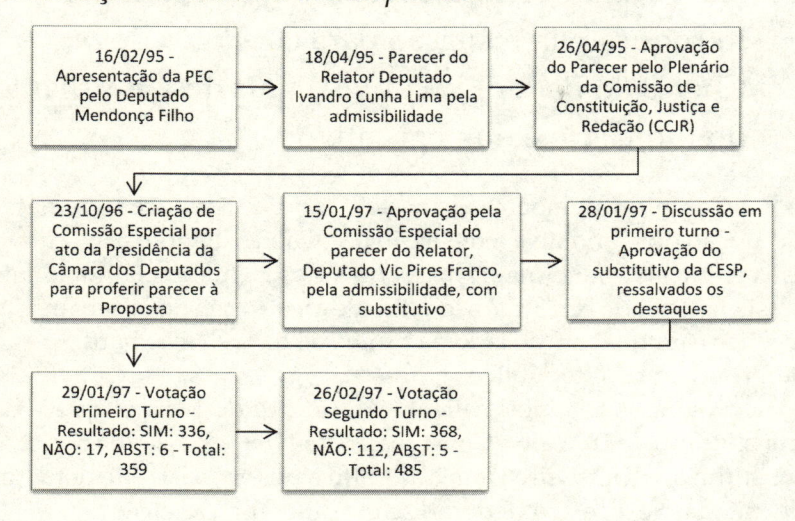

```
16/02/95 - Apresentação da PEC pelo Deputado Mendonça Filho
    →
18/04/95 - Parecer do Relator Deputado Ivandro Cunha Lima pela admissibilidade
    →
26/04/95 - Aprovação do Parecer pelo Plenário da Comissão de Constituição, Justiça e Redação (CCJR)
    ↓
23/10/96 - Criação de Comissão Especial por ato da Presidência da Câmara dos Deputados para proferir parecer à Proposta
    →
15/01/97 - Aprovação pela Comissão Especial do parecer do Relator, Deputado Vic Pires Franco, pela admissibilidade, com substitutivo
    →
28/01/97 - Discussão em primeiro turno - Aprovação do substitutivo da CESP, ressalvados os destaques
    ↓
29/01/97 - Votação Primeiro Turno - Resultado: SIM: 336, NÃO: 17, ABST: 6 - Total: 359
    →
26/02/97 - Votação Segundo Turno - Resultado: SIM: 368, NÃO: 112, ABST: 5 - Total: 485
```

Tramitação no Senado Federal[368]

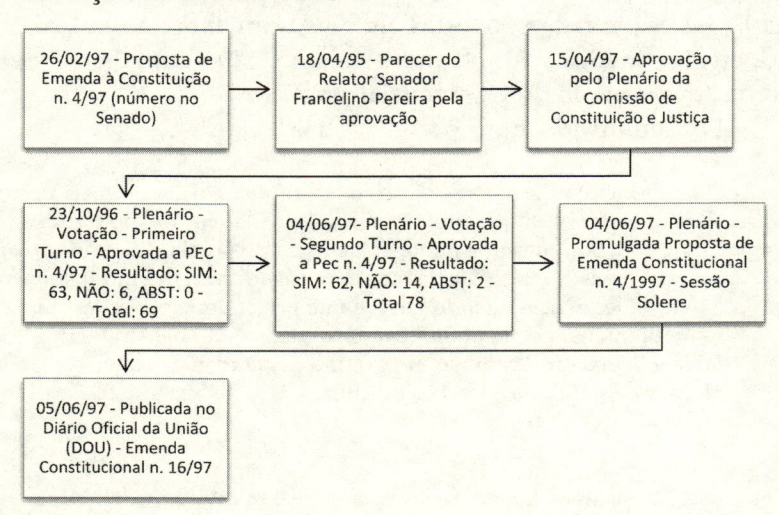

```
26/02/97 - Proposta de Emenda à Constituição n. 4/97 (número no Senado)
    →
18/04/95 - Parecer do Relator Senador Francelino Pereira pela aprovação
    →
15/04/97 - Aprovação pelo Plenário da Comissão de Constituição e Justiça
    ↓
23/10/96 - Plenário - Votação - Primeiro Turno - Aprovada a PEC n. 4/97 - Resultado: SIM: 63, NÃO: 6, ABST: 0 - Total: 69
    →
04/06/97 - Plenário - Votação - Segundo Turno - Aprovada a Pec n. 4/97 - Resultado: SIM: 62, NÃO: 14, ABST: 2 - Total 78
    →
04/06/97 - Plenário - Promulgada Proposta de Emenda Constitucional n. 4/1997 - Sessão Solene
    ↓
05/06/97 - Publicada no Diário Oficial da União (DOU) - Emenda Constitucional n. 16/97
```

---

[367] BRASIL. Câmara dos Deputados. *Proposta de Emenda Constitucional n. 1/1995*. Inteiro teor. Disponível em: http://www.camara.gov.br/proposicoesWeb/fichadetramitacao?idProposicao=24953. Acesso em: 18 nov. 2018.

[368] BRASIL. Senado Federal. *Proposta de Emenda Constitucional n. 4/1997*. Disponível em: https://www25.senado.leg.br/web/atividade/materias/-/materia/18024. Acesso em: 28 out. 2018.

2.3 A Emenda Constitucional nº 16/1997: a inédita introdução da reeleição para os cargos dos Chefes do Poder Executivo e seus desafios diante do Judiciário e do Legislativo

Conforme demonstrado neste estudo, as temáticas referentes à duração do mandato e à reeleição dos Chefes do Poder Executivo estiveram invariavelmente presentes nos textos constitucionais brasileiros, sendo certo que a identidade e a tradição do ordenamento jurídico caminhavam ao lado da proibição da reeleição para o cargo de Presidente da República.

Por esses motivos, salienta Alexandre de Moraes que – da Constituição de 1891 até a Constituição de 1988 – "o sistema político-constitucional brasileiro jamais admitiu a possibilidade do detentor de mandato executivo [federal] se candidatar à reeleição".[369]

Na percepção de Paulo Brossard, "a reeleição é um insulto à nação, aos 150 anos de Brasil independente, a todos os homens públicos que passaram por este País".[370] Argumenta o autor que, em face da identidade constitucional brasileira, o instituto da reeleição é uma "deformação do presidencialismo".[371]

Por seu turno, Lauro Barreto entende que:

> (...) o princípio da não-reeleição foi, para nós e durante mais de um século, a garantia constitucional da alternância do poder, que se configura como um dos pontos essenciais dos regimes democráticos. Garantia constitucional que assumiu feições de barreira intransponível à natural tendência de todo governante pretender alongar ao máximo a sua permanência no poder, principalmente aqui na América Latina, onde a democracia convive, em grande desvantagem, com a constante ameaça de índoles e vocações caudilhescas generalizadas.[372]

---

[369] MORAES, Alexandre de. *Direito constitucional*. 15. ed. São Paulo: Atlas, 2004, p. 242. Ressalte-se que a reeleição no âmbito da chefia do Poder Executivo estadual era permitida em alguns ordenamentos estaduais na República Velha.

[370] BROSSARD. Paulo. A reeleição é um insulto à nação. In: NERY, Sebastião. *A eleição da reeleição*: histórias, estado por estado. São Paulo: Geração Editorial, 1999, p. 9.

[371] BROSSARD. Paulo. A reeleição é um insulto à nação. In: NERY, Sebastião. *A eleição da reeleição*: histórias, estado por estado. São Paulo: Geração Editorial, 1999, p. 9.

[372] BARRETO, Lauro. *Reeleição e continuísmo*: aspectos históricos, doutrinários, políticos e jurídico da Emenda Constitucional n. 16. Rio de Janeiro: Lumen Juris, 1998, p. 45.

Entretanto, de forma inédita na história constitucional brasileira, foi introduzida a reeleição para Presidente da República, com referência expressa aos demais Chefes do Poder Executivo dos Estados, do Distrito Federal e dos Municípios, a partir da Emenda Constitucional nº 16/1997, que alterou a redação do art. 14, §5º, da Constituição, passando a prever o seguinte:

> O Presidente da República, os Governadores de Estado e do Distrito Federal, os Prefeitos e quem os houver sucedido, ou substituído no curso dos mandatos poderão ser reeleitos para um único período subseqüente.[373]

Como resultado dessa alteração constitucional, extrai-se que o texto proposto pela referida Emenda permitiu o exercício de dois mandatos sucessivos, de quatro anos cada, para o cargo de Presidente da República.

Todavia, conforme assevera Alexandre de Moraes, e diferentemente do que se tem nos Estados Unidos, também é certo afirmar que "não se proíbe constitucionalmente que uma mesma pessoa possa exercer três ou mais mandatos presidenciais, mas se proíbe a sucessividade indeterminada de mandatos".[374]

Por essa razão, o art. 14, §5º, da Constituição Federal, com redação dada pela referida Emenda Constitucional, consagra, de forma implícita, a irreelegibilidade, ou melhor, a inelegibilidade[375] para o exercício de um terceiro mandato sucessivo.[376]

---

[373] BRASIL. *Constituição da República Federativa do Brasil de 1988*. Disponível em: http://www.planalto.gov.br/ccivil_03/Constituicao/Constituicao.htm. Acesso em: 30 out. 2018; BRASIL. Constituição (1988). *Emenda Constitucional n. 16/1997*. Disponível em: http://www.planalto.gov.br/ccivil_03/Constituicao/Emendas/Emc/emc16.htm#art14%C2%. Acesso em: 15 dez. 2018.

[374] MORAES, Alexandre de. *Direito constitucional*. 15. ed. São Paulo: Atlas, 2004, p. 244.

[375] Conectando as noções de elegibilidade com o princípio da igualdade de oportunidades, Monica Caggiano afirma que, nos ambientes democráticos, a inelegibilidade "(...) vem norteada, sempre, por um fundamento ético e sob o domínio do 'standard' isonômico a exigir dos resultados a conotação de fiel retrato da vontade do corpo eleitoral, afastando eventuais fatores que possam ofuscar a lisura e autenticidade daqueles". CAGGIANO, Mônica Herman Salem. *Reeleição*. São Paulo: Ceps, 1997, p. 3.

[376] Manoel Gonçalves Ferreira Filho ensina que a "irreelegibilidade pode ser considerada uma espécie de inelegibilidade". FERREIRA FILHO, Manoel Gonçalves. *Curso de direito constitucional*. 37. ed. rev. e atual. São Paulo: Saraiva, 2011, p. 145.

Nessa perspectiva, Alexandre de Moraes, ao tratar da reeleição dos Chefes do Poder Executivo no Brasil, entende que a natureza do instituto se aproxima a:

> uma inelegibilidade relativa por motivos funcionais para o mesmo cargo, pois os chefes do Poder Executivo, Federal, Estadual, Distrital e Municipal, não poderão ser candidatos a um terceiro mandato sucessivo.[377]

Ocorre que, após a introdução da reeleição para os Chefes do Poder Executivo – que resultou na alteração da tradição de irreelegibilidade no Brasil –, muito se questionou acerca da interpretação da Emenda Constitucional nº 16/1997, tanto no Poder Judiciário quanto no Legislativo.

Uma das controvérsias debatidas, na doutrina e na jurisprudência, dizia respeito à necessidade, ou não, de desincompatibilização dos Chefes do Poder Executivo em exercício para a disputa da reeleição para o mesmo cargo.

Ao abordar o tema, Josaphat Marinho assinalava que:

> (...) não exigir a desincompatibilização é permitir ao presidente, a governadores e prefeitos situação privilegiada no pleito, como titulares de posições que envolvem poderes e recursos largos, contra os concorrentes que estão na planície. Essa situação de privilégio é contra o princípio de igualdade, que a Constituição também assegura a todos. Não vale invocar exemplos de outros países, em condições socioeconômicas e culturais diversas. A Constituição e as emendas que nela forem introduzidas devem retratar o nosso País e suas necessidades, e não a situação de outros povos. Aqui, pelas peculiaridades políticas e culturais, a democracia constitucional exige a igualdade entre os candidatos, para que os resultados eleitorais sejam legítimos. Instituir a desigualdade é cultivar o favorecimento indevido.[378]

Sobre essa problemática, o Supremo Tribunal Federal, no julgamento da Medida Cautelar na Ação Direta de Inconstitucionalidade nº 1.805/DF, realizado em 26.03.1998, fixou, por maioria, o entendimento de que não havia necessidade de o Presidente da República e

---

[377] MORAES, Alexandre de. *Direito constitucional*. 15. ed. São Paulo: Atlas, 2004, p. 244.
[378] MARINHO, Josaphat. Reeleição e desincompatibilização. *Jurídica Administração Municipal*, v. 2, n. 2, p. 1-2, fev. 1997, p. 2.

os demais Chefes do Poder Executivo – nos níveis estadual, distrital e municipal – se desincompatibilizarem para concorrerem ao segundo mandato. Prevaleceu o argumento de que a renúncia prévia, isto é, seis meses antes do pleito eleitoral, poderia ocasionar prejuízos à continuidade administrativa.[379]

Em substancioso voto, o Relator, Ministro Néri da Silveira, indeferiu a medida cautelar, na parte em que conheceu da Ação Direta, sob o seguinte argumento:

> De fato, se o constituinte derivado quis estabelecer, no País, alterando a tradição republicana, a reeleição para os cargos de Presidente, Governador e Prefeito, sem exigir o afastamento definitivo até a data da reeleição, cumpre entender que teve em conta (...) a conveniência da continuidade administrativa, como valor relevante no instituto da reeleição.[380]

Na mesma linha, o Ministro Carlos Velloso assinalou:

> O princípio da reelegibilidade assenta-se num outro princípio: o da continuidade administrativa. É dizer, a permissão para a reeleição do Chefe do Poder Executivo, nos seus diversos graus, assenta-se na presunção de que a continuidade administrativa, de regra, é necessária.[381]

Por seu turno, o Ministro Marco Aurélio divergiu do Voto do Relator e dos demais Ministros que compunham a Corte por entender que:

> (...) princípios basilares da Carta de 1988 estão em jogo, principalmente presente a circunstância de a matéria dizer respeito à eleição para cargos do Executivo; eleição que se pretende, conforme está na Carta, ocorra com a igualização das condições dos diversos candidatos. E já temos a lei, atacada mediante esta ação direta de inconstitucionalidade, a criar certas prerrogativas que iniludivelmente consubstanciam uma vantagem para aqueles que tentarão a reeleição.[382]

---

[379] BRASIL. Supremo Tribunal Federal. *ADI 1805 MC*. Rel. Min. Néri da Silveira, Tribunal Pleno, julgado em 26.03.1998, DJ 14.11.2003. Inteiro teor do acórdão.
[380] BRASIL. Supremo Tribunal Federal. *ADI 1805 MC*. Rel. Min. Néri da Silveira, Tribunal Pleno, julgado em 26.03.1998, DJ 14.11.2003. Inteiro teor do acórdão, p. 101.
[381] BRASIL. Supremo Tribunal Federal. *ADI 1805 MC*. Rel. Min. Néri da Silveira, Tribunal Pleno, julgado em 26.03.1998, DJ 14.11.2003. Inteiro teor do acórdão, p. 115.
[382] BRASIL. Supremo Tribunal Federal. *ADI 1805 MC*. Rel. Min. Néri da Silveira, Tribunal Pleno, julgado em 26.03.1998, DJ 14.11.2003. Inteiro teor do acórdão, p. 113.

Cumpre esclarecer que, no julgamento da cautelar da referida Ação Direta de Inconstitucionalidade, o Supremo Tribunal Federal firmou tão somente o entendimento de que não há necessidade de o Presidente da República e os demais Chefes do Poder Executivo – nos níveis estadual, distrital e municipal – se desincompatibilizarem para concorrerem ao segundo mandato, sob o argumento de que a continuidade administrativa deveria ser preservada.

Em sessão virtual do Pleno do Supremo Tribunal Federal, realizada entre 13 e 20 de novembro de 2020, a Corte apreciou o mérito da referida Ação Direta e, por maioria, confirmou a medida cautelar e julgou improcedente o pedido formulado no feito, nos termos da Relatora, Ministra Rosa Weber, vencidos os Ministros Marco Aurélio e Cármen Lúcia. O caso transitou em julgado em 18 de dezembro de 2020. Ressalta-se, contudo, que não foi apreciada (tampouco foi objeto do pedido)[383] a constitucionalidade do instituto da reeleição dos Chefes do Poder Executivo.

De acordo com Paulo Torelly, esse é um debate que há muito merece acolhida pelo Supremo Tribunal Federal.[384] Em sua visão, a Emenda Constitucional nº 16/1997 é inconstitucional, pois, além de romper com a tradição histórico-constitucional de irreelegibilidade, vai de encontro com princípios basilares do Estado Democrático de Direito. Nesse sentido, sustenta:

> A emenda constitucional da reeleição comporta, dentro da ordem constitucional democrática, consequências e significados jurídicos da seguinte natureza: i) violação do núcleo essencial de princípios da constituição (dentre eles, isonomia e república); ii) desconhecimento das cláusulas pétreas; iii) violação de preceito razoável e em conformidade com a consciência pública expressa na sociedade; iv) relativização dos princípios fundantes do Estado Democrático de Direito (soberania popular, cidadania e pluralismo político); v) desconhecimento de limites materiais expressos e implícitos ao poder de reforma; vi) ausência de

---

[383] Da leitura da petição inicial da referida Ação Direta de Inconstitucionalidade, proposta pelos Partidos PDT, PT, PCdoB e PL, extrai-se: "é imperioso que se sublinhe, pois, não estarem os autores impugnando o instituto da reeleição". BRASIL. Supremo Tribunal Federal. *ADI 1805 MC*. Rel. Min. Néri da Silveira, Tribunal Pleno, julgado em 26.03.1998, DJ 14.11.2003. Inteiro teor do acórdão, p. 23.

[384] TORELLY, Paulo Peretti. *A substancial inconstitucionalidade da regra da reeleição: isonomia e república no direito constitucional e na teoria da constituição*. Porto Alegre: Sergio Antonio Fabris Editor, 2008, p. 285.

necessidade histórica de uma transição constitucional; vii) ausência de ruptura institucional; viii) violação ao princípio da legitimidade; ix) um processo de mudança constitucional meramente formal e comprometedor da legitimidade eleitoral; x) excesso e desvio de poder.[385]

Todavia, nesta pesquisa, não se defende, tal como proposto por Paulo Torelly, a inconstitucionalidade da referida emenda constitucional.[386] Aqui, parte-se da compreensão de que o *locus* adequado para revisitar a matéria é o Congresso Nacional, e não o Supremo Tribunal Federal.[387]

Outra controvérsia que merece destaque diz respeito à elegibilidade do vice.

Nessa seara, o Tribunal Superior Eleitoral (TSE) tem se encarregado de responder consultas – no âmbito federal, estadual e municipal – quanto à possibilidade de o Vice-Chefe do Poder Executivo concorrer à reeleição para o mesmo cargo ou para o cargo de seu titular.

Da leitura do art. 14, §5º, da Constituição de 1988, verifica-se que o dispositivo constitucional permite a reeleição daqueles que sucederam ou substituíram o Chefe do Poder Executivo durante o exercício do mandato, cumpridos determinados requisitos. Para examinar a questão, torna-se essencial diferenciar as seguintes hipóteses: i) sucessão; e ii) substituição.

Primeiro, no tocante à sucessão do Presidente da República, o art. 79 da Carta Constitucional de 1988 dispõe que somente o Vice-Presidente poderá assumir de forma definitiva o cargo de Presidente da República.[388]

Assim, na hipótese de sucessão, entende-se que o Vice-Presidente – que forma a mesma chapa do titular – poderá disputar a reeleição para o mesmo cargo que ocupou, sucedendo o titular em caráter definitivo, por uma única vez.

---

[385] TORELLY, Paulo Peretti. A substancial inconstitucionalidade da regra da reeleição: isonomia e república no direito constitucional e na teoria da constituição. Porto Alegre: Sergio Antonio Fabris Editor, 2008, p. 281-282.

[386] Conforme será demonstrado, entende-se que o instituto da reeleição presidencial potencializa vícios observados no denominado Presidencialismo de Coalizão no Brasil.

[387] Como será visto adiante, há interesse por parte do Legislativo na retomada da tradição de irreelegibilidade dos Chefes do Poder Executivo via novas Emendas Constitucionais.

[388] Constituição Federal de 1988. "Art. 79. Substituirá o Presidente, no caso de impedimento, e suceder-lhe-á, no de vaga, o Vice-Presidente".

Segundo, quanto à substituição do cargo do titular pelo seu Vice, que tem por essência caráter temporário, a Constituição de 1988 prevê, em seu art. 80, as autoridades competentes para substituir o Presidente da República.[389]

Por seu turno, nas hipóteses de substituição, o Vice poderá disputar o cargo do titular duas vezes sucessivas, desde que a substituição não tenha ocorrido nos seis meses que antecedem a eleição. Isso significa dizer que, nos casos de substituição durante os seis meses que antecedem as eleições, o Vice poderá disputar o cargo do titular por uma única vez, sendo vedada a posterior reeleição.[390]

Além disso, é vedada a candidatura ao cargo de Vice pelo Presidente da República que exerceu dois mandatos sucessivos. Do contrário, possibilitar-se-ia o eventual exercício na chefia do Poder Executivo por três mandatos sucessivos, configurando fraude eleitoral.

Logo, nos termos de Alexandre de Moraes, a interpretação do instituto da reeleição para o cargo de Chefe do Poder Executivo no Brasil pode ser sintetizada da seguinte forma: "veda-se o exercício efetivo e definitivo do cargo de Chefe do Poder Executivo por mais de dois mandatos sucessivos".[391]

Salienta-se, ademais, que não só no Judiciário a referida emenda constitucional foi alvo de enfrentamentos. A reação do Poder Legislativo também esteve presente.

A título exemplificativo, as tabelas a seguir compilam as propostas de emenda constitucional ainda em trâmite no Senado Federal e na Câmara dos Deputados que visam ao retorno da tradição da irreelegibilidade no Brasil:

---

[389] Constituição Federal de 1988. "Art 80. Em caso de impedimento do Presidente e do Vice-Presidente, ou vacância dos respectivos cargos, serão sucessivamente chamados ao exercício da Presidência o Presidente da Câmara dos Deputados, o do Senado Federal e o do Supremo Tribunal Federal".

[390] Em resumo, Néviton Guedes explica que "se o Vice substituir o titular nos seis meses antes da eleição, ou sucedê-lo, poderá concorrer uma única vez ao cargo de titular, vedada, de qualquer forma, uma nova candidatura (tentativa de reeleição) tanto para o cargo de titular, como para o cargo de Vice, porquanto, nessa condição teria aberta a possibilidade para assumir uma terceira vez, por sucessão, o cargo de titular". GUEDES, Néviton. Comentário ao art.14, §5º. In: CANOTILHO, J. J. Gomes; MENDES, Gilmar F.; SARLET, Ingo W.; STRECK, Lenio L. (coord.). Comentários à Constituição do Brasil. São Paulo: Saraiva/Almedina, 2013, p. 680-681.

[391] MORAES, Alexandre de. Hipóteses de inelegibilidade do vice-chefe do Executivo. Revista Consultor Jurídico, 28 de fevereiro de 2014. Coluna Justiça Comentada. Disponível em: https://www.conjur.com.br/2014-fev-28/justica-comentada-hipoteses-inelegibilidade-vice-chefe-executivo. Acesso em: 5 abr. 2019.

PROPOSTAS DE EC – SENADO FEDERAL

VEDAÇÃO DA REELEIÇÃO PARA CHEFE DO EXECUTIVO

PEC nº 12/2022	Altera a Constituição Federal para determinar a inelegibilidade para o mesmo cargo dos chefes do Poder Executivo no período subsequente e definir seus mandatos em cinco anos.
PEC nº 9/2018	Acrescenta §12 ao art. 14 da Constituição Federal, para vedar aos partidos vitoriosos em duas eleições consecutivas para Presidente da República, Governador e Prefeito o registro de candidatos na terceira eleição para o mesmo cargo.
PEC nº 4/2015	Dá nova redação ao §5º do art. 14 da Constituição Federal, proibindo a reeleição do Presidente da República, Governadores de Estado e do Distrito Federal e Prefeitos.
PEC nº 19/2015	Altera a Constituição Federal para extinguir a reeleição dos cargos do Poder Executivo.
PEC nº 37/2015	Altera a Constituição Federal, para estabelecer o mandato de seis anos dos Chefes do Poder Executivo e membros do Poder Legislativo, proibir a reeleição e estabelecer eleições unificadas.
PEC nº 47/2015	Altera a Constituição Federal, para estabelecer a coincidência das eleições, fixar o mandato de cinco anos dos chefes do Poder Executivo e dos membros do Poder Legislativo, vedar a reeleição e alterar a data da posse dos chefes do Poder Executivo.
PEC nº 113A/2015	Reforma política e eleitoral permite doações de pessoas físicas ou jurídicas a partidos e apenas de pessoas físicas a candidatos, nos limites da lei; proíbe a reeleição para os cargos executivos; limita o acesso aos recursos do fundo partidário e aos programas gratuitos de rádio e TV aos partidos que tenham elegido pelo menos um representante no Congresso Nacional na eleição anterior; reduz as idades mínimas para o exercício de mandatos eletivos, exceto para Presidente e Vice-Presidente da República; reduz os requisitos para a apresentação de projeto de lei de iniciativa popular; estabelece que as Resoluções e atos normativos do TSE só terão eficácia após decorridos dezoito meses da data de sua vigência; determina a impressão e confirmação do voto pelo eleitor na urna eletrônica; veda a reeleição para os mesmos cargos nas Mesas da Câmara e do Senado; estabelece condições específicas de elegibilidade para policiais e bombeiros militares.
PEC nº 113C/2015	Altera a forma de financiamento das campanhas eleitorais; proíbe reeleição dos Chefes do Poder Executivo; altera a forma de acesso dos partidos ao fundo partidário e ao rádio e televisão; reduz a idade para cargos eletivos; reduz exigência para a apresentação de projetos de lei de iniciativa popular; exige impressão da cédula no processo de votação eletrônica; veda recondução dos membros da Mesa na eleição subsequente, independentemente de legislatura; permite troca de partidos pelos detentores de mandato por 30 dias sem punição por infidelidade partidária.

PROPOSTAS DE EC – CÂMARA DOS DEPUTADOS	
VEDAÇÃO DA REELEIÇÃO PARA CHEFE DO EXECUTIVO	
PEC nº 214/2019	Dispõe sobre a unificação das eleições no âmbito federal, estadual e municipal para os Poderes Executivo e Legislativo, prevê a sua realização nos meses de setembro, outubro e novembro, delimita a duração dos mandatos eletivos em cinco anos, põe fim ao instituto da reeleição para Presidente da República, dos Governadores de Estado, do Distrito Federal e Prefeitos dos Municípios.
PEC nº 376/2009	Estabelece a coincidência geral dos pleitos para todos os mandatos eletivos, aumenta de 8 para 10 anos o mandato de Senador, estabelece o mandato de 5 anos para todos os cargos eletivos e põe fim ao instituto da reeleição para os cargos do Poder Executivo.
PEC nº 77/2003	Suprime o §5º do art. 14 e dá nova redação ao §1º do art. 27, ao caput do art. 28, ao inciso I do art. 29, ao parágrafo único do art. 44, aos §§1º e 2º do art. 46 e ao caput do art. 82, para pôr fim à reeleição majoritária, determinar a simultaneidade das eleições e a duração de cinco anos dos mandatos para os cargos eletivos, nos níveis federal, estadual e municipal, nos Poderes Executivo e Legislativo.
PEC nº 186/1999	Proíbe a reeleição do Presidente da República, Governador e Prefeito; aumenta para 5 (cinco) anos a duração do mandato de Deputados e Vereadores e para 10 (dez) o dos Senadores, objetivando estabelecer a coincidência das eleições.
PEC nº 178/1999	Proíbe a reeleição para os cargos executivos e estabelece a coincidência geral das eleições em 2006, para mandatos de cinco anos, em todos os níveis dos Poderes Executivo e Legislativo.

Não fosse o bastante, há ainda propostas de emenda constitucional em trâmite em ambas as Casas do Congresso Nacional, com temáticas correlacionadas ao aprimoramento do instituto da reeleição dos Chefes do Poder Executivo, cujos objetivos são assim sintetizados: i) proibição da reeleição dos Chefes do Poder Executivo em períodos descontínuos (*PEC nº 393/2014 e PEC nº 365/2013, ambas tramitando na Câmara dos Deputados*); e ii) necessidade de desincompatibilização dos Chefes do Poder Executivo para se candidatar à reeleição para o mesmo cargo (*PEC nº 140/1999, tramitando na Câmara dos Deputados, e PEC nº 37/2020, 48/2012 e 73/2011, todas tramitando no Senado Federal*).

Diante desse abundante quadro da seara legislativa, o que se pode concluir é que os ânimos contrários à reeleição dos Chefes do Poder Executivo, ao lado de questões a ela relacionadas, ainda se fazem presentes nas discussões constitucionais observadas na contemporaneidade brasileira.

Assim, tendo em vista que a introdução da reeleição para os cargos dos Chefes do Poder Executivo se tornou um marco na história constitucional brasileira, revela-se essencial investigar o cenário político após a aprovação da referida Emenda Constitucional, buscando-se avaliar os efeitos da reeleição no presidencialismo brasileiro pós-Constituição de 1988, com ênfase nos governos de Fernando Henrique Cardoso, Luiz Inácio Lula da Silva e Dilma Vana Rousseff.

Portanto, nesse inesgotável enfrentamento é que se pondera: passados mais de vinte anos da adoção da reeleição do Chefe do Poder Executivo Federal no Brasil, a introdução do instituto deve ser encarada como um avanço ou como um retrocesso no contexto constitucional brasileiro?

CAPÍTULO 3

AS EXPERIÊNCIAS DA REELEIÇÃO NO PRESIDENCIALISMO BRASILEIRO

A dinâmica do presidencialismo brasileiro pós-Constituição de 1988, corroborada pelo alto grau de multipartidarismo e pelo afastamento ideológico na formação das coligações e coalizões partidárias, vem demonstrando fragilidades que refletem diretamente no reconhecimento e no exercício da oposição.[392]

Nessa perspectiva, Sérgio Antônio Ferreira Victor salienta:

> (...) ao pulverizar ao extremo o quadro partidário, enfraquece-se a capacidade de formação e de manutenção de uma oposição vigorosa ao governo, o que pode significar risco à própria democracia, à legalidade e à ordem constitucional.[393]

---

[392] Nos ensinamentos de Norberto Bobbio, Nicola Matteucci e Gianfranco Pasquino: "podemos definir a Oposição como a união de pessoas ou grupos que objetivam fins contrastantes com fins identificados e visados pelo grupo ou grupos detentores do poder econômico ou político; a estes, institucionalmente reconhecidos como autoridades políticas, econômicas e sociais, opõem os grupos de oposição a sua resistência, servindo-se de métodos e meios constitucionais e legais, ou de métodos e meios de outros tipos, mesmo ilegais e violentos. De tudo isso se pode deduzir um novo e mais específico significado de Oposição. Falamos daquele tipo particular de Oposição política que é a oposição parlamentar, a que hoje se faz geralmente referência, quando, num regime liberal-democrático, se fala simplesmente de Oposição. (...) Mas a Oposição parlamentar, embora seja o modelo mais comum e importante, não esgota a tipologia da Oposição". BOBBIO, Norberto; MATTEUCCI, Nicola; PASQUINO, Gianfranco. *Dicionário de política*. Tradução Carmem C. Varriale, João Ferreira et al. Brasília: Editora Universidade de Brasília, c1986, p. 846-847.

[393] VICTOR, Sérgio Antônio Ferreira. *Presidencialismo de coalizão*: exame do atual sistema de governo brasileiro. São Paulo: Saraiva, 2015, p. 148.

Por seu turno, ao examinar a interação entre democracia e oposição, Carlos Blanco de Morais ensina:

> A democracia envolve, no contexto dos direitos políticos, não só a proibição de cargos vitalícios em órgãos sujeitos à escolha do eleitorado, mas também a garantia dos direitos das oposições de não só poderem desenvolver regularmente a sua atividade política de contraponto ao poder e fiscalização ao Governo, mas de deterem oportunidade de um dia elas próprias formarem Governo à luz do princípio da alternância, submetendo o seu programa e os seus candidatos ao voto do eleitorado.[394]

Em sentido semelhante, Richard Pae Kim explica:

> No sistema democrático, a oposição possui importância ímpar, na medida em que, dentro do universo político, ela importa em contrariedade de um grupo a um poder ou autoridade, a fim de possibilitar a flexibilização e a possível alternância do controle governamental.[395]

Por sua vez, Lilian Márcia Balmant Emerique[396] sustenta que o "direito de oposição caracteriza-se como: direito de oposição, direito à oposição (liberdade de opor-se) e garantia institucional", e desempenha as funções – em um Estado Democrático de Direito – de "controle, divergência e alternância".

Ressalta-se que o Presidencialismo de Coalizão brasileiro,[397] na experiência pós-Constituição de 1988, tem evidenciado distúrbios

---

[394] MORAIS, Carlos Blanco de. *O sistema político no contexto da erosão da democracia representativa*. Lisboa: Almedina, 2017. (Manuais Universitários), p. 86.

[395] KIM, Richard Pae. Representação política e multipartidarismo. In: NORONHA, João Otávio de; KIM; Richard Pae (coord.). *Sistema político e direito eleitoral brasileiros*: estudos em homenagem ao Ministro Dias Toffoli. São Paulo: Atlas, 2016, p. 638.

[396] EMERIQUE, Lilian Márcia Balmant. *Direito fundamental como oposição política*: discordar, fiscalizar e promover alternância política. Curitiba: Juruá, 2006, p. 279 e 316.

[397] O Presidencialismo de Coalizão, conceito apresentado pelo cientista político Sérgio Abranches e propagado por diversos outros estudiosos do tema, possui as seguintes particularidades: "é um sistema caracterizado pela instabilidade, de alto risco e cuja sustentação baseia-se, quase exclusivamente, no desempenho corrente do governo e na sua disposição de respeitar estritamente os pontos ideológicos ou programáticos considerados inegociáveis, os quais nem sempre são explícita e coerentemente fixados na fase de formação da coalizão". ABRANCHES, Sérgio Henrique. Presidencialismo de coalizão: o dilema institucional brasileiro. *Dados – Revista de Ciências Sociais*, Rio de Janeiro, 1988, p. 27. Por seu turno, Sérgio Ferreira Victor esclarece que "o presidencialismo de coalizão brasileiro não é um sistema estável. (...) Pode ser bastante

que acabam por propiciar, em determinados momentos históricos, crises institucionais que afetam a governabilidade do país.

Nesse sentido, Rubens Beçak assevera:

> São diversas as críticas à atuação dos partidos políticos na contemporaneidade e, no que concerne à oposição, ao menos em âmbito federal, nosso chamado presidencialismo de coalizão acaba por sufocá-la em sua atuação hipertrófica.[398]

Nessa tênue interação entre partidos políticos e oposição (importante e necessária para a democracia), Maurice Duverger ensina que "o desenvolvimento contemporâneo dos partidos políticos, ao mesmo tempo em que modifica a separação dos poderes clássicos, transformou essa função de oposição"[399] e complementa sua argumentação, esclarecendo que "a índole da oposição se liga, estreitamente, ao quadro geral da luta entre os partidos".[400]

Tarcisio Vieira de Carvalho Neto, por seu turno, explica que a oposição política é princípio fundante da democracia, sendo a alternância no poder elemento integrante desse princípio.[401]

---

instável e certamente representa uma grave elevação nos custos da governabilidade." VICTOR, Sérgio Antônio Ferreira. *Presidencialismo de coalizão*: exame do atual sistema de governo brasileiro. São Paulo: Saraiva, 2015, p. 142. Cumpre registrar ainda que, em obra publicada em 2018, que abarca as raízes e a evolução do referido modelo político no Brasil, Sérgio Abranches reexamina o tema – passados 30 anos de experiência de Presidencialismo de Coalizão pós-Constituição de 1988 – e identifica que "(...) o presidencialismo de coalizão no Brasil é governável, tem capacidades institucionais bastante robustas, porém tem déficits que estão se aprofundando". ABRANCHES, Sérgio. *Presidencialismo de coalizão*: raízes e evolução do modelo político brasileiro. 1. ed. São Paulo: Companhia das Letras, 2018, p. 341.

[398] BEÇAK, Rubens. Reforma política, aprofundamento dos meios de participação democrática e a questão do *recall*. In: CAGGIANO, Monica Herman S. (org.). *Reforma Política*: um mito inacabado. Barueri, SP: Manole, 2017. (Série Culturalismo Jurídico / coord. Cláudio Lembo), p. 355.

[399] DUVERGER, Maurice. *Os partidos políticos*. Tradução Cristiano Monteiro Oiticica. 2. ed. Rio de Janeiro: Zahar; Brasília: Universidade de Brasília, 1980, p. 446-447.

[400] DUVERGER, Maurice. *Os partidos políticos*. Tradução Cristiano Monteiro Oiticica. 2. ed. Rio de Janeiro: Zahar; Brasília: Universidade de Brasília, 1980, p. 451.

[401] Tarcisio Vieira de Carvalho Neto ensina: "costuma-se dizer que a alternância é *conditio sine qua non* da democracia. Tecnicamente, a alternância não é propriamente princípio fundante da democracia, mas sim elemento integrante da oposição. (...) não pode haver, absolutamente, é democracia sem oposição". CARVALHO NETO, Tarcisio Vieira de. Reeleição no Brasil: efeitos perversos no processo eleitoral. In: CARVALHO NETO, Tarcisio Vieira de; FERREIRA, Telson Luís Cavalcante; GONZAGA NETO, Admar *et al*.

Seguindo essa linha argumentativa, compreende-se que, em ambientes democráticos, a alternância no poder deve ser encarada como fator determinante para a renovação dos governantes, sendo crucial, no contexto político brasileiro, diferenciar os cargos de natureza executiva e legislativa, conforme ensina Geraldo Ataliba:

> No Brasil, a alternância dos cargos de natureza executiva é peremptória, absoluta, categórica e irremissível. Assim, a periodicidade, em funções puramente legislativas, admite a reeleição; nas funções executivas implica necessariamente alternância.[402]

Assim, a fim de mitigar os riscos decorrentes da perpetuação de líderes políticos, carismáticos e populistas, eficientes ou não, na chefia do Poder Executivo, tem se revelado necessária, porém ainda não suficiente para afastar por completo os riscos de continuísmos, a presença dos seguintes elementos nos respectivos ordenamentos jurídicos: i) limites à duração dos mandatos; e ii) instrumentos que restrinjam a sucessiva e ilimitada reeleição.

Nesse prisma, Sérgio Abranches explica:

> A rotatividade no cargo e a renovação da liderança presidencial oxigenam a democracia e criam a oportunidade para mudanças de estilo e orientação das políticas públicas. A reeleição inibe o surgimento espontâneo de novas lideranças e permite ao presidente produzir um sucessor. A alternância tende a encorajar o respeito por experiências bem-sucedidas dos antecessores.[403]

O autor compreende ainda que, apesar das crises institucionais experimentadas no Brasil, dos *impeachments*[404] e da corrupção

---

(coord.). *Direito eleitoral*: aspectos materiais e processuais. São Paulo: Migalhas, 2016, p. 377. Ver também: CARVALHO NETO, Tarcisio Vieira de. O princípio da alternância no regime democrático. *Revista de Informação Legislativa*, v. 49, n. 196, p. 165-182, out./dez. 2012, p. 175.

[402] Explica o autor, nessa passagem: "evidente que essa diferença de tratamento sistemático entre as funções executivas e legislativas se dá exatamente em função da soma de poderes concretos que a Constituição põe nas mãos dos exercentes de funções executivas, em contraste com os postos nas mãos dos legisladores". ATALIBA, Geraldo. Reeleição das mesas do Legislativo. *Revista de Infomação Legislativa*, Brasília, ano 18, n. 69, jan. /mar. 1981, p. 53.

[403] ABRANCHES, Sérgio. *Presidencialismo de coalizão*: raízes e evolução do modelo político brasileiro. 1. ed. São Paulo: Companhia das Letras, 2018, p. 342.

[404] Sérgio Abranches, ao abordar os pontos críticos do presidencialismo de coalizão, afirma que, "com dois *impeachments* em trinta anos, entre quatro presidentes eleitos, tenho sérias

eleitoral, no período pós-Constituição de 1988, as sucessões presidenciais no Brasil, a partir de transições e eleições, democráticas e regulares, revelam que "(...) não existe risco em haver maior rotatividade na Presidência".[405]

Assim, nessa interação entre oposição e alternância no poder, sob a óptica do presidencialismo brasileiro, busca-se examinar os efeitos da reeleição do Chefe do Poder Executivo nas experiências dos governos dos Presidentes Fernando Henrique Cardoso, Luiz Inácio Lula da Silva e Dilma Vana Rousseff, nos quais o presidencialismo de coalizão restou marcado por tempos estáveis e, por vezes, profundamente instáveis.

Com vistas a introduzir essa instigante análise, destaca-se pronunciamento feito por Fernando Henrique Cardoso, em que defendeu que o somatório das amplas coalizões partidárias, a coincidência dos mandatos e a introdução da reeleição foram fatores que, em suas palavras, "ajudaram a manter a estabilidade política e consolidar a estabilidade econômica através das sucessivas crises financeiras externas que marcaram os oito anos do governo".[406]

Resta agora apurar a factibilidade, ou não, da referida assertiva no cenário político contemporâneo, marcado pelas labirínticas interfaces do presidencialismo de coalizão no Brasil e sua relação com o instituto da reeleição presidencial.

---

dúvidas se é mesmo possível falar num regime institucional totalmente funcional". ABRANCHES, Sérgio. *Presidencialismo de coalizão*: raízes e evolução do modelo político brasileiro. 1. ed. São Paulo: Companhia das Letras, 2018, p. 344. Em outra passagem, o autor ressalta que "(...) a probabilidade de *impeachment* no ciclo de fuga do presidencialismo de coalizão, quando a coalizão se dispersa, é muito alta, sempre". ABRANCHES, Sérgio. *Presidencialismo de coalizão*: raízes e evolução do modelo político brasileiro. 1. ed. São Paulo: Companhia das Letras, 2018, p. 348. Não obstante isso, após mais de trinta anos da Constituição de 1988, verifica-se que, mesmo com a experiência de dois *impeachments* nesse período, as instituições se preservaram. Assim, a funcionalidade do sistema foi, em parte, comprovada, mas, seguramente, poderia ser aprimorada com a existência de outros meios constitucionais e democráticos que possibilitassem, em situações delicadas, a alternância no poder sem a necessidade de se aguardar ao próximo pleito eleitoral ou sem depender unicamente do custoso processo de *impeachment*.

[405] ABRANCHES, Sérgio. *Presidencialismo de coalizão*: raízes e evolução do modelo político brasileiro. 1. ed. São Paulo: Companhia das Letras, 2018, p. 348.

[406] CARDOSO, Fernando Henrique; GRAEFF, Eduardo. O próximo passo. *Revista Plenarium*, ano IV, n. 4 (jun. 2007), Brasília: Câmara dos Deputados, Coordenação de Publicações, 2007, p. 43-44.

3.1 A reeleição de Fernando Henrique Cardoso

Como já salientado neste estudo, a reeleição presidencial foi introduzida durante o primeiro mandato de Fernando Henrique Cardoso, o que revela a importância de examinar os fatores, internos e externos, que incentivaram e contribuíram para a alteração da tradição constitucional brasileira que, desde a primeira Constituição republicana, primava pela vedação à reeleição presidencial.

De início, deve-se ter em mente, nos dizeres de Carlos Melo, que "todo governo tem seu desafio histórico".[407] Nesse sentido, o autor esclarece que, "em 1995, a memória do regime militar era viva, FHC assumia um país ainda ressentido com o impeachment de Fernando Collor de Mello".[408]

Como resultado das eleições presidenciais de 1994, Fernando Henrique Cardoso, do PSDB, elegeu-se, no primeiro turno, com 55,22% contra 39,97% dos votos válidos obtidos por Luiz Inácio Lula da Silva, do PT.[409]

Para tanto, Fernando Henrique Cardoso contou com o apoio da coalizão eleitoral composta por PSDB, PFL e PTB. Segundo Jairo Nicolau, esses partidos "(...) conquistaram, no total, 182 cadeiras (35,5%) da Câmara dos Deputados e controlaram ministérios ao longo de todo o período 1995-1998".[410]

Jairo Nicolau explica, ainda, que a formação do bloco governista dependeu do apoio e da participação do PMDB e, posteriormente do PPB, para se atingir, assim, o *quórum* mínimo para aprovação de Emendas Constitucionais:

> O PMDB foi convidado a participar do Ministério desde a posse, em 1995, incorporando formalmente ao bloco governista mais 107 deputados

---

[407] MELO, Carlos. Dilma: do desafio histórico à tecnocracia. *Interesse Nacional*, v. 6, n. 21, p. 61-70, abr./jun. 2013, p. 61.
[408] MELO, Carlos. Dilma: do desafio histórico à tecnocracia. *Interesse Nacional*, v. 6, n. 21, p. 61-70, abr./jun. 2013, p. 61-62.
[409] BRASIL. Tribunal Superior Eleitoral. *Consulta de resultados eleitorais*: eleições de 1988. Disponível em: http://www.tse.jus.br/eleicoes/eleicoes-anteriores/eleicoes-1994/resultados-das-eleicoes-1994/brasil/resultados-das-eleicoes-1994-brasil. Acesso em: 28 out. 2018.
[410] NICOLAU, Jairo. Disciplina partidária e base parlamentar na câmara dos deputados no primeiro governo Fernando Henrique Cardoso (1995-1998). *Dados – Revista de Ciências Sociais*, Rio de Janeiro, v. 43, n. 4, 2000, p. 709-735, p. 724.

(20,9%), o que garantiu ao governo a maioria absoluta (56,4%) das cadeiras da Câmara. Mas somente com a adesão formal do PPB, em 1996, quando o partido passou a fazer parte do Ministério, o governo garantiu o apoio de mais de três quintos da Câmara, patamar exigido para a reforma constitucional.[411]

O jogo de poder na formação e, especialmente, na manutenção da coalizão é um dos desafios para se garantir a governabilidade; esse fator não foi diferente no governo de Fernando Henrique Cardoso. Segundo Sérgio Abranches, as "coalizões são um jogo de poder. Poder é sempre um jogo de soma zero. Alguém cede poder, para alguém ganhar poder. Portanto, uma coalizão é uma cessão calculada de poder".[412]

Contextualizando essa questão no governo de Fernando Henrique Cardoso, Carlos Melo explica que, ante a crise econômica experimentada no primeiro governo do então Presidente, "a urgência impunha o pragmatismo do Congresso como preço da sobrevivência. Ele [Presidente] fez com que sua base compreendesse que ou bem a política viabilizava a economia, ou a inflação destruiria os governos".[413]

Por isso, Carlos Melo assevera:

> Não foi um governo de puros. FHC dividiu recursos e espaços com aliados. Mas, teve a virtude de perceber o desafio histórico e durante algum tempo, pelo menos, explorar a emergência das circunstâncias, o apoio de setores empresariais e aprovar importante agenda estrutural.[414]

Não obstante os enfretamentos, internos e externos, vivenciados por Fernando Henrique Cardoso, Carlos Melo destaca os avanços econômicos atingidos pelo Presidente com o Plano Real e outras medidas bem-sucedidas, ressaltando que:

> (...) a inflação, que desorganizava a economia e alargava a desigualdade social, foi controlada. Econômica e socialmente, o Plano Real significou

---

[411] NICOLAU, Jairo. Disciplina partidária e base parlamentar na câmara dos deputados no primeiro governo Fernando Henrique Cardoso (1995-1998). *Dados – Revista de Ciências Sociais*, Rio de Janeiro, v. 43, n. 4, 2000, p. 709-735, p. 724.

[412] ABRANCHES, Sérgio. *Presidencialismo de coalizão*: raízes e evolução do modelo político brasileiro. 1. ed. São Paulo: Companhia das Letras, 2018, p. 183.

[413] MELO, Carlos. Dilma: do desafio histórico à tecnocracia. *Interesse Nacional*, v. 6, n. 21, p. 61-70, abr./jun. 2013, p. 64.

[414] MELO, Carlos. Dilma: do desafio histórico à tecnocracia. *Interesse Nacional*, v. 6, n. 21, p. 61-70, abr./jun. 2013, p. 64.

profunda modernização do país. Iniciou um processo de distribuição de renda, redefiniu o papel e o tamanho do Estado, fez a mais decidida abertura comercial, até então.[415]

Ocorre que, se, de um lado, é fato incontroverso que a economia brasileira se estabilizou com o sucesso da agenda econômica e com a aprovação popular do primeiro mandato de Fernando Henrique Cardoso, de outro lado, indaga-se o quanto seria necessária sua reeleição para a continuação desse projeto. E mais: quais seriam os custos e desafios para tanto?

No decorrer desta pesquisa, foram abordados os debates da reeleição presidencial a partir da Proposta de Emenda Constitucional nº 1/1995, a sua tramitação na Câmara dos Deputados e no Senado Federal e a promulgação da Emenda Constitucional nº 16/1997.

Como visto, foi inédita a introdução da reeleição para os cargos dos Chefes do Poder Executivo Federal no Brasil. Todavia, Sérgio Abranches, ao dissertar sobre a referida Emenda Constitucional, que teria como resultado permitir a reeleição de Fernando Henrique Cardoso, explica que "essa iniciativa seria um divisor de águas no seu primeiro mandato".[416] E segue argumentando:

> Antes, ele era um presidente popular, ancorado num programa econômico com forte apoio geral. Propunha medidas que estavam associadas ao sucesso do Real. Depois da entrada da reeleição na agenda, passou a ser um presidente que dependia de sua coalizão para realizar o seu projeto político pessoal. O custo de compensações colaterais, na primeira situação, era baixo. Os custos compensatórios da segunda eram altos.[417]

Ressalta-se, ademais, que a referida Emenda Constitucional sofreu influência de outros países latino-americanos que haviam alterado os respectivos textos constitucionais para permitir a

---

[415] MELO, Carlos. Dilma: do desafio histórico à tecnocracia. *Interesse Nacional*, v. 6, n. 21, p. 61-70, abr./jun. 2013, p. 62.

[416] ABRANCHES, Sérgio. *Presidencialismo de coalizão*: raízes e evolução do modelo político brasileiro. 1. ed. São Paulo: Companhia das Letras, 2018, p. 183.

[417] ABRANCHES, Sérgio. *Presidencialismo de coalizão*: raízes e evolução do modelo político brasileiro. 1. ed. São Paulo: Companhia das Letras, 2018, p. 183.

continuação do Chefe do Poder Executivo no poder, destacando-se o apoio do então Presidente argentino, Carlos Menem, à reeleição de Fernando Henrique Cardoso.[418]

Já no prisma interno, por outro lado, os desafios, apesar de superados, revelaram, ainda mais, o quanto é significativo, no Presidencialismo brasileiro, o jogo de poder das coalizões.

Abranches explica que Fernando Henrique Cardoso, no tocante à proposta de reeleição presidencial, "(...) preferia o impossível, que tudo fosse discutido em tese, se era bom ou não para o país, mas sem envolvê-lo".[419]

Em artigo publicado na Folha de São Paulo, Ives Gandra da Silva Martins, ao abordar o papel do cidadão na democracia brasileira, registra:

> (...) os políticos perdem a noção de que estão representando o povo e se consideram apenas donos do poder. O presidente Fernando Henrique deixa de lado as reformas estruturais para considerar o projeto de reeleição o mais relevante de seu governo, pois será dele beneficiário direto. O PPB, o PT e parte do PMDB opõem-se ao projeto, pois aspiram a que seus candidatos ocupem a presidência em 98, e a reeleição será um obstáculo real a tais aspirações.[420]

Como se verificou, o desejo de Fernando Henrique Cardoso – de manter-se à distância nessa discussão – não se mostrou de todo possível, pois, conforme relatado por Sérgio Abranches:

> A reação na coalizão foi imediata e esperada, os líderes dos dois partidos-pivô, Inocêncio de Oliveira, do PFL, e Michel Temer, do PMDB, não aceitaram discutir a reeleição. Era um sinal de que, para ela entrar realmente na pauta, o governo teria que pagar pedágio. (...) O Congresso não discutiria a reeleição, em tese, como queria FHC, mas discutiria a reeleição dele, estendendo esse direito aos futuros presidentes. Ele pagaria todo o custo da realização de um projeto pessoal. A evocação do

---

[418] JORNAL DO BRASIL. Menem insiste em reeleição para FH. 8 de abril de 1996. *In*: MENDONÇA FILHO. *Reeleição*: aprimorando o sistema presidencial brasileiro. Brasília: Câmara dos Deputados, Coordenação de Publicações, 1998, p. 89.

[419] ABRANCHES, Sérgio. *Presidencialismo de coalizão*: raízes e evolução do modelo político brasileiro. 1. ed. São Paulo: Companhia das Letras, 2018, p. 184.

[420] FOLHA DE SÃO PAULO. Opinião. Ser cidadão. Ives Gandra da Silva Martins. 26 jan. 1997. Disponível em: https://www1.folha.uol.com.br/fsp/1997/1/26/opiniao/10.html. Acesso em: 11 dez. 2018.

tema interferiu na negociação das reformas, que já enfrentavam mais dificuldade do que as anteriores.[421]

Com efeito, as pressões partidárias por aumento de participação no governo se fizeram presentes. Nesse ponto, Fernando Henrique Cardoso relata que "há dificuldade de manejar tantos partidos com interesses tão distintos; às vezes, o que é o pior, são os mesmos interesses, partidos querendo as mesmas coisas e não podendo".[422]

Logo, a aprovação da reeleição presidencial não seria tarefa fácil, mesmo com a expressiva aprovação popular da agenda econômica do primeiro governo de Fernando Henrique Cardoso. Para tanto, foi preciso uma reforma ministerial, compreendida da seguinte forma por Sérgio Abranches:

> Reforma ministerial com o jogo andando é um quebra-cabeça em múltiplas dimensões, que jamais fecha de todo. Independentemente da representatividade das peças colocadas no tabuleiro ministerial e da proporcionalidade que guardem com o peso relativo de cada partido na coalizão, sempre haverá mais insatisfeitos do que recompensados.[423]

Por certo, é evidente a dificuldade na distribuição de cargos de forma equilibrada e proporcional aos partidos que compõem a coalizão de governo. Todavia, deve-se reconhecer que, ao lado do fator quantidade, revela-se ainda mais relevante o fator orçamento da pasta ministerial. Segundo Frederico Bertholini e Carlos Pereira, "o interesse em fazer parte de uma coalizão é diretamente associado ao orçamento dos ministérios, com as oportunidades possíveis para a realização de políticas e com ganhos eleitorais esperados".[424]

---

[421] ABRANCHES, Sérgio. *Presidencialismo de coalizão*: raízes e evolução do modelo político brasileiro. 1. ed. São Paulo: Companhia das Letras, 2018, p. 184-185.
[422] CARDOSO, Fernando Henrique. *Diários da presidência*. São Paulo: Companhia das Letras, 2015. 2 v., p. 79.
[423] ABRANCHES, Sérgio. *Presidencialismo de coalizão*: raízes e evolução do modelo político brasileiro. 1. ed. São Paulo: Companhia das Letras, 2018, p. 189.
[424] BERTHOLINI, Frederico; PEREIRA, Carlos. Pagando o preço de governar: custos de gerência de coalizão no presidencialismo brasileiro. *Revista de Administração Pública*, Rio de Janeiro, v. 51, n. 4, p. 528-550, ago. 2017. Disponível em: http://www.scielo.br/scielo.php?script=sci_arttext&pid=S0034-76122017000400528&lng=en&nrm=iso. Acesso em: 20 jan. 2019, p. 531.

Nessa perspectiva, ao examinar a reforma ministerial realizada por Fernando Henrique Cardoso, Sérgio Abranches afirma: "o que não se dizia abertamente mas todos já sabiam, era que essa remexida ministerial já estava entrelaçada com a reeleição".[425]

Já em uma análise social, o autor pontua que a popularidade do Presidente foi um fator que também contribuiu para a aprovação da reeleição:

> O ambiente favoreceria o "candidato do Real", se continuasse até o segundo semestre de 1998. Em meados de setembro, pesquisa do Datafolha mostrou que 31% eram favoráveis à emenda da reeleição para valer para FHC, e 16%, para valer para o presidente seguinte. Mas 46% eram contrários. Logo, eram 47% a favor e 46% contra. A opinião pública estava dividida. (...) Era inevitável que ele se dispusesse a batalhar pela reeleição e que sua equipe o pressionasse como única alternativa de continuidade. Sua popularidade se mantinha firme no mesmo patamar de 1995, com 43% de aprovação e 17% de desaprovação. O Plano Real seguia tendo apoio popular, 71% o consideravam bom para o país.[426]

Durante a tramitação da Proposta de Emenda Constitucional nº 1/1995 até a aprovação da Emenda Constitucional nº 16/1997, foram expressivas as disputas, *intra* e *inter*, partidárias.

Os partidos se dividiram e as coalizões almejaram mais participação no governo. Portanto, sob a óptica de hoje, é inegável que o custo para a aprovação da reeleição foi alto.

Entre os vários exemplos dos enfrentamentos experimentados por Fernando Henrique Cardoso, destaca-se a divisão estabelecida dentro do PMDB.

Uma ala do partido, composta, entre outros, pelo Presidente do PMDB à época, Paes de Andrade, posicionava-se contrária ao instituto da reeleição presidencial nos moldes propostos; todavia outra ala, numericamente expressiva, apoiava a eleição de Michel Temer para a presidência da Câmara dos Deputados e se articulou, tendo o seu apoio se revelado determinante para a aprovação da

---

[425] ABRANCHES, Sérgio. *Presidencialismo de coalizão*: raízes e evolução do modelo político brasileiro. 1. ed. São Paulo: Companhia das Letras, 2018, p. 189.
[426] ABRANCHES, Sérgio. *Presidencialismo de coalizão*: raízes e evolução do modelo político brasileiro. 1. ed. São Paulo: Companhia das Letras, 2018, p. 191.

Proposta de Emenda Constitucional que permitiria a reeleição de Fernando Henrique Cardoso.[427]

Sérgio Abranches explica ainda que "a parcimônia em atender aos pleitos dos políticos, durante os três primeiros semestres do seu governo, permitiu a FHC compensar o alto custo médio da aprovação da emenda da reeleição".[428]

Assim, a proposta de emenda constitucional da reeleição foi aprovada pela Câmara dos Deputados e pelo Senado Federal, mesmo diante de crises e denúncias, em jornais de grande circulação, de compra de votos de Deputados Federais para a aprovação da emenda da reeleição.[429]

Após a promulgação, em sessão solene no Senado Federal, foi publicada no Diário Oficial da União a Emenda Constitucional nº 16/1997, em 5 de junho de 1997.

Abranches narra que, "no dia 20 de junho de 1998, Fernando Henrique anunciou sua candidatura e mudou a natureza da preferência eleitoral na avaliação coletiva".[430]

Em 4 de outubro de 1998, Fernando Henrique Cardoso, do PSDB, reelegeu-se Presidente. Alcançou, no primeiro turno, 53% dos votos válidos, enquanto Luiz Inácio Lula da Silva, do PT, obteve aproximadamente 32%.[431]

---

[427] "FHC já conta com o PMDB no debate da reeleição neste ano, apesar da decisão que o partido tomou há cinco meses. Ele foi informado sobre consulta do líder Michel Temer (SP) entre os deputados do partido. Na segunda maior bancada da Câmara, 55% são favoráveis à reeleição, 28% estão indecisos e 16% são contra. 'O presidente ficou feliz', disse Temer. Assim como o PPB do prefeito Paulo Maluf (São Paulo), o PMDB optou por se definir sobre a reeleição apenas no ano que vem. A ata da convenção de março é o principal trunfo do presidente do partido, deputado Paes de Andrade (CE), para atacar a reeleição de FHC e sustentar o lançamento de um candidato próprio à eleição presidencial de 1998. Paes busca o apoio da oposição à FHC para sua candidatura à presidência da Câmara. Igualmente candidato ao cargo, Temer insiste que o partido não pode ficar alheio ao debate". FOLHA DE SÃO PAULO. FHC defende 2º mandato em jantar. Lucio Vaz; Marta Salomon. 31 ago. 1996. Disponível em: https://www1.folha.uol.com.br/fsp/1996/8/31/brasil/26.html. Acesso em: 10 dez. 2018.

[428] ABRANCHES, Sérgio. *Presidencialismo de coalizão*: raízes e evolução do modelo político brasileiro. 1. ed. São Paulo: Companhia das Letras, 2018, p. 194.

[429] UOL NOTÍCIAS. Conheça a história da compra de votos a favor da emenda da reeleição. Disponível em: https://fernandorodrigues.blogosfera.uol.com.br/2014/06/16/conheca-a-historia-da-compra-de-votos-a-favor-da-emenda-da-reeleicao/. Acesso em: 23 maio 2019.

[430] ABRANCHES, Sérgio. *Presidencialismo de coalizão*: raízes e evolução do modelo político brasileiro. 1. ed. São Paulo: Companhia das Letras, 2018, p. 201.

[431] BRASIL. Tribunal Superior Eleitoral. *Consulta de resultados eleitorais*: eleições de 1988. Disponível em: http://www.tse.jus.br/eleicoes/eleicoes-anteriores/eleicoes-1994/resultados-das-eleicoes-1994/brasil/resultados-das-eleicoes-1994-brasil. Acesso em: 28 out. 2018.

Sérgio Abranches destaca, também, que, ao lado de Fernando Henrique Cardoso, foram eleitos dez governadores aliados e, "no Congresso, o resultado foi muito favorável à coalizão de FHC. (...) O núcleo da coalizão havia conquistado 74% das cadeiras em disputa".[432]

Leonardo Avritzer tece reflexões sobre a coalizão do governo do primeiro e do segundo mandato de Fernando Henrique Cardoso. Disserta que, apesar da baixa representatividade do partido do Presidente no primeiro governo, Fernando Henrique Cardoso conseguiu alcançar parte significativa de seus objetivos. Nesse sentido, assinala que "o PSDB fez 63 deputados federais (13%) nas eleições de 1994 e 71 (15%) nas eleições de 1998. Ainda assim, Fernando Henrique Cardoso consegue aprovar 84% das suas proposições de lei".[433]

Sérgio Abranches relata que, muito embora a taxa de aprovação da agenda política do Presidente tenha se revelado alta, o segundo governo de Fernando Henrique Cardoso se mostrou "(...) politicamente mais instável, e a gestão de sua coalizão custou mais em termos fiscais e concessões clientelistas do que no primeiro".[434]

Ao analisar os mandatos exercidos por FHC, Fernando Rodrigues pontua: "a coalizão que sustentou o presidente Fernando Henrique Cardoso começou com o Plano Real, em 1993. Terminou agora, em 2002, quando a moeda passa pela sua maior crise, com a inflação chegando à casa dos 10%".[435]

Se, de um lado, a economia já não sustentava o governo, de outro, Sérgio Abranches relembra que o custo se iniciou a partir da iniciativa da reeleição na pauta de Fernando Henrique Cardoso durante o seu primeiro mandato. Nas palavras do autor: "o aumento

---

[432] ABRANCHES, Sérgio. *Presidencialismo de coalizão*: raízes e evolução do modelo político brasileiro. 1. ed. São Paulo: Companhia das Letras, 2018, p. 202.
[433] AVRITZER, Leonardo. *Impasses da democracia no Brasil*. 1. ed. Rio de Janeiro: Civilização Brasileira, 2016, p. 34.
[434] ABRANCHES, Sérgio. *Presidencialismo de coalizão*: raízes e evolução do modelo político brasileiro. 1. ed. São Paulo: Companhia das Letras, 2018, p. 342-343.
[435] FOLHA DE SÃO PAULO. Coalizão de FHC começou e terminou com o Plano Real. Fernando Rodrigues. 19 dez. 2002. Disponível em: https://www1.folha.uol.com.br/folha/brasil/ult96u43713.shtml. Acesso em: 4 dez. 2018.

sistemático no custo do segundo mandato reforça minha convicção de que a reeleição foi a pior iniciativa de Fernando Henrique Cardoso".[436]

3.2 A reeleição de Luiz Inácio Lula da Silva

Após o exercício de dois mandatos presidenciais por Fernando Henrique Cardoso e da primeira experiência da reeleição presidencial no Brasil, foram elevadas as expectativas para o pleito eleitoral de 2002. A continuidade, ou não, da administração, agora não pelo mesmo governante, perpassaria novamente pelo assentimento popular.

Nas eleições presidenciais de 2002, sagrou-se vencedor do primeiro turno Luiz Inácio Lula da Silva, do PT, com 46,444% dos votos válidos, contra José Serra, do PSDB, com 23,196% dos votos válidos.[437] No segundo turno, Luiz Inácio Lula da Silva se elegeu Presidente por 61,271% contra 38,729% dos votos válidos obtidos por José Serra.[438]

Segundo Sérgio Abranches, "o PT foi o grande vitorioso das eleições de 2002. Além de eleger o presidente, aumentou significativamente suas bancadas".[439] Não obstante isso, Abranches afirma que "seria preciso trazer partidos adversários para formar a coalizão do governo".[440]

Essa situação é explicada por Leonardo Avritzer:

> O PT elegeu, nas eleições de 2002, 91 parlamentares, aproximadamente 17% do Congresso. Estes não eram suficientes para compor maioria no Congresso e alguns partidos se tornaram disponíveis para a formação de uma coalizão, entre eles, o PMDB. Não é de todo clara a relação entre

---

[436] ABRANCHES, Sérgio. *Presidencialismo de coalizão*: raízes e evolução do modelo político brasileiro. 1. ed. São Paulo: Companhia das Letras, 2018, p. 342-343.
[437] BRASIL. Tribunal Superior Eleitoral. *Consulta de Resultados Eleitorais*: eleições de 2002. Disponível em: http://www.tse.jus.br/eleicoes/eleicoes-anteriores/eleicoes-2002/candidaturas-votacao-e-resultados/resultado-da-eleicao-2002. Acesso em: 29 out. 2018.
[438] BRASIL. Tribunal Superior Eleitoral. *Consulta de Resultados Eleitorais*: eleições de 2002. Disponível em: http://www.tse.jus.br/eleicoes/eleicoes-anteriores/eleicoes-2002/candidaturas-votacao-e-resultados/resultado-da-eleicao-2002. Acesso em: 29 out. 2018.
[439] ABRANCHES, Sérgio. *Presidencialismo de coalizão*: raízes e evolução do modelo político brasileiro. 1. ed. São Paulo: Companhia das Letras, 2018, p. 229.
[440] ABRANCHES, Sérgio. *Presidencialismo de coalizão*: raízes e evolução do modelo político brasileiro. 1. ed. São Paulo: Companhia das Letras, 2018, p. 229.

o governo e a base aliada no início do governo Lula, mas o PT decidiu não aliar-se ao PMDB.[441]

Em sentido semelhante, Sérgio Abranches elucida que Luiz Inácio Lula da Silva assumiu a Presidência com um governo composto por uma grande, porém minoritária, coalizão. Descreve que o governo, "após a migração e fusão de legendas, tinha dez partidos, 254 deputados controlando 49,5% das cadeiras na Câmara e 31 senadores ocupando 38% das cadeiras no Senado".[442]

Com efeito, Leonardo Avritzer pontua que, no primeiro mandato do Presidente Luiz Inácio Lula da Silva, entre os desafios enfrentados pelo governo, parcela significativa se relacionou com a "(...) incapacidade de o partido do presidente deter maioria no Congresso ou estar próximo dele".[443] Por isso, o autor revela que "a solução inicial acabou sendo uma coalizão com partidos menores para a base do governo e a cooptação pouco ortodoxa de uma base maior no Congresso".[444]

Assim, ante a indispensabilidade de se formar uma maioria para a aprovação dos projetos do governo, Carlos Melo explica que o então Presidente teve que buscar apoio junto aos "(...) pequenos partidos, aliados históricos e, também adesistas de toda ordem".[445]

Por sua vez, José Paulo Martins Junior, ao abordar a distribuição ministerial do primeiro governo de Luiz Inácio Lula da Silva, explica:

> O primeiro gabinete ministerial de Lula durou de janeiro até dezembro de 2003. As pastas ministeriais foram distribuídas entre PT, PTB, PL, PSB, PDT, PPS, PCdoB e PV. O segundo ministério foi o mais longo de todos. Durou entre janeiro de 2004 até junho de 2005, quando explodiu a crise do Mensalão. O gabinete incluía ministros oriundos do PT, do PMDB,

---

[441] AVRITZER, Leonardo. *Impasses da democracia no Brasil*. 1. ed. Rio de Janeiro: Civilização Brasileira, 2016, p. 36.

[442] ABRANCHES, Sérgio. *Presidencialismo de coalizão*: raízes e evolução do modelo político brasileiro. 1. ed. São Paulo: Companhia das Letras, 2018, p. 232.

[443] AVRITZER, Leonardo. *Impasses da democracia no Brasil*. 1. ed. Rio de Janeiro: Civilização Brasileira, 2016, p. 36.

[444] AVRITZER, Leonardo. *Impasses da democracia no Brasil*. 1. ed. Rio de Janeiro: Civilização Brasileira, 2016, p. 37.

[445] MELO, Carlos. Dilma: do desafio histórico à tecnocracia. *Interesse Nacional*, v. 6, n. 21, p. 61-70, abr./jun. 2013, p. 64.

do PTB, do PL, do PSB, do PCdoB e do PV e excluía o PPS. (...) O terceiro gabinete ministerial se estendeu de julho de 2005 até março de 2006, quando diversos ministros saíram com vistas à disputa eleitoral daquele ano. A mudança mais importante com relação ao ministério anterior foi a incorporação do PP. Nessa fase do governo, estiveram representados o PT, o PMDB, o PTB, o PL, o PSB, o PP, o PCdoB e o PV. (...) A quarta e última equipe ministerial do primeiro governo Lula teve início em abril de 2006. Com exceção do PL, todos os partidos que integravam o gabinete anterior continuaram fazendo parte do Poder Executivo.[446]

É notável, portanto, que a coalizão formada pelo governo do Presidente Luiz Inácio Lula da Silva durante o seu primeiro mandato era ampla e heterogênea.

Não por outra razão, José Paulo Martins Junior assim pontua:

> A heterogeneidade da aliança tinha grande potencial para criar complicações para o governo, uma vez que não é plausível, mesmo em países em que a dimensão ideológica dos partidos não é muito acentuada como no Brasil, que um governo de esquerda consiga implantar sua agenda governamental com apoio de partidos de direita.[447]

Por sua vez, Sérgio Abranches entende que a coalizão do Presidente Luiz Inácio Lula da Silva, além de ampla e heterogênea, era contraditória em termos ideológicos. Nesse sentido, assevera: "(...) a coalizão, com o processo intenso de cooptação, chegou aos onze partidos e 370 cadeiras na Câmara, 72%, e sete partidos e 53 cadeiras, 65%, no Senado".[448]

Por sua vez, Leonardo Avritzer destaca a vulnerabilidade experimentada pelo primeiro mandato do Presidente Luiz Inácio Lula da Silva. Pontua que, ao ceder menos ministérios aos demais partidos e destinar parte relevante ao PT, o governo ficou exposto.

---

[446] MARTINS JUNIOR, José Paulo. Governistas e oposicionistas: padrões de votação nos governos Lula e Dilma. *In*: DANTAS, Humberto; TOLEDO, José Roberto; TEIXEIRA, Marco Antonio Carvalho (org.). *Análise política e jornalismo de dados*: ensaios a partir do basômetro. 1. ed. Rio de Janeiro: FGV, 2014, v. , p. 123-142, p. 126.

[447] MARTINS JUNIOR, José Paulo. Governistas e oposicionistas: padrões de votação nos governos Lula e Dilma. *In*: DANTAS, Humberto; TOLEDO, José Roberto; TEIXEIRA, Marco Antonio Carvalho (org.). *Análise política e jornalismo de dados*: ensaios a partir do basômetro. 1. ed. Rio de Janeiro: FGV, 2014, v. , p. 123-142, p. 129.

[448] ABRANCHES, Sérgio. *Presidencialismo de coalizão*: raízes e evolução do modelo político brasileiro. 1. ed. São Paulo: Companhia das Letras, 2018, p. 234-236.

Com efeito, eclodiu a CPI do Mensalão, em 2005. Em suas palavras, esclarece:

> Os obstáculos enfrentados pelo PT no governo se iniciaram com a sua incapacidade de realizar uma ampla aliança sem comprometer elementos da sua concepção de partido ou da sua relação com sua base política. Para efetivar seu programa político, o partido cedeu menos ministérios à sua coalizão de apoio no Congresso do que o fez FHC. Quando tomou tal decisão, acabou se tornando vulnerável, o que eventualmente conduziu à CPI do Mensalão em 2005.[449]

Carlos Melo explica que, diante da crise advinda do escândalo do Mensalão, tentando se preservar da oposição e dos interesses cada vez mais custosos dos aliados, "o governo buscou reforçar a maioria não pela reforma, mas pelo aprofundamento dos instrumentos de que dispunha: a distribuição de espaços no governo, o fisiologismo".[450]

Nesse sentido, Leonardo Avritzer destaca que o governo repensou sua coalizão e, a fim de aprimorar a capacidade decisória no Congresso Nacional, aliou-se, primordialmente, ao PMDB, distribuindo pastas ministeriais relevantes, entre elas, Saúde, Agricultura e Integração Nacional. Ou seja, nos dizeres do autor, "a reação do governo Lula e do PT à crise do mensalão foi o ajuste ao presidencialismo de coalizão".[451]

Somada a isso, a consagração de aliados nas Presidências da Câmara dos Deputados e do Senado Federal foi elemento para o governo no combate à crise instalada pelo Mensalão. De acordo com Leonardo Avritzer:

> A crise do mensalão é estabilizada de duas formas no segundo semestre de 2005: de um lado, o governo recupera, por meio de um partido estreitamente associado a ele, o PCdoB, o controle do Congresso [Câmara dos Deputados] na eleição para a sucessão de Severino Cavalcanti e com isso estanca o movimento de instabilidade política que se havia

---

[449] AVRITZER, Leonardo. *Impasses da democracia no Brasil*. 1. ed. Rio de Janeiro: Civilização Brasileira, 2016, p. 39.
[450] MELO, Carlos. Dilma: do desafio histórico à tecnocracia. *Interesse Nacional*, v. 6, n. 21, p. 61-70, abr./jun. 2013, p. 65.
[451] AVRITZER, Leonardo. *Impasses da democracia no Brasil*. 1. ed. Rio de Janeiro: Civilização Brasileira, 2016, p. 42.

instituído no começo daquele ano; de outro lado, o governo sinaliza para o PMDB que o tornará o principal partido da base aliada. Em contrapartida a tal posicionamento, o PMDB passa a ocupar, em caráter quase 'permanente', a presidência do Senado, primeiro com Renan Calheiros, depois com José Sarney.[452]

Sob o prisma socioeconômico do primeiro mandato do Presidente Luiz Inácio Lula da Silva, Carlos Melo destaca que o então Presidente "avançou numa agenda social que circunstâncias fiscais anteriores não permitiam – e a ideologia de setores do governo de FHC descartava categoricamente".[453]

Nessa perspectiva, o autor relata que, durante o primeiro mandato, o Presidente Luiz Inácio Lula da Silva buscou a estabilidade ao lado do crescimento e da distribuição, nos seguintes moldes: "mantendo cautela macroeconômica, utilizou instrumentos que, em anos anteriores – peremptória, às vezes, sectariamente –, seriam descartados por implicar 'custos fiscais' e riscos ao controle inflacionário".[454]

Ademais, Carlos Melo registra: "goste-se ou não, medidas como o Bolsa Família, o Prouni ou as cotas raciais, somadas à estabilidade da moeda, foram relevantes no conjunto das transformações históricas".[455]

Ao lado das medidas socioeconômicas que favoreciam o governo, a contenção dos efeitos negativos advindos da crise do Mensalão, mediante o reajuste do presidencialismo de coalizão, fortaleceu a popularidade de Luiz Inácio Lula da Silva, o que possibilitou a sua reeleição no pleito eleitoral de 2006.

Mônica Machado, ao estudar os discursos e as estratégias políticas para a reeleição dos Presidentes Fernando Henrique

---

[452] AVRITZER, Leonardo. *Impasses da democracia no Brasil*. 1. ed. Rio de Janeiro: Civilização Brasileira, 2016, p. 40.

[453] MELO, Carlos. Dilma: do desafio histórico à tecnocracia. *Interesse Nacional*, v. 6, n. 21, p. 61-70, abr./jun. 2013, p. 62. Cumpre esclarecer que o Bolsa Família é um exemplo de programa social derivado da conjugação de programas sociais anteriores, inclusive iniciados no Governo de Fernando Henrique Cardoso.

[454] MELO, Carlos. Dilma: do desafio histórico à tecnocracia. *Interesse Nacional*, v. 6, n. 21, p. 61-70, abr./jun. 2013, p. 62.

[455] MELO, Carlos. Dilma: do desafio histórico à tecnocracia. *Interesse Nacional*, v. 6, n. 21, p. 61-70, abr./jun. 2013, p. 62.

Cardoso e Luiz Inácio Lula da Silva, constatou que os candidatos utilizaram táticas semelhantes, isto é, fizeram "uso de linguagens argumentativas para efeito de persuasão".[456] Nos discursos, defendiam a continuidade dos "bons indicadores da área econômica da gestão anterior".[457]

Nesse sentido, Mônica Machado demonstra:

> Verificam-se inúmeros pontos de convergência entre as estratégias dos mandatários nas campanhas presidenciais de 1998 e 2006. (...) Enquanto Fernando Henrique buscava ativar a lembrança do eleitorado de que em seu governo a inflação foi controlada, promoveu a estabilidade econômica e assegurou o sucesso do Plano Real, Lula buscou salientar os indicadores de crescimento econômico relacionados ao desenvolvimento social. Ambos apontavam para a perspectiva de que o mundo futuro ficaria ainda melhor.[458]

Diante desses fatores, a autora sustenta que "é possível sugerir que em 1998 e em 2006 o discurso da continuidade sobressaiu-se ao da mudança".[459]

Assim, aponta que as estratégias utilizadas por ambos os candidatos à reeleição presidencial, em períodos e em realidades sociopolíticas distintas, aproximaram-se, pois almejavam "(...) gerar uma sensação retrospectiva no eleitorado através da explanação dos melhores indicadores de seus governos (...)".[460]

Com isso, é possível constatar que as estratégias políticas para a reeleição dos referidos Presidentes se basearam, tanto em 1998, quanto em 2006, na "(...) idealização de que quem está no poder deve ficar (...)",[461] como também despertaram o pressentimento, na

---

[456] MACHADO, Mônica. A retórica da reeleição: mapeando os discursos dos Programas Eleitorais (HGPE) em 1998 e 2006. *Opinião Pública*, Campinas, v. 15, n. 1, jun. 2009, p. 161.
[457] MACHADO, Mônica. A retórica da reeleição: mapeando os discursos dos Programas Eleitorais (HGPE) em 1998 e 2006. *Opinião Pública*, Campinas, v. 15, n. 1, jun. 2009, p. 163.
[458] MACHADO, Mônica. A retórica da reeleição: mapeando os discursos dos Programas Eleitorais (HGPE) em 1998 e 2006. *Opinião Pública*, Campinas, v. 15, n. 1, jun. 2009, p. 171.
[459] MACHADO, Mônica. A retórica da reeleição: mapeando os discursos dos Programas Eleitorais (HGPE) em 1998 e 2006. *Opinião Pública*, Campinas, v. 15, n. 1, jun. 2009, p. 178.
[460] MACHADO, Mônica. A retórica da reeleição: mapeando os discursos dos Programas Eleitorais (HGPE) em 1998 e 2006. *Opinião Pública*, Campinas, v. 15, n. 1, jun. 2009, p. 178.
[461] MACHADO, Mônica. A retórica da reeleição: mapeando os discursos dos Programas Eleitorais (HGPE) em 1998 e 2006. *Opinião Pública*, Campinas, v. 15, n. 1, jun. 2009, p. 178.

sociedade, de que "(...) o melhor mundo futuro é o candidato da situação".[462]

Assim, nas eleições de 2006, Luiz Inácio Lula da Silva, do PT, conquistou, no primeiro turno, 48,608% contra 41,635% dos votos válidos obtidos por seu adversário, Geraldo Alckmin, do PSDB.[463] No segundo turno, Luiz Inácio Lula da Silva se reelegeu com 60,827%, em face de 39,173% votos válidos alcançados por Geraldo Alckmin.[464]

Sérgio Abranches relata que a expressiva quantidade de votos no segundo turno fez com que o Presidente Luiz Inácio Lula da Silva atingisse, nesse período, o maior índice de popularidade de seu primeiro mandato.[465]

Segundo Abranches:

> O efeito campanha elevou sua aprovação a 53% no final de outubro. A desaprovação ficou em 15%. A popularidade líquida, em 56%. Os bons resultados do governo e seu excepcional desempenho nas ruas mantiveram Lula no poder.[466]

Interessante observar que Luiz Inácio Lula da Silva, em audiência pública realizada em 12 de dezembro de 1996 na Câmara dos Deputados, posicionou-se contrário aos moldes adotados para a introdução do instituto da reeleição no Brasil.[467]

Nesse mesmo sentido, o então Presidente, em entrevista divulgada em 4 de outubro de 2006, mesmo concluindo que seria reeleito, asseverou:

---

[462] MACHADO, Mônica. A retórica da reeleição: mapeando os discursos dos Programas Eleitorais (HGPE) em 1998 e 2006. *Opinião Pública*, Campinas, v. 15, n. 1, jun. 2009, p. 178.

[463] BRASIL. Tribunal Superior Eleitoral. *Consulta de resultados eleitorais*: eleições de 2006. Disponível em: http://www.tse.jus.br/eleicoes/eleicoes-anteriores/eleicoes-2006/candidaturas-e-resultados/resultado-da-eleicao-2006. Acesso em: 28 out. 2018.

[464] BRASIL. Tribunal Superior Eleitoral. *Consulta de resultados eleitorais*: eleições de 2006. Disponível em: http://www.tse.jus.br/eleicoes/eleicoes-anteriores/eleicoes-2006/candidaturas-e-resultados/resultado-da-eleicao-2006. Acesso em: 28 out. 2018.

[465] Sérgio Abranches pontua que "o governo Lula I terminou com a melhor avaliação dos governos da Terceira República. O Datafolha registrou, em meados de dezembro, aprovação de 52% e desaprovação de 14%. Uma popularidade líquida de 58%". ABRANCHES, Sérgio. *Presidencialismo de coalizão*: raízes e evolução do modelo político brasileiro. 1. ed. São Paulo: Companhia das Letras, 2018, p. 255.

[466] ABRANCHES, Sérgio. *Presidencialismo de coalizão*: raízes e evolução do modelo político brasileiro. 1. ed. São Paulo: Companhia das Letras, 2018, p. 254.

[467] *Vide* p. 92.

Quanto à reeleição, sou contra, como sempre fui, e espero que possamos voltar ao mandato de cinco anos, sem direito à reeleição. Aliás, o ex-presidente Fernando Henrique Cardoso vai carregar pelo resto da vida o gesto irresponsável de ter aprovado a reeleição em benefício próprio.[468]

Após as eleições de 2006, o PT se tornou a segunda maior bancada do Congresso Nacional, ficando atrás apenas do PMDB. Analisando a formação da base do governo do segundo mandato de Luiz Inácio Lula da Silva, a partir da constatação da quantidade de cadeiras obtidas pelos partidos nessa eleição, Sérgio Abranches descreve:

> Na Câmara, o PMDB fez a maior bancada, com 89 cadeiras, ou 17%. O PT elegeu 83 deputados e ficou com a segunda bancada, controlando 16% das cadeiras. O PSDB e o PFL elegeram 65 deputados cada, ficando com 13% das cadeiras. Os quatro maiores controlavam 59% da Câmara, uma divisão que dificultava a formação por Lula de uma coalizão majoritária enxuta.[469]

Como resultado disso, Sérgio Abranches constata que se formou uma "(...) coalizão ideologicamente disforme, com domínio clientelista, pois o centro clientelista passou a ter 53% e a centro-esquerda 47% dos votos da coalizão".[470] Logo, tornou-se, uma vez mais, evidente a dificuldade de se formar uma base de governo sólida, majoritária e coerente com partidos, como visto, tão dispares entre si.

De todo modo, mesmo heterogênea, ampla e instável, a coalizão do segundo mandato do governo de Luiz Inácio Lula da Silva, em termos de aprovação de medidas e da agenda política, foi bem-sucedida. Tudo isso em face da estabilidade econômica, dos projetos sociais e da popularidade pessoal do Presidente.

Leonardo Avritzer constata que Luiz Inácio Lula da Silva, "(...) em seu segundo mandato, sancionou em torno de 90% de suas

---

[468] ISTO É. "Sempre fui contra a reeleição" / Luiz Inácio Lula da Silva. *Isto é*, n. 1928, p. 28-32, 4 out. 2006. Acesso em: 12 mar. 2019, p. 31.
[469] ABRANCHES, Sérgio. *Presidencialismo de coalizão*: raízes e evolução do modelo político brasileiro. 1. ed. São Paulo: Companhia das Letras, 2018, p. 254.
[470] ABRANCHES, Sérgio. *Presidencialismo de coalizão*: raízes e evolução do modelo político brasileiro. 1. ed. São Paulo: Companhia das Letras, 2018, p. 254.

propostas e, dessa maneira, supostamente institucionalizando o presidencialismo de coalizão".[471]

Por seu turno, Sérgio Abranches aborda a popularidade do Presidente Luiz Inácio Lula da Silva e a capacidade de contenção, em seu governo, dos efeitos negativos dos escândalos de corrupção:

> A trajetória da popularidade de Lula não tem paralelo na história republicana brasileira. Sua enorme capacidade de comunicação e seu talento invulgar para o palanque, associados aos resultados concretos de seu governo para a população, lhe deram força no Congresso e a faculdade de eleger quem quisesse para sucedê-lo. Na macropolítica, ele estava blindado e era incontrastável na sociedade. Na micropolítica, conseguia neutralizar os problemas do dia a dia. Os mais graves, como os escândalos de corrupção, ele minimizava, usando seu poder social na macropolítica.[472]

A alta popularidade do então Presidente Luiz Inácio Lula da Silva fez com que entrasse em pauta, nos últimos anos de seu segundo mandato, o dilema referente à continuidade do projeto de governo do PT.

Nesse prisma, Octávio Amorim Neto e Igor Acácio relatam que, apesar de rejeitada em nível de comissão, "em 2009, parlamentares que apoiavam o então Presidente Lula iniciaram um debate legislativo para permitir que ele concorresse a um terceiro mandato".[473]

Como visto, a previsão constitucional da reeleição, apesar de não vedar o exercício de mais de dois mandatos presidenciais, estabelece a possibilidade de uma única reeleição consecutiva, o que afastou, por conseguinte, as chances do então Presidente Luiz Inácio Lula da Silva disputar o seu terceiro mandato consecutivo.

Não obstante isso, o resultado das eleições de 2010 revelou o quanto a popularidade de Luiz Inácio Lula da Silva e a força de

---

[471] AVRITZER, Leonardo. *Impasses da democracia no Brasil*. 1. ed. Rio de Janeiro: Civilização Brasileira, 2016, p. 42-43.

[472] ABRANCHES, Sérgio. *Presidencialismo de coalizão*: raízes e evolução do modelo político brasileiro. 1. ed. São Paulo: Companhia das Letras, 2018, p. 267.

[473] Tradução livre. AMORIM NETO, Octavio; ACÁCIO, P. Igor. Presidential term limits as a credible-commitment mechanism: the case of Brazil's military regime. Chapter prepared for the *Handbook of Presidential Term Limits*, edited by Robert Elgie and Alex Baturo, to be published by Oxford University Press in 2019, p. 19.

sua coalizão viabilizaram a continuidade do projeto político do PT com a escolha e vitória da sucessora, Dilma Vana Rousseff, para o cargo de Presidente da República.

3.3 A reeleição de Dilma Vana Rousseff

Nas eleições de 2010, a candidata Dilma Vana Rousseff, do PT, apoiada por Luiz Inácio Lula da Silva, conquistou, no primeiro turno, 46,91% contra 32,41% dos votos válidos obtidos por seu adversário, José Serra, do PSDB.[474]

No segundo turno, sagrou-se vencedora do pleito eleitoral, tornando-se a primeira mulher a ocupar o cargo da Presidência da República, com 56,05% em face de 43,95% dos votos válidos adquiridos por José Serra.[475]

Como resultado do pleito eleitoral de 2010, Sérgio Abranches observa que, ao lado da eleição de Dilma Rousseff para Presidência, "a coalizão lulista, que deveria apoiar Dilma Rousseff, ficou majoritária no Senado e na Câmara".[476]

Nesse ponto, o autor elucida que "(...) o PT conquistou, novamente, a maior bancada na Câmara, com 70 deputados. O PMDB, partido do vice-presidente, Michel Temer, ficou com a segunda, elegendo 66 deputados".[477]

Por seu turno, Leonardo Avritzer comenta que a então Presidente Dilma Rousseff "(...) herdou as principais características do presidencialismo de coalizão tal como foram adaptadas pelo governo Lula ao longo da década: as alianças com o PMDB no Congresso e as nomeações ministeriais de políticos do partido".[478]

---

[474] BRASIL. Tribunal Superior Eleitoral. *Consulta de resultados eleitorais*: eleições de 2010. Disponível em: http://www.tse.jus.br/eleicoes/eleicoes-anteriores/eleicoes-2010/candidaturas-votacao-e-resultados/estatisticas. Acesso em: 29 out. 2018.

[475] BRASIL. Tribunal Superior Eleitoral. *Consulta de resultados eleitorais*: eleições de 2010. Disponível em: http://www.tse.jus.br/eleicoes/eleicoes-anteriores/eleicoes-2010/candidaturas-votacao-e-resultados/estatisticas. Acesso em: 29 out. 2018.

[476] ABRANCHES, Sérgio. *Presidencialismo de coalizão*: raízes e evolução do modelo político brasileiro. 1. ed. São Paulo: Companhia das Letras, 2018, p. 268.

[477] ABRANCHES, Sérgio. *Presidencialismo de coalizão*: raízes e evolução do modelo político brasileiro. 1. ed. São Paulo: Companhia das Letras, 2018, p. 293.

[478] AVRITZER, Leonardo. *Impasses da democracia no Brasil*. 1. ed. Rio de Janeiro: Civilização Brasileira, 2016, p. 43.

Em complemento, o autor assevera que a aliança do PMDB se fortaleceu com a composição da chapa presidencial e a escolha de Michel Temer para a vice-presidência. Assim, afirma que "os três elementos conjuntamente dariam a Dilma uma forte base no parlamento e tranquilidade em relação à governabilidade, no sentido de aprovação de suas propostas no Congresso".[479]

Não obstante a expressividade da bancada composta por parlamentares do PT e do PMDB no Congresso Nacional, a coalizão do governo de Dilma Rousseff, composta por diversos partidos e herdada do governo de Luiz Inácio Lula da Silva, tornou-se ainda mais ampla, heterogênea e incongruente em termos ideológicos.

Nessa questão, em uma análise dos custos das coalizões heterogêneas nos governos de Fernando Henrique Cardoso, Luiz Inácio Lula da Silva e Dilma Vana Rousseff, Frederico Bertholini e Carlos Pereira destacam:

> A heterogeneidade ideológica das coalizões presidenciais no Brasil apresentou um salto para um novo patamar com a chegada do Partido dos Trabalhadores ao poder em 2003. De uma coalizão marcadamente de centro-direita durante o governo FHC passamos para uma coalizão extremamente diversa ideologicamente com a presença de partidos de extrema-direita a partidos de extrema-esquerda passando pelo centro dentro do governo Lula. O mesmo patamar de heterogeneidade ideológica tem sido reproduzido durante o governo de Dilma Rousseff.[480]

Esses dados, somados às evidentes diferenças de personalidade entre Luiz Inácio Lula da Silva e Dilma Vana Rousseff, contribuíram para a instabilidade política, sobretudo nos momentos de crises (e crises graves, com rumorosos casos de corrupção). Com efeito, a instabilidade se fez presente.

Ocorre que, se, por um lado, o desafio histórico de Dilma Rousseff, segundo Carlos Melo, "seria dar continuidade à transformação;

---

[479] AVRITZER, Leonardo. *Impasses da democracia no Brasil*. 1. ed. Rio de Janeiro: Civilização Brasileira, 2016, p. 43-44.

[480] BERTHOLINI, Frederico; PEREIRA, Carlos. Pagando o preço de governar: custos de gerência de coalizão no presidencialismo brasileiro. *Revista de Administração Pública*, Rio de Janeiro, v. 51, n. 4, p. 528-550, ago. 2017. Disponível em: http://www.scielo.br/scielo.php?script=sci_arttext&pid=S0034-76122017000400528&lng=en&nrm=iso. Acesso em: 20 jan. 2019, p. 537.

liberar o fluxo do desenvolvimento sustentável, sem retorno à inflação. Fazê-lo com inclusão social e aperfeiçoamento institucional",[481] por outro lado, constata-se que a então Presidente enfrentou "(...) um país esvaziado de política, sujeito ao fisiologismo, capaz de confundir a burocracia e tecnocracia com o bom governo".[482]

Assim, a coalizão de governo se revelou, em momentos distintos, fundamental e extremamente prejudicial para a governabilidade da Presidente Dilma Rousseff. Inicialmente, fundamental para a sua eleição em 2010 e para aprovação de parte da agenda política proposta pelo PT, posteriormente, mostrou-se prejudicial, à medida que se instalavam as crises políticas, econômicas e sociais no decorrer do seu mandato.

Ao tratar da relação e do desgaste entre a então Presidente e sua coalizão, Carlos Melo explica que, no governo de Dilma Rousseff, as negociações, *inter* e *intra* partidárias, foram se tornando cada vez mais difíceis, uma vez que, "após a reeleição – a terceira eleição, como foi o caso de Dilma – (...) quem já foi atendido quer mais e os novos aliados exigem também a sua parte".[483]

Carlos Melo ainda adverte:

> A grande base é uma ilusão numérica, politicamente frágil. Além da diversidade e da fragmentação de um grupo tão vasto, a voracidade fisiológica canibaliza os projetos do governo. Derrotas legislativas tornam-se mais frequentes e as vitórias, mais custosas.[484]

Somando os fatores elencados acima, o autor destaca que "Dilma é um quadro vinculado ao fazer, não ao negociar e articular",[485] o que contrasta com o perfil do então Presidente Luiz Inácio Lula da Silva.

---

[481] MELO, Carlos. Dilma: do desafio histórico à tecnocracia. *Interesse Nacional*, v. 6, n. 21, p. 61-70, abr./jun. 2013, p. 63.

[482] MELO, Carlos. Dilma: do desafio histórico à tecnocracia. *Interesse Nacional*, v. 6, n. 21, p. 61-70, abr./jun. 2013, p. 64.

[483] No caso, o autor se refere à terceira eleição no sentido da continuação do projeto político do PT, isto é, o exercício de dois mandatos pelo Presidente Luiz Inácio Lula da Silva e, em sequência, a eleição de Dilma Vana Rousseff para o referido cargo. O autor objetiva demonstrar, nessa explanação, como a manutenção da coalizão, em longo prazo, é desgastante. MELO, Carlos. Dilma: do desafio histórico à tecnocracia. *Interesse Nacional*, v. 6, n. 21, p. 61-70, abr./jun. 2013, p. 66.

[484] MELO, Carlos. Dilma: do desafio histórico à tecnocracia. *Interesse Nacional*, v. 6, n. 21, p. 61-70, abr./jun. 2013, p. 66.

[485] MELO, Carlos. Dilma: do desafio histórico à tecnocracia. *Interesse Nacional*, v. 6, n. 21, p. 61-70, abr./jun. 2013, p. 69.

Pode-se dizer, daí, que a estabilização e a contenção das crises experimentadas foram tarefas mais árduas e complexas para a Presidente Dilma Rousseff, quando comparadas às do então Presidente Luiz Inácio Lula da Silva.

Nesse contexto, Leonardo Avritzer registra que, entre 2012 e 2013, "o governo Dilma enfrentou sucessivas crises decorrentes da ampliação da disjunção entre governabilidade e legitimidade política".[486] Na visão do autor, os três principais enfrentamentos da Presidente Dilma Rousseff durante o seu primeiro mandato foram:

> (...) os problemas consecutivos de corrupção entre os ministros indicados por sua base política, que levaram à demissão de sete deles no primeiro ano de governo; uma rebelião conservadora da base do governo, que levou a derrotas em diversas propostas importantes, como nos casos do Código Florestal e do Decreto n. 8.243 sobre participação; e as manifestações de junho de 2013, que ajudaram a consolidar uma visão acerca da corrupção no sistema político e no governo.[487]

Quanto ao primeiro ponto – a crise ministerial e a demissão da base política – Leonardo Avritzer evidencia que esse fator foi crucial para acentuar a disjunção entre governabilidade e capacidade decisória, afetando, assim, a estabilidade e a legitimidade política do governo de Dilma Rousseff.[488]

Se o contexto político vivenciado por Dilma Rousseff durante os primeiros anos de mandato não foi fácil, os anos de 2014 e 2015 foram marcados por crises manifestadas em vários setores, indo além da seara política.

Sob a óptica econômica, Sérgio Abranches relata que os indicadores "estavam todos em deterioração no final de 2014. (...) O gasto público do governo nesse ano de esforço anticíclico sem efeito elevou brutalmente o déficit fiscal".[489]

---

[486] AVRITZER, Leonardo. *Impasses da democracia no Brasil*. 1. ed. Rio de Janeiro: Civilização Brasileira, 2016, p. 44.
[487] AVRITZER, Leonardo. *Impasses da democracia no Brasil*. 1. ed. Rio de Janeiro: Civilização Brasileira, 2016, p. 44.
[488] AVRITZER, Leonardo. *Impasses da democracia no Brasil*. 1. ed. Rio de Janeiro: Civilização Brasileira, 2016, p. 44-45.
[489] ABRANCHES, Sérgio. *Presidencialismo de coalizão*: raízes e evolução do modelo político brasileiro. 1. ed. São Paulo: Companhia das Letras, 2018, p. 295.

Não obstante as crises manifestadas no primeiro mandato da então Presidente, nas eleições de 2014, Dilma Rousseff, do PT, conquistou, no primeiro turno, 41,59% contra 33,55% e 21,32% dos votos válidos obtidos por Aécio Neves, do PSDB, e Marina Silva, do PSB, respectivamente.[490] No segundo turno, Dilma Rousseff se reelegeu com 51,64% em face de 48,36% votos válidos alcançados por Aécio Neves.[491]

O resultado eleitoral não alterou, todavia, o cenário crítico do governo.

Ao examinar o ano de 2015, Sérgio Abranches registra que houve retração da economia, com aumento da inflação e redução significativa da confiança dos investidores. Em fevereiro daquele ano, salienta que "o país perdeu o último grau de investimento e passou ao nível de risco nas três maiores agências de avaliação".[492]

Para além da perspectiva econômica e adentrando em uma análise relativa à popularidade da então Presidente durante esse mesmo ano, o autor destaca:

> Na sociedade, a impopularidade presidencial oscilava em torno de 65%, havia três meses. No final de fevereiro, o Datafolha registrou: 64% de desaprovação, 11% de aprovação, popularidade líquida de –71%. O *impeachment* tinha o apoio de 60%, e 58% achavam que a presidente devia renunciar.[493]

José Afonso da Silva ressalta que a crise política vivenciada naquele período histórico seria mais bem solucionada mediante a conciliação, sem a quebra do mandato presidencial, isto é, sem passar pelas duas formas constitucionais: renúncia ou *impeachment*. Todavia, essa solução conciliadora ficou prejudicada, pois, nos dizeres do autor: "cada pronunciamento da presidente da República

---

[490] BRASIL. Tribunal Superior Eleitoral. *Consulta de resultados eleitorais*: eleições de 2014. Disponível em: http://www.tse.jus.br/eleicoes/estatisticas/estatisticas-eleitorais. Acesso em: 29 out. 2018.
[491] BRASIL. Tribunal Superior Eleitoral. *Consulta de resultados eleitorais*: eleições de 2014. Disponível em: http://www.tse.jus.br/eleicoes/estatisticas/estatisticas-eleitorais. Acesso em: 29 out. 2018.
[492] ABRANCHES, Sérgio. *Presidencialismo de coalizão*: raízes e evolução do modelo político brasileiro. 1. ed. São Paulo: Companhia das Letras, 2018, p. 309.
[493] ABRANCHES, Sérgio. *Presidencialismo de coalizão*: raízes e evolução do modelo político brasileiro. 1. ed. São Paulo: Companhia das Letras, 2018, p. 309.

demonstra[va] sua incapacidade para promover uma conciliação geral em torno de um programa mínimo que restabelecesse a confiança nacional".[494]

A tensão social e o avanço das especulações sobre eventual *impeachment* da então Presidente também se manifestaram nas ruas:

> Em 13 de março de 2015, centenas de milhares de pessoas saíram às ruas de 23 estados e do Distrito Federal com camisas e bandeiras vermelhas. Portavam cartazes que já traziam a narrativa para o *impeachment* como uma revanche golpista dos perdedores das eleições de 2015. (...) No dia 16, mais de 1 milhão de pessoas pintadas de verde-amarelo, vestindo roupas e levando bandeiras com essas cores ocuparam as ruas de 26 estados e do Distrito Federal. O tema básico era "fora Dilma", um grito de guerra política que o PT havia usado e popularizado contra Collor e FHC.[495]

E não se encerrou por aí. No decorrer dos últimos anos do exercício da Presidência por Dilma Rousseff, especialmente em agosto de 2015 e março de 2016, novas manifestações polarizadas tomaram as ruas do país.[496]

José Afonso da Silva, ao tratar da governabilidade da Presidência exercida por Dilma Rousseff, do pedido de renúncia da então Presidente por ele assinado e da incidência, ou não, dos crimes de responsabilidade previstos na Constituição de 1988, pontuou, primeiro, que "as relações Executivo-Legislativo são, no presidencialismo brasileiro, um complicador da governabilidade"[497] para, em seguida, registrar que, apesar de favorável à renúncia da

---

[494] SILVA, José Afonso da. Crise política e sua solução institucional: reflexões sobre o controle político no Brasil. *Revista brasileira de Direito Público – RBdP*, v. 13, n. 51, p. 9-17, out./dez. 2015. Disponível em: http://bdjur.stj.jus.br/jspui/handle/2011/98109. Acesso em: 20 fev. 2019, p. 15.

[495] ABRANCHES, Sérgio. *Presidencialismo de coalizão*: raízes e evolução do modelo político brasileiro. 1. ed. São Paulo: Companhia das Letras, 2018, p. 299.

[496] ÉPOCA. 16 de agosto: as manifestações pelo Brasil. Disponível em: https://epoca.globo.com/tempo/noticia/2015/08/16-de-agosto-manifestacoes-pelo-brasil.html. Acesso em: 5 dez. 2018. Ver também: ESTADÃO. Maior manifestação da história do País aumenta pressão por saída de Dilma. Disponível em: https://politica.estadao.com.br/noticias/geral,manifestacoes-em-todos-os-estados-superam-as-de-marco-do-ano-passado,10000021047. Acesso em: 1 dez. 2018.

[497] SILVA, José Afonso da. Crise política e sua solução institucional: reflexões sobre o controle político no Brasil. *Revista brasileira de Direito Público – RBdP*, v. 13, n. 51, p. 9-17, out./dez. 2015. Disponível em: http://bdjur.stj.jus.br/jspui/handle/2011/98109. Acesso em: 20 fev. 2019, p. 11.

então Presidente, "a mera incompetência na gestão governamental não constitui motivo para o *impeachment*. Se o povo elegeu um mau governo, só o povo deve desfazê-lo em nova eleição".[498]

No âmbito do Judiciário, por sua vez, a Operação Lava Jato, iniciada em março de 2014 (e encerrada oficialmente em fevereiro de 2021), ganhava novos contornos, desdobramentos e grande repercussão. Nesse sentido, Sérgio Abranches assevera que "os inquéritos sobre o esquema de corrupção político-empresarial na Petrobras e em outras estatais avançavam, produzindo mais evidência contra lideranças dos partidos da coalizão".[499]

Além disso, iniciava-se, em 2015, a apuração, pelo Tribunal de Contas da União (TCU), das irregularidades nas contas de 2014 do governo de Dilma Rousseff.

Em 17 setembro de 2015, o pedido de *impeachment* da então Presidente Dilma Rousseff, elaborado por Hélio Bicudo e Miguel

---

[498] SILVA, José Afonso da. Crise política e sua solução institucional: reflexões sobre o controle político no Brasil. *Revista brasileira de Direito Público – RBdP*, v. 13, n. 51, p. 9-17, out./dez. 2015. Disponível em: http://bdjur.stj.jus.br/jspui/handle/2011/98109. Acesso em: 20 fev. 2019, p. 17.

[499] ABRANCHES, Sérgio. *Presidencialismo de coalizão*: raízes e evolução do modelo político brasileiro. 1. ed. São Paulo: Companhia das Letras, 2018, p. 297. Em julho de 2017, Luiz Inácio Lula da Silva foi condenado a 9 anos e 6 meses de prisão em processo que envolve a compra e reforma de apartamento triplex no Guarujá/SP. Em janeiro de 2018, por unanimidade, o Tribunal Regional Federal da 4ª Região manteve a condenação e ampliou a pena de prisão de Lula por corrupção passiva e lavagem de dinheiro. Em abril de 2018, a prisão de Lula foi determinada pelo ex-Juiz Sergio Moro. Em fevereiro de 2019, Lula foi condenado, em primeira instância (juíza substituta Gabriela Hardt), a 12 anos e 11 meses de prisão por corrupção e lavagem de dinheiro em ação da Operação Lava Jato que envolve reforma de sítio em Atibaia. Em abril de 2019, no caso do triplex, o STJ manteve a condenação, reduzindo a pena para 8 anos e 10 meses e 20 dias de reclusão. Em novembro de 2019, o STF, por 6 votos a 5, em viragem jurisprudencial, decidiu que a execução da pena só é possível após o trânsito em julgado da sentença condenatória. Com efeito, o Juízo da 12ª Vara Criminal Federal de Curitiba acolheu o pedido da defesa de Lula, autorizando que o ex-Presidente deixasse a prisão. Em outubro de 2020, Lula virou réu por lavagem de dinheiro em ação penal que discute doações ao Instituto Lula. A ação foi suspensa em decisão proferida pelo TRF da 4ª Região. Em março de 2021, o Ministro Edson Fachin declarou a incompetência do Juízo da 13ª Vara Federal de Curitiba para o processamento das ações penais contra Lula, por não se enquadrarem no escopo da Operação Lava Jato. Em abril de 2021, o plenário do Supremo Tribunal Federal, por 8 votos a 3, confirmou a referida decisão monocrática, anulando todos os processos contra Lula que tramitavam na referida Vara Federal. Registre-se que, em março de 2021, a 2ª Turma do STF reconheceu a parcialidade do ex-Juiz Federal Sergio Moro (suspeição do magistrado por agir no processo com motivação política) na condução da ação contra o ex-Presidente Lula no caso triplex. Em junho de 2021, a decisão da 2ª Turma foi confirmada pelo plenário da Corte, por 7 votos a 4. Com essas anulações, Lula passou a ser ficha limpa, teve seus direitos políticos restabelecidos, incluindo o direito de se candidatar.

Reale Jr., foi recebido pelo então Presidente da Câmara dos Deputados, Eduardo Cunha.[500]

Em 7 outubro de 2015, o TCU, em decisão unânime, emitiu parecer ao Congresso Nacional recomendando a rejeição das contas de 2014 do governo de Dilma Rousseff.[501]

Em 2 dezembro de 2015, o então Presidente da Câmara dos Deputados, Eduardo Cunha, aceitou o referido pedido de *impeachment*.[502]

É fato incontroverso que, no espectro político, a coalizão do governo já não se sustentava, sendo perceptível que a relação entre a então Presidente, Dilma Rousseff, e o seu Vice, Michel Temer, não contribuía para a estabilização e a contenção das crises, o que agravava ainda mais a interlocução da Presidente com o Congresso Nacional e afetava a sua governabilidade.

Nessa perspectiva, em carta divulgada em 7 de dezembro de 2015, o então Vice-Presidente, Michel Temer, de forma evidente, rompia com a Presidente Dilma Rousseff.[503]

Por essas razões, além de outras que acentuaram a crise do governo de Dilma Rousseff, Sérgio Abranches sintetiza que "o ano de 2015 fechou com balanço claramente negativo para Dilma Rousseff, em todas as áreas – econômica, política, social e judicial".[504]

---

[500] CÂMARA DOS DEPUTADOS. Notícias. Cunha recebe pedido de impeachment de Dilma elaborado por Hélio Bicudo. Disponível em: https://www2.camara.leg.br/camaranoticias/noticias/POLITICA/496297-CUNHA-RECEBE-PEDIDO-DE-IMPEACHMENT-DE-DILMA-ELABORADO-POR-HELIO-BICUDO.html. Acesso em: 15 dez. 2018.

[501] TRIBUNAL DE CONTAS DA UNIÃO. Notícias. TCU conclui parecer sobre contas prestadas pela Presidente da República referentes a 2014. Disponível em: https://portal.tcu.gov.br/imprensa/noticias/tcu-conclui-parecer-sobre-contas-prestadas-pela-presidente-da-republica-referentes-a-2014.htm. Acesso em: 10 abr. 2019. Ver também: BBC. Brasil. TCU recomenda ao Congresso rejeitar contas de Dilma: o que acontece agora? Disponível em: https://www.bbc.com/portuguese/noticias/2015/10/151007_rejeicao_tcu_ms_ab. Acesso em: 15 dez. 2018.

[502] CÂMARA DOS DEPUTADOS. Notícias. Eduardo Cunha aceita pedido de *impeachment* da Presidente Dilma Rousseff. Disponível em: https://www2.camara.leg.br/camaranoticias/noticias/POLITICA/501111-EDUARDO-CUNHA-ACEITA-PEDIDO-DE-IMPEACHMENT-DA-PRESIDENTE-DILMA-ROUSSEFF.html. Acesso em: 15 dez. 2018. Ver também: G1. Globo. Eduardo Cunha autoriza abrir processo de impeachment de Dilma. Disponível em: http://g1.globo.com/politica/noticia/2015/12/eduardo-cunha-informa-que-autorizou-processo-de-impeachment-de-dilma.html. Acesso em: 5 jan. 2019.

[503] EBC. Agência Brasil. Vice-Presidência confirma teor de carta de Temer a Dilma. Disponível em: http://agenciabrasil.ebc.com.br/politica/noticia/2015-12/vice-presidencia-confirma-teor-de-carta-enviada-por-temer-presidenta. Acesso em: 15 dez. 2018.

[504] ABRANCHES, Sérgio. *Presidencialismo de coalizão*: raízes e evolução do modelo político brasileiro. 1. ed. São Paulo: Companhia das Letras, 2018, p. 309.

Com efeito, o primeiro ano do segundo mandato da então Presidente, somando aos custos e desafios do primeiro mandato, revelou a fragilidade do governo de forma praticamente irreversível, haja vista que, segundo Sérgio Abranches, "o governo já estava paralisado, e a governabilidade por um fio".[505]

Por seu turno, o ano de 2016 ficou marcado pelo processo de *impeachment* da Presidente Dilma Rousseff.

Em breve e apertada síntese, após longo processo e diversas sessões na Câmara dos Deputados e no Senado Federal, em sessão no Senado Federal realizada em 31 de agosto de 2016 e presidida pelo então Presidente do Supremo Tribunal Federal, Ricardo Lewandowski, a então Presidente Dilma Rousseff foi destituída do cargo por 61 votos a 20.[506]

Registra-se que, nessa mesma sessão, foi julgado destaque[507] referente à cassação, ou não, dos direitos políticos por oito anos da então Presidente, que atingiu o seguinte resultado: 42 votos pela inabilitação por oito anos, 36 votos contrários e três abstenções. Assim, por não ter sido atingido o mínimo de votos necessários para aplicação dessa pena, a então Presidente Dilma Rousseff teve seus direitos políticos mantidos.

Após o exercício como Presidente interino, enquanto Dilma Rousseff estava afastada da Presidência, e posteriormente à destituição da então Presidente do cargo, Michel Temer, que fora eleito

---

[505] ABRANCHES, Sérgio. *Presidencialismo de coalizão*: raízes e evolução do modelo político brasileiro. 1. ed. São Paulo: Companhia das Letras, 2018, p. 309.

[506] De acordo com Nelson Jobim, "foram observadas as regras constitucionais e legais. A defesa exerceu o seu direito em toda a sua plenitude e extensão. O debate foi amplo na Câmara dos Deputados e no Senado Federal. Ambas as casas do Congresso Nacional votaram a matéria. Decidiu a Câmara pela correção da denúncia. O Senado decidiu pela prática de crime de responsabilidade e emitiu, também, o juízo de conveniência ao determinar a perda do mandato. Por fim, o procedimento foi vigiado pelo STF, que produziu decisões intercorrentes, e que ainda deverá pronunciar outras tantas. A nação a tudo assistiu pela televisão". JOBIM, Nelson. Ainda o *impeachment*. fluxograma (II). golpe? *Zero Hora*, Porto Alegre, 17 out. 2016. Notícias, p. 27. Disponível em: www.stf.jus.br/arquivo/biblioteca/PastasMinistros/NelsonJobim/ArtigosJornais/1081234.pdf. Acesso em: 20 jan. 2019.

[507] SENADO FEDERAL. *Glossário legislativo*. Disponível em: https://www12.senado.leg.br/noticias/glossario-legislativo#D. Acesso em: 23 abr. 2019. Destaque para votação em separado (DVS): Recurso utilizado para votar separadamente parte da proposição submetida ao exame dos parlamentares, retirada especificamente para esse fim. Essa parte da proposição a ser votada só integrará o texto da matéria depois de aprovada na chamada votação em separado. Ver voto em separado. Disponível em: https://www12.senado.leg.br/noticias/glossario-legislativo#D Acesso em: 23 abr. 2019.

Vice-Presidente em 2014, tomou posse definitiva, em 31 de agosto de 2016, como Presidente da República, exercendo o cargo até o dia 1º de janeiro de 2019.

O então Presidente Michel Temer não disputou a reeleição no pleito eleitoral de 2018, muito embora não houvesse vedação constitucional para tanto. Ao abordar o instituto da reeleição em seus estudos, Michel Temer ensina:

> A possibilidade da reeleição privilegia, assim, o princípio da participação popular porque confere ao povo a possibilidade de um duplo julgamento: o do programa partidário e do agente executor desse programa (chefe do Poder Executivo). Talvez por essa razão o sistema jurídico norte-americano autorize a reeleição. E ninguém pode dizer que ali não se pratica a democracia.[508]

É interessante observar que, a partir da sinalização de Michel Temer, em 20 março de 2018, no sentido de que tentaria a reeleição,[509] foram acentuadas as crises que acabaram por prejudicar, ainda mais, a sua imagem e popularidade. Como se pode verificar, no mês de março de 2018, ao ser questionado sobre a disputa à reeleição, afirmou, preliminarmente, o então Presidente: "não é improvável. Mas não decidi ainda".[510] Posteriormente, declarou: "seria uma covardia não ser candidato".[511]

Durante seu curto governo, a recuperação econômica é fato incontroverso.

Todavia, esse elemento não foi suficiente para a confirmação de seu nome como candidato do MDB para as eleições presidenciais de 2018. De 2017 a 2018, foram várias as crises, destacando-se, entre outras: i) investigações relativas ao Decreto dos Portos e decisão judicial pela quebra de sigilo bancário do então Presidente; ii) escândalo do grupo JBS; iii) derrota no Congresso Nacional na

---

[508] TEMER, Michel. *Constituição e política*. São Paulo: Malheiros, 1994, p. 27.
[509] ISTO É. Temer assume candidatura à Presidência. Disponível em: https://istoe.com.br/exclusivo-temer-assume-candidatura-a-presidencia/. Acesso em: 10 mar. 2019.
[510] PODER 360. Temer diz que 'não é improvável' que concorra a reeleição. Disponível em: https://www.poder360.com.br/governo/temer-diz-que-nao-e-improvavel-que-concorra-a-reeleicao/ Acesso em: 2 abr. 2019.
[511] O GLOBO. As idas e vindas de Michel Temer sobre a reeleição. Disponível em: https://oglobo.globo.com/brasil/as-idas-vindas-de-michel-temer-sobre-reeleicao-22701585. Acesso em: 10 abr. 2019.

aprovação da reforma da previdência e da privatização da Eletrobras; iv) intervenção federal no Rio de Janeiro; v) greve dos caminhoneiros; vi) crise migratória e intervenção federal em Roraima.[512]

Todas essas questões, além de outras, foram fatores potenciais para a queda da (já baixa) popularidade do então Presidente, não obstante o sucesso obtido na recuperação econômica do país.

Com efeito, o então Presidente Michel Temer declarou, no final de maio de 2018, apoio à candidatura de Henrique Meirelles como candidato do MDB para as eleições presidenciais de 2018.[513]

Como resultado do pleito eleitoral de 2018, o candidato Jair Messias Bolsonaro, então integrante do PSL, conquistou, no primeiro turno, 46,03% contra 29,28% dos votos válidos obtidos pelo segundo colocado, Fernando Haddad, do PT, que foi apoiado pelo então Presidente Luiz Inácio Lula da Silva.[514] No segundo turno, Jair Bolsonaro se sagrou vencedor, com 55,13% em face de 44,87% dos votos válidos adquiridos por Fernando Haddad, tornando-se, assim, Presidente da República.[515]

Primeiro mandato de Jair Messias Bolsonaro na Presidência da República e eleições presidenciais de 2022: breves apontamentos

De acordo com Sérgio Abranches, as eleições de 2018 foram disruptivas:[516] o protagonismo de PSDB e PT na disputa presidencial

---

[512] PODER 360. Planalto em 2018: Temer enfrentou crises mesmo com marasmo de ano eleitoral. https://www.poder360.com.br/governo/planalto-em-2018-temer-enfrentou-crises-mesmo-com-marasmo-de-ano-eleitoral/. Acesso em: 12 mar. 2019.

[513] ESTADÃO. Temer desiste do projeto de reeleição e anuncia candidatura de Meirelles. Disponível em: https://politica.estadao.com.br/noticias/geral,temer-desiste-da-reeleicao-e-anuncia-apoio-a-henrique-meirelles,70002319154. Acesso em: 5 out. 2018.

[514] BRASIL. Tribunal Superior Eleitoral. *Consulta de resultados eleitorais*: eleições de 2018. Disponível em: http://divulga.tse.jus.br/oficial/index.html. Acesso em: 2 nov. 2018.

[515] BRASIL. Tribunal Superior Eleitoral. *Consulta de resultados eleitorais*: eleições de 2018. Disponível em: http://divulga.tse.jus.br/oficial/index.html. Acesso em: 2 nov. 2018.

[516] Octavio Amorim Neto e Gabriel Alves Pimenta apontam que a eleição de Donald Trump à Presidência dos Estados Unidos também foi disruptiva. Segundo os autores, o exercício de um Presidente norte-americano com características populistas de extrema direita ajudou a candidatura de Jair Messias Bolsonaro no pleito eleitoral de 2018. AMORIM NETO, Octavio; PIMENTA, Gabriel Alves. The First Year of Bolsonaro in Office: Same Old Story, Same Old Song? *Revista de Ciencia Política*, v. 40, n. 2, p. 187-213, 2020, p. 205.

foi afetado, havendo a ruptura do "eixo partidário-eleitoral que organizou o governo e a oposição desde 1994 e por seis eleições gerais".[517]

A vitória de Jair Messias Bolsonaro, no segundo turno das eleições de 2018, encerrou, nas palavras do referido autor, "o ciclo PT-PSDB do presidencialismo de coalizão na Terceira República".[518]

Octavio Amorim Neto e Gabriel Alves Pimenta identificam alguns elementos-chave da plataforma de campanha de Bolsonaro: a) o combate à corrupção;[519] b) políticas de segurança pública; c)

---

[517] ABRANCHES, Sérgio. Presidencialismo de coalizão em transe e crise democrática no Brasil. *Revista Euro latinoamericana de Análisis Social y Político (RELASP)*, v. 2, n. 3, p. 67-79, 2021, p. 68.

[518] Nesse exame, Sérgio Abranches denomina polarização positiva a organização, desde 1994, do processo político-partidário brasileiro e a disputa "duopolista" pela presidência entre os partidos PSDB e PT. É interessante a constatação do autor no sentido de que esses dois partidos obtiveram, em conjunto, somente 34% do total das escolhas eleitorais no pleito de 2018 (o PSDB, por sua vez, pela primeira vez, ficou fora do segundo turno nas eleições presidenciais – elegeu e reelegeu, em primeiro turno, Fernando Henrique Cardoso em 1994 e 1998, tendo disputado a presidência, no segundo turno, nas eleições seguintes). No segundo turno, o PT obteve menos de 30% dos votos. Esse resultado em muito difere, segundo retrata o autor, da concentração de votos no período entre 1994 e 2014. ABRANCHES, Sérgio. Presidencialismo de coalizão em transe e crise democrática no Brasil. *Revista Euro latinoamericana de Análisis Social y Político (RELASP)*, v. 2, n. 3, p. 67-79, 2021, p. 68-69.

[519] Em novembro de 2018, o ex-Juiz Federal Sergio Moro, responsável pelos processos da Lava Jato, exonerou-se da magistratura para assumir o cargo de Ministro da Justiça e Segurança Pública e integrar o primeiro gabinete do Presidente Jair Bolsonaro em 2019. Em abril de 2020, Sergio Moro pediu exoneração do cargo. Registre-se que, em março de 2021, a 2ª Turma do STF reconheceu a parcialidade do ex-Juiz Federal Sergio Moro (suspeição do magistrado por agir no processo com motivação política) na condução da ação contra o ex-Presidente Lula no caso triplex. Em junho de 2021, a decisão da 2ª Turma foi confirmada pelo plenário da Corte, por 7 votos a 4. Atualmente, Moro está filiado ao União Brasil e disputou, nas eleições de 2022, o cargo de Senador pelo Estado do Paraná. A personalidade de Sergio Moro – cuja trajetória de magistrado a político sofreu diversos reveses – fortaleceu o discurso contra corrupção, pauta que auxiliou na eleição de Jair Bolsonaro em 2018. G1. Globo. Moro pede exoneração de cargo de juiz federal para ser ministro do novo governo. Disponível em: https://g1.globo.com/pr/parana/noticia/2018/11/16/presidente-do-trf-4-assina-exoneracao-de-sergio-moro.ghtml. Acesso em: 23 ago. 2022; Ver também: G1. Globo. Sergio Moro pede demissão do Ministério da Justiça. Disponível em: https://g1.globo.com/jornal-nacional/noticia/2020/04/24/sergio-moro-pede-demissao-do-ministerio-da-justica.ghtml. Acesso em: 23 ago. 2022; G1. Globo. União Brasil confirma Sergio Moro como candidato ao Senado pelo Paraná. Disponível em: https://g1.globo.com/pr/parana/eleicoes/2022/noticia/2022/08/02/uniao-brasil-confirma-sergio-moro-como-candidato-ao-senado-pelo-parana.ghtml. Acesso em: 23 ago. 2022; G1. GLOBO. Plenário do STF reconhece decisão da Segunda Turma que declarou Moro parcial ao condenar Lula. Disponível em: https://g1.globo.com/politica/noticia/2021/06/23/plenario-do-stf-reconhece-decisao-da-segunda-turma-que-declarou-moro-parcial-ao-condenar-lula.ghtml,. Acesso em: 23 ago. 2022.

políticas econômicas pró-mercado; d) a defesa dos valores cristãos[520] e familiares; e e) o antissocialismo ou antipetismo.[521]

O resultado das eleições de 2018 implicou modificações significativas no espectro político brasileiro. O sistema partidário – hiperfragmentado – sofreu alterações com o crescimento e o declínio de partidos, ao lado da rejeição de partidos tradicionais.

Nesse novo cenário, a formação e manutenção das coalizões se tornou tarefa ainda mais complexa, considerando, sobretudo, segundo narra Sérgio Abranches, os seguintes fatores: a) o PMDB (MDB) deixou o papel, por muito tempo exercido, de "pivô das coalizões"; b) o PSL ocupou a segunda maior bancada da Câmara dos Deputados (antes a representatividade do partido era mínima); e c) houve "aumento do número de coalizões minoritárias e coalizões majoritárias fragmentadas, heterogêneas e instáveis".[522]

Em análise do realinhamento partidário (ou "desalinhamento partidário")[523] na Câmara dos Deputados, o referido autor pontua que o cenário pós-eleições de 2018 ficou assim caracterizado: a) PT, a maior bancada, com 56 deputados eleitos; b) PSL, segunda maior bancada, com 52 deputados eleitos; c) PPR, PPB, e PP com 37 cadeiras; d) o PMDB (MDB), com 34 deputados, deixando de ser segunda maior bancada para representar a quarta maior bancada, ao lado do PSD, com o mesmo número de deputados; e e) PSDB e DEM com 29 deputados eleitos cada um, reduzindo a relevância na formação e manutenção das coalizões de governo, como outrora detinham.

Em outra perspectiva, Carlos Melo identifica que, após as eleições de 2018, a Câmara dos Deputados passou a ser composta

---

[520] Octavio Amorim Neto e Gabriel Alves Pimenta asseveram que "Bolsonaro é o Presidente mais pró-evangélico de todos os tempos na história do Brasil". AMORIM NETO, Octavio; PIMENTA, Gabriel Alves. The First Year of Bolsonaro in Office: Same Old Story, Same Old Song? *Revista de Ciencia Política*, v. 40, n. 2, p. 187-213, 2020, p. 207.

[521] AMORIM NETO, Octavio; PIMENTA, Gabriel Alves. The First Year of Bolsonaro in Office: Same Old Story, Same Old Song? *Revista de Ciencia Política*, v. 40, n. 2, p. 187-213, 2020, p. 205.

[522] ABRANCHES, Sérgio. Presidencialismo de coalizão em transe e crise democrática no Brasil. *Revista Euro latinoamericana de Análisis Social y Político (RELASP)*, v. 2, n. 3, p. 67-79, 2021, p. 68.

[523] Termo cunhado por Sérgio Abranches para tratar desse processo de "metamorfose incompleta do sistema de partidos", decorrente das eleições de 2018. ABRANCHES, Sérgio. Presidencialismo de coalizão em transe e crise democrática no Brasil. *Revista Euro latinoamericana de Análisis Social y Político (RELASP)*, v. 2, n. 3, p. 67-79, 2021, p. 70.

da seguinte forma: a maioria das cadeiras eram ocupadas por partidos de direita, sendo que "[...] 37,7% dos(as) deputados(as) se auto posicionaram à direita enquanto apenas 28,7% se colocaram à esquerda".[524]

Em sua análise, Melo aponta para o protagonismo assumido pelo Congresso Nacional na produção legislativa em detrimento do Poder Executivo Federal, não obstante reconheça que, até 30 de junho de 2020, "o governo alcançou, nas votações nominais na Câmara, um índice de apoio de 72,5%", percentual semelhante (ainda que menor) ao obtido por Lula em seus dois mandatos e no primeiro de Dilma.[525]

Além disso, Carlos Melo identifica que: a) no primeiro ano e meio de mandato, o Presidente Bolsonaro foi o que mais editou medidas provisórias, não obstante o baixo índice de aprovação; e b) o poder de veto presidencial foi derrubado pelo Congresso em várias oportunidades.[526] Em sua visão, o risco de instabilidade política se intensificou, especialmente em razão da hiperfragmentação do Congresso.

É interessante observar que, muito embora o PSL tenha obtido a segunda maior bancada da Câmara dos Deputados, Bolsonaro, eleito pelo partido, não foi capaz de aprovar medidas previstas em sua agenda de governo. As dificuldades políticas se impuseram tanto na interação com os demais partidos quanto com o próprio partido que o elegeu. Após desgastes, Bolsonaro declarou, em novembro de 2019, a sua saída do PSL.[527]

---

[524] MELO, Carlos Ranulfo. A Câmara dos Deputados pós-2018: o que mudou? *In:* Leonardo Avritzer; Fabio Kerche; Marojrie Marona (org.). *Governo Bolsonaro*: retrocesso democrático e degradação política. 1ed.São Paulo: Autêntica, 2021, v. 1, p. 1-448, p. 105.

[525] MELO, Carlos Ranulfo. A Câmara dos Deputados pós-2018: o que mudou? *In:* Leonardo Avritzer; Fabio Kerche; Marojrie Marona (org.). *Governo Bolsonaro*: retrocesso democrático e degradação política. 1. ed. São Paulo: Autêntica, 2021, v. 1, p. 1-448, p. 105-106.

[526] MELO, Carlos Ranulfo. A Câmara dos Deputados pós-2018: o que mudou? *In:* Leonardo Avritzer; Fabio Kerche; Marojrie Marona (org.). *Governo Bolsonaro*: retrocesso democrático e degradação política. 1. ed. São Paulo: Autêntica, 2021, v. 1, p. 1-448, p. 107.

[527] Um dos exemplos de desentendimentos no PSL foi o atrito entre Jair Bolsonaro e Luciano Bivar, então Presidente da sigla. Atualmente, Bivar é Presidente do Partido União Brasil (fusão entre PSL e DEM). Em 30 de novembro de 2021, Jair Messias Bolsonaro se filiou ao PL, após dois anos sem partido. G1. GLOBO. Após dois anos sem partido, Bolsonaro se filia ao PL, nona legenda da carreira política. Disponível em: https://g1.globo.com/politica/noticia/2021/11/30/apos-dois-anos-sem-partido-bolsonaro-se-filia-ao-pl-nona-legenda-da-carreira-politica.ghtml. Acesso em: 23 ago. 2022. G1. GLOBO. Bolsonaro anuncia

Em exame da composição do Congresso Nacional na presidência de Bolsonaro, Sérgio Abranches, ainda, destaca que o Presidente conseguiu formar uma coalizão minoritária, formada por 9 partidos, com 167 cadeiras na Câmara dos Deputados e 16 no Senado. Seu primeiro mandato foi marcado pelo aumento dos custos fiscais de gestão da coalizão,[528] pela formação pontual e ocasional de maiorias e pelo apoio de partidos do bloco denominado Centrão.[529]

Quanto ao gabinete ministerial de Bolsonaro, Octavio Amorim Neto e Igor Acácio apontam para uma característica marcante: a presença de militares na política. Citam, por exemplo, que, em agosto de 2020, o governo era composto por 9 Ministros de Estado das Forças Armadas (da ativa ou reserva), o que corresponderia a 39,1% do gabinete presidencial. Ao analisarem esse dado, constatam que essa porcentagem é superior a qualquer outro período desde a redemocratização. No governo de Itamar Franco, a propósito, chegou-se a 29% de ministros militares em 1994.[530]

Em outro estudo, Octavio Amorim Neto, em artigo em coautoria com Gabriel Alves Pimenta, destaca que o primeiro gabinete de Bolsonaro era composto por 8 Ministros militares (da ativa ou reserva), 9 Ministros não filiados a partidos políticos e 5

---

saída do PSL e criação de novo partido. Disponível em: https://g1.globo.com/politica/noticia/2019/11/12/deputados-do-psl-dizem-que-bolsonaro-decidiu-deixar-partido-e-criar-nova-legenda.ghtml. Acesso em: 23 ago. 2022.

[528] Segundo Sérgio Abranches, "Presidentes têm quatro recursos básicos para negociar uma coalizão legítima: a força do voto popular nacional que os elegeu, a liderança política, cargos e orçamento. Com esses recursos na mão, eles e seus líderes têm condições de conduzir a articulação política para formar a coalizão. Na falta dos dois primeiros, precisam compensar aumentando o acesso aos cargos e ao orçamento." ABRANCHES, Sérgio. Presidencialismo de coalizão em transe e crise democrática no Brasil. *Revista Euro latinoamericana de Análisis Social y Político (RELASP)*, v. 2, n. 3, p. 67-79, 2021, p. 73.

[529] Para Sérgio Abranches, o Centrão "[...] é um aglomerado informal, que muda a cada legislatura, e reúne partidos de centro e centro-direita, que, dependendo da matéria, se aliam para votar da mesma maneira. Entre esses partidos, estão PP (40), PL (41), Republicanos (33), Solidariedade (14) e PTB (10), PSD (35), PROS (11), PSC (11), Avante (8) e Patriota (6), que se deslocou para a extrema direita, totalizando 209 deputados, nem todos alinhados a Bolsonaro. O grau de dissidência é maior no PSD, que se posiciona como partido independente, nem alinhado ao governo, nem à oposição e foi criado bem depois da constituição do Centrão original, em 1988-89." ABRANCHES, Sérgio. Presidencialismo de coalizão em transe e crise democrática no Brasil. *Revista Euro latinoamericana de Análisis Social y Político (RELASP)*, v. 2, n. 3, p. 67-79, 2021, p. 72.

[530] AMORIM NETO, Octavio; ACÁCIO, Igor. De volta ao centro da arena: Causas e consequências do papel político dos militares sob bolsonaro. *Journal of Democracy*, v. 9, n. 2, p. 1-29, 2020, p. 3.

políticos de 4 agremiações partidárias (PSL, DEM, MDB e NOVO).[531] Portanto, a governabilidade do presidencialismo de coalizão – nessa conjuntura – se tornaria um desafio ainda maior.

Nos aspectos sociais e econômicos visualizados no período entre 2018-2020, Sérgio Abranches constata os seguintes fenômenos: a) crise econômica e inflação; b) queda do PIB; c) aumento da pobreza e desigualdade; e d) queda da renda de trabalho.

Esses fatores – somados e potencializados com a pandemia de covid-19 (iniciada em março de 2020) e com as guerras internacionais (em especial, o conflito Ucrânia e Rússia) – afetaram a economia, mas, sobretudo, a popularidade do Presidente eleito em 2018.

No que se refere à pandemia de covid-19, Leonardo Avritzer e Lucio Rennó pontuam que a experiência foi marcada pela politização da condução de medidas de combate ao vírus.[532] Foram constatadas nesse período: a) crises de ordem federativa (União, Estados e Municípios) relacionadas à implementação e organização de políticas públicas de combate à pandemia[533] e à gestão do SUS;[534]

---

[531] AMORIM NETO, Octavio; PIMENTA, Gabriel Alves. The First Year of Bolsonaro in Office: Same Old Story, Same Old Song? *Revista de Ciencia Política*, v. 40, n. 2, p. 187-213, 2020, p. 205.

[532] AVRITZER, Leonardo; RENNÓ, Lucio. The pandemic and the crisis of democracy in Brazil. *Journal of Politics in Latin America*, v. 13, n. 3, p. 442-457, 2021, p. 448. É interessante a pesquisa feita por Carlos Pereira, Amanda Medeiros e Frederico Bertholini, cujos resultados "confirmam que uma parcela significativa de eleitores auto-identificados como de centro-direita e direita apoia a política de isolamento social, na direção contrária à posição defendida pelo presidente Bolsonaro, alterando os termos da polarização no país e sugerindo sua diminuição. Tais eleitores também avaliam positivamente o desempenho dos governadores de seus respectivos estados e negativamente o do presidente durante a pandemia. Além disso, os setores de baixa renda, em tese mais vulneráveis, não apresentaram oposição sistemática à política de isolamento social quando comparados a pessoas pertencentes a outras faixas de renda." Identificaram ainda que: "quanto maior a gravidade da doença em pessoas de seu convívio social, ou, em outros termos, quanto maior o espectro do "medo da morte", mais alto é o apoio à política de isolamento social pelo tempo que for necessário." E concluem: "o medo da morte é tão grande que tem relativizado perdas de outras dimensões identitárias." PEREIRA, Carlos; MEDEIROS, Amanda; BERTHOLINI, Frederico. O medo da morte flexibiliza perdas e aproxima polos: consequências políticas da pandemia da COVID-19 no Brasil. *Revista de Administração Pública*, v. 54, p. 952-968, 2020, p. 954-955, 961 e 966.

[533] Nas ADIs nºs 6.341 e 6.343, o Supremo Tribunal Federal, com base no federalismo cooperativo, reafirmou a competência concorrente dos entes federativos para adoção de medidas de contenção da pandemia de covid-19, realçando a necessidade de articulação entre União, Estados, Distrito Federal e municípios.

[534] Dentre as deficiências que dizem respeito ao financiamento e à gestão federativa do Sistema Único de Saúde (SUS), destacam-se: a regressividade fiscal e a guerra fiscal de despesas que afetam, como bem elucida Élida Graziane Pinto, a pactuação federativa

e b) crises institucionais, entre Presidente e as chefias do Ministério da Saúde[535] e entre Presidente e Congresso Nacional.[536]

Ademais, foram constatadas tensões institucionais entre o Presidente e Cortes Superiores, em especial, o Supremo Tribunal Federal e o Tribunal Superior Eleitoral.[537]

No quesito popularidade, Sérgio Abranches destaca pesquisa feita pelo Instituto Datafolha, em maio de 2021, em que se constatou o índice de 45% de reprovação e de 24% de aprovação, com índices elevados de desconfiança por parte da população (50% dizem nunca confiar e 14% dizem confiar sempre).[538]

Feitas essas breves considerações, sem pretensão de esgotar o tema, no que toca ao objeto deste estudo (reeleição presidencial), as eleições de 2022 foram relevantes: disputaram a Presidência, entre outros, o candidato à reeleição, Jair Messias Bolsonaro (PL),

---

do SUS, onerando os municípios, em decorrência da retração da União no custeio da saúde. Esse cenário – que não é de hoje – prejudica a concretização do direito à saúde. Na pandemia de covid-19, as problemáticas antes identificadas foram potencializadas. Ainda segundo Élida Graziane Pinto, as inúmeras fragilidades da execução orçamentária do SUS se relacionam, direta e indiretamente, com o reconhecimento – no voto proferido pelo então Ministro do Supremo Tribunal Federal, Marco Aurélio Mello, na ADPF 822 – do "estado de coisas inconstitucional na condução das políticas destinadas à realização dos direitos à vida e à saúde, considerada a pandemia". PINTO, Élida Graziane. *Execução orçamentária do SUS no enfrentamento à pandemia da Covid-19*. São Paulo, v. 5, 2021, p. 35.

[535] Exerceram o cargo de Ministros da Saúde: Luiz Henrique Mandetta (janeiro de 2019 – abril de 2020), Nelson Teich (abril de 2020 – maio de 2020), Eduardo Pazuello (junho de 2020 – março de 2021) e Marcelo Queiroga (desde março de 2021).

[536] Entre outros exemplos, destaca-se a CPI da Pandemia no Senado Federal.

[537] Segundo Leonardo Avritzer "um dos elementos centrais do modo de agir do bolsonarismo é constituir um modo de degradar as instituições com o objetivo de concentrar a legitimidade política na figura do líder. Ele o faz de duas maneiras: em primeiro lugar, a partir da rede impressionante de geração de fake news. O segundo mira diretamente o funcionamento das instituições republicanas." AVRITZER, Leonardo. A crise da democracia e a ascensão do populismo de direita no Brasil. *In*: PINTO, Antonio Costa; GENTILE, Fabio. Apresentação. Dossiê "Populismo: teorias e casos". *Conhecer: debate entre o público e o privado*, v. 24, n. 10, p. 7-11, 2020, p. 152. Dentre as tensões entre Presidente, STF e TSE, destacam-se: a) inquérito das *fake news*; b) ação que tramita no STF em que se discute o foro competente para o Senador Flávio Bolsonaro, filho do Presidente, responder às acusações de supostos desvios de recursos públicos de seu gabinete na Assembleia Legislativa do Rio de Janeiro; c) eventual ação eleitoral com a finalidade de tornar Bolsonaro inelegível; d) desdobramentos da CPI da Pandemia no STF; e e) críticas às urnas eletrônicas brasileiras e alegações de supostas fraudes eleitorais.

[538] Não obstante a baixa popularidade, as manifestações contrárias ao Presidente e os desgastes políticos relacionados às trocas de Ministérios, denúncias, CPI da Pandemia no Senado Federal e críticas nacionais e internacionais ao governo, não houve instauração – apesar dos inúmeros pedidos – de processo de *impeachment*.

e o candidato Luiz Inácio Lula da Silva (PT),[539] que ocupou o cargo por dois mandatos sucessivos.[540]

Daí, evidenciam-se duas questões que dizem com a reeleição presidencial.

Primeiro, em 20 de outubro de 2018, Jair Bolsonaro defendeu o fim da reeleição presidencial, propondo a aplicação a ele próprio, caso aprovada essa alteração constitucional.[541] Todavia, em 24 de julho de 2022, oficializou, em convenção do PL, a sua candidatura à reeleição.[542] *Segundo*, Luiz Inácio Lula da Silva se candidatou ao terceiro mandato na Presidência.

---

[539] Vale destacar que o candidato à Vice-Presidência de Lula é Geraldo Alkmin (PSB), o qual, nas eleições de 2006, foi seu adversário, em disputa entre PT e PSDB. Quanto à candidatura de Luiz Inácio Lula da Silva, é necessária uma breve retrospectiva histórica: em março de 2021, o Ministro Edson Fachin declarou a incompetência do Juízo da 13ª Vara Federal de Curitiba para o processamento das ações penais contra Lula, por não se enquadrarem no escopo da Operação Lava Jato. Em abril de 2021, o plenário do Supremo Tribunal Federal, por 8 votos a 3, confirmou a referida decisão monocrática, anulando todos os processos contra Lula que tramitavam na referida Vara Federal. Registre-se que, em março de 2021, a 2ª Turma do STF reconheceu a parcialidade do ex-Juiz Federal Sergio Moro (suspeição do magistrado por agir no processo com motivação política) na condução da ação contra o ex-Presidente Lula no caso triplex. Em junho de 2021, a decisão da 2ª Turma foi confirmada pelo plenário da Corte, por 7 votos a 4. Com essas anulações, Lula passou a ser ficha limpa, teve seus direitos políticos restabelecidos, incluindo o direito de se candidatar. SUPREMO TRIBUNAL FEDERAL. Notícias. STF confirma anulação de condenações do ex-presidente Lula na Lava Jato. Disponível em: https://portal.stf.jus.br/noticias/verNoticiaDetalhe.asp?idConteudo=464261&ori=1. Acesso em: 23 ago. 2022. Ver também: SUPREMO TRIBUNAL FEDERAL. Notícias. 2ª Turma reconhece parcialidade de ex-juiz Sergio Moro na condenação de Lula no caso Triplex. Disponível em: https://portal.stf.jus.br/noticias/verNoticiaDetalhe.asp?idConteudo=462854&ori=1. Acesso em: 23 ago. 2022; UOL NOTÍCIAS. Após anulações, Lula é ficha limpa e pode disputar eleições. Disponível em: https://noticias.uol.com.br/politica/ultimas-noticias/2021/12/10/uol-explica-lula-eleicoes-situacao-judicial-elegivel-2922-processos.htm. Acesso em: 23 ago. 2022; G1. GLOBO. Plenário do STF reconhece decisão da Segunda Turma que declarou Moro parcial ao condenar Lula. Disponível em https://g1.globo.com/politica/noticia/2021/06/23/plenario-do-stf-reconhece-decisao-da-segunda-turma-que-declarou-moro-parcial-ao-condenar-lula.ghtml. Acesso em: 23 ago. 2022.

[540] Luiz Inácio Lula da Silva e Jair Messias Bolsonaro possuem os maiores índices de intenções de voto para o primeiro turno da eleição presidencial de 2022 (47% e 32%, respectivamente), segundo levantamento do Datafolha realizado entre 16 e 18 de agosto de 2022. G1. GLOBO. Datafolha: Lula tem 47%; Bolsonaro, 32%; Ciro, 7%; Tebet, 2%. Disponível em: https://g1.globo.com/politica/eleicoes/2022/pesquisa-eleitoral/noticia/2022/08/18/datafolha-lula-tem-47percent-e-bolsonaro-tem-32percent.ghtml. Acesso em: 31 ago. 2022.

[541] VEJA. Bolsonaro diz que vai propor fim da reeleição para presidente. Disponível em: https://veja.abril.com.br/politica/bolsonaro-diz-que-vai-propor-fim-da-reeleicao-para-presidente/. Acesso em: 23 ago. 2022.

[542] DW. Bolsonaro oficializa candidatura à reeleição e ataca STF. Disponível em: https://www.dw.com/pt-br/bolsonaro-oficializa-candidatura-%C3%A0-reelei%C3%A7%C3%A3o-e-ataca-stf/a-62578853. Acesso em: 23 ago. 2022.

No Brasil, diferentemente do modelo de reeleição presidencial adotado nos Estados Unidos (que permite o exercício da presidência por apenas dois mandatos, consecutivos ou não), o texto constitucional – com redação dada pela Emenda Constitucional nº 16/1997 – permite a reeleição presidencial, vedando, de forma implícita, o exercício de um terceiro mandato sucessivo. Assim, a previsão constitucional não impede o exercício de três mandatos presidenciais, quando não consecutivos.

Em 30 de outubro de 2022, Luiz Inácio Lula da Silva (PT) se sagrou vencedor do pleito eleitoral com 50,90% dos votos válidos, derrotando o Presidente Jair Messias Bolsonaro, que obteve 49,10% dos votos válidos.[543]

No dia 1º de janeiro de 2023, Luiz Inácio Lula da Silva se tornou o primeiro Presidente, na experiência pós-Constituição de 1988, a exercer o cargo por três mandatos.

Conclusão: reeleição presidencial no Brasil como fator de potencialização de vícios (?)

Robert Dahl compreende que "a desigualdade entre os cidadãos é um problema grave e persistente em todos os países democráticos".[544]

A desigualdade, seguramente, pode ser encarada por vários espectros.

Na política não é diferente. Afinal, a desigualdade de oportunidades entre os candidatos sujeitos à reeleição presidencial e os demais há muito desperta preocupações nos pleitos eleitorais.

---

[543] BRASIL. Tribunal Superior Eleitoral. Consulta de resultados eleitorais: eleições de 2022. Disponível em: https://resultados.tse.jus.br/oficial/app/index.html#/eleicao/resultados. Acesso em: 2 dez. 2022. TRIBUNAL SUPERIOR ELEITORAL. Lula é eleito novamente presidente da República do Brasil. Disponível em: https://www.tse.jus.br/comunicacao/noticias/2022/Outubro/lula-e-eleito-novamente-presidente-da-republica-do-brasil. Acesso em: 15 nov. 2022. SENADO FEDERAL. Lula é eleito presidente da República pela terceira vez. Disponível em: https://www12.senado.leg.br/noticias/materias/2022/10/30/lula-e-eleito-presidente-da-republica-pela-terceira-vez. Acesso em: 15 nov. 2022.

[544] DAHL, Robert. *A democracia e seus críticos*. Tradução Patrícia de Freitas Ribeiro. São Paulo: WMF Martins Fontes, 2012, p. 531.

Giovanni Sartori ensina que "aqueles que tomam a partida devem estar em condições iguais".[545] Não por outras razões, o princípio da igualdade de oportunidades nos pleitos eleitorais, como decorrência dos princípios democrático e da igualdade, conecta-se com o ideal de que os candidatos devem partir de condições, isto é, pontos de partida iguais.

Nesse sentido, Vinícius de Carvalho Madeira registra:

> O direito fundamental e subjetivo de igualdade de oportunidades na concorrência eleitoral tem fundamento constitucional no princípio democrático e no princípio da igualdade, e decorre diretamente do direito ao sufrágio passivo que todos os candidatos têm e que implica no direito de poderem aceder aos cargos políticos em igualdade de condições.[546]

A preocupação com a desigualdade de oportunidades também é abordada por Karl Loewenstein, quando discorre sobre os controles do financiamento de campanhas eleitorais:

> (...) a desigualdade dos partidos e dos candidatos nos meios econômicos de que dispõem para a campanha eleitoral e, consequentemente, a desigualdade no uso dos meios de comunicação possuem uma importância decisiva para o resultado de uma eleição.[547]

Conectando a desigualdade de oportunidades com o instituto da reeleição, Vinícius de Carvalho Madeira, em outra passagem, defende que "a reeleição prejudica o direito à igualdade na concorrência eleitoral".[548] Em sentido semelhante, Antonio Lavareda argumenta que a reeleição "instaura um desequilíbrio absoluto entre os recursos", haja vista que "os candidatos que estão no poder iniciam sua campanha com muito mais antecedência" e "podem contar com um volume bem maior de recursos para a campanha".[549]

---

[545] Tradução livre. SARTORI, Giovanni. ¿Qué es la democracia?. Nueva ed., rev. y ampl. Madrid: Taurus, 2007, p. 211.
[546] MADEIRA, Vinicius de Carvalho. *República, democracia e reeleições*: o princípio da renovação. Porto Alegre: Sergio Antonio Fabris Editor, 2013, p. 125.
[547] LOEWENSTEIN, Karl. *Teoria de la constitución*. 2. ed. Barcelona: Ariel, 1970, p. 343-344.
[548] MADEIRA, Vinicius de Carvalho. *República, democracia e reeleições*: o princípio da renovação. Porto Alegre: Sergio Antonio Fabris Editor, 2013, p. 125.
[549] LAVAREDA, Antonio. Principais marcas das eleições municipais brasileiras de 2008.

Nessa perspectiva, Paulo Torelly também compreende que a reeleição dos Chefes do Poder Executivo para o período subsequente propicia a desigualdade entre os candidatos, sob o argumento de que "(...) o governante inicia o processo eleitoral após um período de mais de três anos de ampla e imponderável exposição na grande imprensa e na condição de agente político e gestor público".[550]

Não é diferente a conclusão de Paula Bernardelli e Eneida Desiree Salgado, segundo as quais, com o instituto da reeleição para cargos de chefia do Poder Executivo, "tem-se a dificuldade de traçar o limite entre o uso devido da publicidade institucional e a promoção pessoal do agente público, que, possivelmente, buscará um novo mandato".[551]

Por sua vez, Paulo Henrique dos Santos Lucon pontua:

> (...) a total disparidade entre os candidatos gerada pelo poder do dinheiro em algumas campanhas, o uso da máquina pública como meio de propaganda pelos detentores do poder e a possibilidade de reeleição continuam, cada vez mais, a transformar as eleições no Brasil em uma disputa absolutamente desigual.[552]

Ocorre que, ao lado da constatação da evidente desigualdade de oportunidades entre os candidatos nessas circunstâncias, parece que as vicissitudes manifestadas no presidencialismo brasileiro se agravam com o instituto da reeleição presidencial.

Antes de adentrar na questão da reeleição presidencial propriamente dita, tendo em vista que o denominado Presidencialismo

---

In: / LAVAREDA, Antonio; TELLES, Helcimara (org.). *Como o eleitor escolhe seu prefeito*: campanha e voto nas eleições municipais. 1. ed. Rio de Janeiro: FGV, 2011, p. 45.

[550] TORELLY, Paulo Peretti. A substancial inconstitucionalidade da regra da reeleição: isonomia e república no direito constitucional e na teoria da constituição. Porto Alegre: Sergio Antonio Fabris Editor, 2008, p. 263. Por outro lado, é inegável que os efeitos negativos da exposição na chefia do Poder Executivo, em qualquer nível federativo, podem comprometer a reeleição.

[551] BERNARDELLI, Paula; SALGADO, Eneida Desiree. A *adoção da reeleição* para o poder Executivo no *Brasil* e suas incoerências com o sistema constitucional e eleitoral. In: SANTANO, Ana Claudia (coord.). *Reeleição presidencial nos sistemas políticos das Américas*. Curitiba: Íthala, 2015, p. 103-104.

[552] LUCON, Paulo Henrique dos Santos. A importância da propaganda eleitoral na renovação da política nacional e os efeitos da propaganda institucional na reeleição. *Revista do Instituto dos Advogados de São Paulo – RIASP*, v. 17, n. 33, p. 195-208, jan. /jun. 2014. Disponível em: http://bdjur.stj.jus.br/dspace/handle/2011/77145. Acesso em: 2 fev. 2019, p. 206.

de Coalizão brasileiro pós-Constituição de 1988 vem demonstrando algumas problemáticas que se relacionam, direta e indiretamente, com o objeto da presente pesquisa, torna-se fundamental destacar algumas das vicissitudes desse sistema desempenhado nos moldes brasileiros.

Primeiro, o excessivo número de partidos políticos com representação no Congresso Nacional, isto é, o multipartidarismo à brasileira, exacerbado e fragmentado.

De acordo com Sérgio Antônio Ferreira Victor, após a Constituição de 1988, a média de partidos com representação no Congresso Nacional é superior a 15 partidos por Legislatura, o que representa um quadro multipartidário e com intensa fragmentação.[553]

Ao examinar as falhas do Presidencialismo de Coalizão pós-Constituição de 1988, Sérgio Abranches identifica como um dos principais obstáculos ao sistema a hiperfragmentação partidária, que compromete a formação de coalizões, seu tamanho e a sua estabilidade, propiciando espaço para clientelismo e corrupção. Em sua visão, essa fragmentação partidária observada no Brasil "reflete o aumento excessivo do número de partidos com poder de veto e impõe coalizões mais extensas e heterogêneas, mesmo que o presidente se contentasse com uma coalizão natural, de maioria simples".[554]

Em análise crítica a essa realidade, Sérgio Antônio Ferreira Victor explica que, independentemente de quem ocupe a cadeira da presidência, a excessiva fragmentação do quadro partidário brasileiro "gera partidos tão fracos que se pode dizer que a cooptação deles por parte do Executivo revela-se a própria finalidade ou destinação da função dessas legendas".[555]

Por seu turno, André Ramos Tavares, ao tratar dos partidos políticos e da crise de representatividade, adverte que o sistema pluripartidário pode acentuar – a despeito de assegurar o pluralismo político – a crise política, uma vez que possibilita a

---

[553] VICTOR, Sérgio Antônio Ferreira. *Presidencialismo de coalizão*: exame do atual sistema de governo brasileiro. São Paulo: Saraiva, 2015, p. 135.

[554] ABRANCHES, Sérgio. *Presidencialismo de coalizão*: raízes e evolução do modelo político brasileiro. 1. ed. São Paulo: Companhia das Letras, 2018, p. 345.

[555] VICTOR, Sérgio Antônio Ferreira. *Presidencialismo de coalizão*: exame do atual sistema de governo brasileiro. São Paulo: Saraiva, 2015, p. 136.

multiplicação de "legendas de aluguel", bem como propicia outros distúrbios relativos à "perpetuação de partidos sem real vocação para defesa de uma ideologia, de um segmento social, ou mesmo sem real interesse de se firmar como alternativa útil de representação política".[556]

Nesse sentido, Giovanni Sartori assevera que "provavelmente nenhum país no mundo atual é tão avesso aos partidos como o Brasil – na teoria e na prática. Os políticos se relacionam com seus partidos como 'partidos de aluguel'".[557]

Nessa mesma linha argumentativa, Scott Mainwaring elucida que "o Brasil é um caso excepcional de fragilidade partidária. (...) No Brasil, os partidos aparecem e desaparecem com assombrosa frequência".[558]

Com efeito, a proliferação e a multiplicidade de partidos políticos no Brasil acabam por dificultar a governabilidade,[559] o reconhecimento da oposição e a efetiva representação dos interesses gerais[560] da sociedade na esfera política.

Segundo, a formação de coalizões, por vezes instáveis, incoerentes e clientelistas.

Sobre esse vício, Sérgio Abranches adverte: "a distribuição de cargos e verbas é um dos instrumentos de manutenção de coalizões,

---

[556] TAVARES, André Ramos. A jurisprudência sobre partidos políticos no Supremo Tribunal Federal: entre eleições, poder econômico e democracia. *In:* NORONHA, João Otávio de; KIM; Richard Pae (coord.). *Sistema político e direito eleitoral brasileiros*: estudos em homenagem ao Ministro Dias Toffoli. São Paulo: Atlas, 2016, p. 46.

[557] SARTORI, Giovanni. *Engenharia constitucional*: como mudam as constituições. Tradução Sérgio Bath. Brasília: UnB, 1996, p. 112.

[558] MAINWARING, Scott P. *Sistemas partidários em novas democracias*: o caso do Brasil. Tradução Vera Pereira. Porto Alegre: Mercado Aberto; Rio de Janeiro: FGV, 2001, p. 33.

[559] Em seu ensaio sobre a (in) governabilidade brasileira, Manoel Gonçalves Ferreira Filho ensina que "é necessário diminuir o número de partidos, por meio de exigência de representatividade mínima. E fortalecê-los pela disciplina, em proveito de sua coerência e da valorização de seu programa". FERREIRA FILHO, Manoel Gonçalves. Governabilidade e revisão constitucional: ensaio sobre a (in)governabilidade brasileira especialmente em vista da Constituição de 1988. *Revista de Direito Administrativo*, Rio de Janeiro, v. 193, p. 1-11, jul. 1993. Disponível em: http://bibliotecadigital.fgv. br/ojs/index.php/rda/article/view/45767/47094. Acesso em: 20 nov. 2018, p. 11.

[560] O multipartidarismo à brasileira nos moldes aqui desempenhados não pode ser encarado como resultado de uma ampla diversidade ideológica, nem mesmo deve ser reconhecido como reflexo do princípio constitucional do pluralismo político. Parece certo afirmar, por outro lado, que os partidos políticos brasileiros, em geral, não possuem agendas programáticas e ideológicas coerentes.

em toda parte. A diferença é se essa distribuição adota critérios político-programáticos ou puramente clientelistas".[561]

Giovanni Sartori, ao examinar a política de barganha na interação entre os representantes do Executivo e Legislativo, explica que "o Presidente pode conseguir no Congresso os votos de que necessita, barganhando favores eleitorais".[562]

E, no tocante à realidade brasileira, Saul Cunow, Barry Ames, Scott Desposato e Lucio Rennó identificam que "o Brasil tem uma reputação de barganhas de recursos entre o Executivo e Legislativo, com legisladores dispostos a negociar votos por nomeações com cunho clientelista".[563]

Diante dessa realidade, Sérgio Abranches destaca:

> A cooptação como método de formação de coalizões leva à preferência por benefícios materiais e, como o mensalão e a Lava Jato indicaram, pode incentivar o uso de propinas para partidos e pessoas, como bônus de participação na coalizão, em detrimento de aspirações programáticas.[564]

Nesse sentido, após a análise da experiência do Presidencialismo de Coalizão pós-Constituição de 1988, a manutenção de coalizões, por vezes amplas, heterogêneas e incoerentes, somada às práticas clientelistas observadas são fatores que acabam por prejudicar, direta e indiretamente, a relação entre Executivo e Legislativo, especialmente no tocante à governabilidade e à funcionalidade do sistema político.

Terceiro, o amplo controle da agenda, a distribuição de pastas ministeriais e os vastos poderes do Presidente da República.

A experiência do Presidencialismo de Coalizão no Brasil pós-Constituição de 1988 demonstra que há uma alta concentração

---

[561] ABRANCHES, Sérgio. Presidencialismo de coalizão e crise de governança. *In*: TAVARES, José Antônio Giusti (org.) *O sistema partidário na consolidação da democracia brasileira*. Brasília: Instituto Teotônio Vilela, 2003, p. 79.

[562] SARTORI, Giovanni. *Engenharia constitucional*: como mudam as constituições. Tradução Sérgio Bath. Brasília: UnB, 1996, p. 104.

[563] CUNOW, Saul; AMES, Barry; DESPOSATO, Scott; Rennó, Lucio. Reelection and legislative power: surprising results from Brazil. *Legislative Studies Quarterly*, v. 37, n. 4, p. 533-558, 2012, p. 23.

[564] ABRANCHES, Sérgio Henrique. Presidencialismo de coalizão: o dilema institucional brasileiro. *Dados – Revista de Ciências Sociais*, Rio de Janeiro, 1988, p. 346.

de poderes nas mãos do Chefe do Poder Executivo Federal, o que, invariavelmente, provoca desequilíbrio na relação entre os legisladores e o Presidente.[565]

De acordo com Sérgio Antônio Ferreira Victor:

> O presidencialismo de coalizão conta, por fim, em seu funcionamento efetivo, com a hipertrofia legislativa do Executivo, que impõe sua agenda, especialmente por meio da utilização de medidas provisórias, mas também das iniciativas legislativas privativas, dos poderes de veto total e parcial e pedidos de urgência constitucional.[566]

De fato, o Presidente da República possui vasto aparato para controlar a agenda,[567] estabelecer suas bases, formar e modificar suas coalizões e distribuir pastas ministeriais a fim de implementar seus projetos e medidas. Com efeito, nos dizeres de Argelina Cheibub Figueiredo e de Fernando Limongi, "as relações entre Executivo e Legislativo são afetadas pela extensão dos poderes legislativos controlados pela presidência".[568]

Diante desse quadro, em que se destacam três vicissitudes – entre várias outras existentes –, oriundas do Presidencialismo de coalizão no Brasil pós-Constituição de 1988, indaga-se: a reeleição presidencial no Brasil seria fator de potencialização de vícios? Ou melhor, a introdução do instituto da reeleição presidencial no Brasil, a partir da Emenda Constituição nº 16/1997, teria intensificado distúrbios já verificados no denominado Presidencialismo de Coalizão brasileiro?

---

[565] Daniel Zovatto e Raúl Ávila entendem que "(...) nos casos em que há uma forte concentração de poder no presidente, propicia-se a desinstitucionalização das estruturas políticas e um desequilíbrio em face dos demais ramos do Estado". Tradução livre. ZOVATTO, Daniel; ÁVILA, Raúl. Reelección presidencial en América Latina: nadando en contra de la ola? *Revista Brasileira de Direito Eleitoral – RBDE*, ano 2, n. 2, jan./jun. 2010, p. 51.

[566] VICTOR, Sérgio Antônio Ferreira. *Presidencialismo de coalizão*: exame do atual sistema de governo brasileiro. São Paulo: Saraiva, 2015, p. 124.

[567] Segundo Sérgio Antônio Ferreira Victor, "o poder de agenda que inegavelmente possui o Executivo no âmbito do presidencialismo de coalizão brasileiro é um importante instrumento de governabilidade, entendida essa como a capacidade de o governo agir antes da geração das crises, produzindo políticas públicas que resolvam problemas sociais e sustentando-as". VICTOR, Sérgio Antônio Ferreira. *Presidencialismo de coalizão*: exame do atual sistema de governo brasileiro. São Paulo: Saraiva, 2015, p. 111-112.

[568] FIGUEIREDO, Argelina Cheibub; LIMONGI, Fernando. Executivo e Legislativo na nova ordem constitucional. Rio de Janeiro: Fundação Getúlio Vargas/Fapesp, 1999, p. 23.

No intuito de responder a esses questionamentos, pondera-se: se, por um lado, a reeleição presidencial representa a confirmação popular em favor da continuidade de governantes nos respectivos cargos do Poder Executivo, por outro, seu desempenho no presidencialismo brasileiro, para além de ter propiciado a desigualdade de oportunidades entre os candidatos, potencializou algumas facetas negativas, que prejudicam, como visto, a tênue relação entre o Poder Executivo e Legislativo.

Por seguro, esses fenômenos não derivam da introdução da reeleição presidencial no ordenamento jurídico brasileiro. Com ou sem reeleição presidencial, os distúrbios hoje observados no denominado Presidencialismo de Coalizão podem se manifestar.[569] Todavia, parecem potencializados pela reeleição presidencial que veio a ser introduzida.

Nessa linha argumentativa, Sérgio Abranches afirma que as problemáticas advindas da introdução do instituto da reeleição no presidencialismo brasileiro, nos moldes aqui desenhados, são evidentes.

Ao tratar sobre o tema, o autor adverte que tão somente "o segundo mandato de Lula foi de melhor desempenho que o primeiro, porque colheu os frutos das políticas econômicas do FHC II e do Lula I".[570]

Nesse exame das experiências das reeleições presidenciais no Brasil, argumenta o autor que "o 'ciclo político-econômico', que leva presidentes a manejar a política macroeconômica para influenciar as eleições, agrava-se muito quando há reeleição, sobretudo quando dominam as coalizões clientelistas".[571]

---

[569] Segundo Ana Paula Fuliaro: "Não se pode olvidar, contudo, que o uso dos recursos políticos em geral não é assunto exclusivo de competições em que se está diante da reeleição. Assim como se analisou, no Brasil em 2010 (quando o então Presidente da República elegeu sua sucessora), as forças políticas e os detentores do poder podem se valer dos recursos a sua disposição tanto para si como para eleger seus sucessores". FULIARO, Ana Paula. *Democracia na América Latina*: enfoque especial: alternância no poder. 2016. Tese (Doutorado). Universidade Federal de São Paulo, Faculdade de Direito. São Paulo: 2016, p. 115.

[570] ABRANCHES, Sérgio Henrique. Presidencialismo de coalizão: o dilema institucional brasileiro. *Dados – Revista de Ciências Sociais*, Rio de Janeiro, 1988, p. 342.

[571] ABRANCHES, Sérgio Henrique. Presidencialismo de coalizão: o dilema institucional brasileiro. *Dados – Revista de Ciências Sociais*, Rio de Janeiro, 1988, p. 342.

Diante disso, Marcelo Figueiredo afirma que "um dos principais problemas ínsito à reeleição diz respeito ao monopólio e abuso do poder de quem permanece no cargo e disputa uma reeleição".[572] Além disso, pontua que "a reeleição desequilibra as forças políticas fazendo pender a favor do candidato oficial toda a sorte de vantagens do poder".[573]

O fato é que a experiência da reeleição presidencial no Brasil até agora aparenta intensificar a prática de condutas potencialmente irregulares eventualmente cometidas pelos Chefes do Poder Executivo – a partir de possíveis abusos da máquina pública ou de abusos de poder econômico e/ou político – que visariam tão somente ao alcance da própria reeleição ou a manutenção de seu grupo político no poder.

Assim, atento às facetas negativas da manutenção do grupo político no poder (que, ressalta-se, pode ocorrer com ou sem reeleição), Sérgio Abranches explica que o ciclo político-econômico nas vésperas do pleito eleitoral de 2010 foi decisivo para a eleição de Dilma Rousseff, sucessora de Luiz Inácio Lula da Silva na Presidência:

> Lula promoveu um desajuste fiscal, que Dilma aprofundou, criando um gigantesco problema para os anos que se seguiram ao seu breve segundo mandato. O ciclo político-econômico também ocorre quando não há reeleição. Todavia, ele tende a ser mais longo, mais intenso, e seu impacto fiscal negativo muito maior, quando há. Principalmente quando um mesmo partido elege e reelege presidentes em sucessão.[574]

Com essas considerações, e após a análise dos mandatos exercidos pelos Presidentes Fernando Henrique Cardoso, Luiz Inácio Lula da Silva, Dilma Vana Rousseff (ao lado das breves

---

[572] FIGUEIREDO, Marcelo. A reeleição do titular do poder Executivo nas Américas: a situação do Brasil. *In:* FIGUEIREDO, Marcelo (coord.) Novos rumos para o direito público: reflexões em homenagem à Professora Lúcia Valle Figueiredo. Belo Horizonte: Fórum, 2012, p. 285.

[573] FIGUEIREDO, Marcelo. A reeleição do titular do poder Executivo nas Américas: a situação do Brasil. *In:* FIGUEIREDO, Marcelo (coord.) Novos rumos para o direito público: reflexões em homenagem à Professora Lúcia Valle Figueiredo. Belo Horizonte: Fórum, 2012, p. 287.

[574] ABRANCHES, Sérgio Henrique. Presidencialismo de coalizão: o dilema institucional brasileiro. *Dados – Revista de Ciências Sociais*, Rio de Janeiro, 1988, p. 342.

considerações da presidência exercida por Michel Temer, que não disputou a reeleição, e do primeiro mandato de Jair Messias Bolsonaro, que disputou a reeleição – mas foi derrotado – no pleito eleitoral de 2022),[575] é possível observar alguns pontos de convergência que demonstram como, de fato, o instituto da reeleição do Chefe do Poder Executivo Federal potencializa as vicissitudes observadas no denominado Presidencialismo de Coalizão brasileiro.

Na compreensão de Sérgio Abranches, o segundo mandato presidencial de Fernando Henrique Cardoso "foi politicamente mais instável, e a gestão de sua coalizão custou mais em termos fiscais e concessões clientelistas do que no primeiro. Esse custo se elevou a partir da introdução da reeleição na agenda presidencial".[576]

Frederico Bertholini e Carlos Pereira, ao examinarem os custos de gerência das coalizões no presidencialismo brasileiro, evidenciam que, apesar de o primeiro mandato de Fernando Henrique Cardoso ter tido um custo total relativamente baixo se comparado a outros períodos, no segundo mandato do então Presidente "houve um aumento expressivo dos custos totais de governo (...) e dos custos com o próprio PSDB".[577]

Quanto ao segundo mandato presidencial de Luiz Inácio Lula da Silva, Sérgio Abranches afirma que "a manutenção da coalizão também custou mais caro. Sem considerar os custos da rede de corrupção político-empresarial e seus efeitos nos preços das obras públicas".[578]

---

[575] As eleições de 2022 possuem relevância no que toca ao instituto da reeleição presidencial. No estudo, verificou-se – com a abordagem proposta, sem a pretensão de conjecturar cenários futuros – duas questões que dizem com a reeleição presidencial: a disputa pela reeleição de Jair Messias Bolsonaro ao cargo de Presidente e a candidatura de Luiz Inácio Lula da Silva ao terceiro mandato presidencial não consecutivo. No dia 1º de janeiro de 2023, Luiz Inácio Lula da Silva se tornou o primeiro Presidente, na experiência pós-Constituição de 1988, a exercer o cargo por três mandatos.

[576] ABRANCHES, Sérgio Henrique. Presidencialismo de coalizão: o dilema institucional brasileiro. *Dados – Revista de Ciências Sociais*, Rio de Janeiro, 1988, p. 342-343.

[577] BERTHOLINI, Frederico; PEREIRA, Carlos. Pagando o preço de governar: custos de gerência de coalizão no presidencialismo brasileiro. *Revista de Administração Pública*, Rio de Janeiro, v. 51, n. 4, p. 528-550, ago. 2017. Disponível em: http://www.scielo.br/scielo.php?script=sci_arttext&pid=S0034-76122017000400528&lng=en&nrm=iso. Acesso em: 20 jan. 2019, p. 540.

[578] ABRANCHES, Sérgio Henrique. Presidencialismo de coalizão: o dilema institucional brasileiro. *Dados – Revista de Ciências Sociais*, Rio de Janeiro, 1988, p. 343.

Nessa mesma perspectiva, Frederico Bertholini e Carlos Pereira observam que:

> (...) com a chegada do Partido dos Trabalhadores (PT) à presidência da república, não apenas os custos totais de governo aumentaram (...), como também ocorreu uma inversão da composição dos custos, quando o partido do presidente passa a ser o principal destinatário em relação aos demais partidos da coalizão do presidente.[579]

Além disso, ao compararem os dois mandatos exercidos por Luiz Inácio Lula da Silva, os autores verificaram "(...) um pequeno aumento dos custos totais, principalmente a partir da metade do seu segundo mandato. Esse incremento se deveu fundamentalmente a uma ampliação dos custos com os outros partidos de sua coalizão em relação ao PT".[580]

Apesar das crises experimentadas nos mandatos do então Presidente Luiz Inácio Lula da Silva, inclusive relativas a escândalos de corrupção,[581] Sérgio Abranches destaca que, durante o exercício do segundo mandato, Lula conquistou o "maior sucesso nos resultados junto à população".[582]

Quanto ao exercício da Presidência por Dilma Vana Rousseff, Frederico Bertholini e Carlos Pereira observam que "o primeiro governo da presidente Dilma Rousseff apresentou um incremento considerável dos custos totais de governo".[583]

---

[579] BERTHOLINI, Frederico; PEREIRA, Carlos. Pagando o preço de governar: custos de gerência de coalizão no presidencialismo brasileiro. *Revista de Administração Pública*, Rio de Janeiro, v. 51, n. 4, p. 528-550, ago. 2017. Disponível em: http://www.scielo.br/scielo.php?script=sci_arttext&pid=S0034-76122017000400528&lng=en&nrm=iso. Acesso em: 20 jan. 2019, p. 540.

[580] BERTHOLINI, Frederico; PEREIRA, Carlos. Pagando o preço de governar: custos de gerência de coalizão no presidencialismo brasileiro. *Revista de Administração Pública*, Rio de Janeiro, v. 51, n. 4, p. 528-550, ago. 2017. Disponível em: http://www.scielo.br/scielo.php?script=sci_arttext&pid=S0034-76122017000400528&lng=en&nrm=iso. Acesso em: 20 jan. 2019, p. 540.

[581] Cumpre esclarecer que escândalos de corrupção também estiveram presentes nos governos de Fernando Henrique Cardoso, Dilma Vana Rousseff e Michel Temer.

[582] ABRANCHES, Sérgio Henrique. Presidencialismo de coalizão: o dilema institucional brasileiro. *Dados – Revista de Ciências Sociais*, Rio de Janeiro, 1988, p. 343.

[583] BERTHOLINI, Frederico; PEREIRA, Carlos. Pagando o preço de governar: custos de gerência de coalizão no presidencialismo brasileiro. *Revista de Administração Pública*, Rio de Janeiro, v. 51, n. 4, p. 528-550, ago. 2017. Disponível em: http://www.scielo.br/scielo.php?script=sci_arttext&pid=S0034-76122017000400528&lng=en&nrm=iso. Acesso em: 20 jan. 2019, p. 541.

Ainda no tocante ao primeiro mandato da então Presidente, os autores asseveram que o governo de Dilma Rousseff se mostrou ainda mais dependente das coalizões formadas, sendo que "essa subida expressiva na necessidade de coalizão no governo Dilma 1 se deveu fundamentalmente ao aumento da fragmentação partidária no Legislativo".[584]

Em face das dificuldades identificadas no primeiro mandato de Dilma, que refletiram diretamente no segundo mandato da então Presidente, Sérgio Abranches relata que, nesse período, foram experimentadas crises de várias ordens.

Assevera ainda que "o segundo mandato de Dilma Rousseff começou em crise e terminou em *impeachment*, com custos fiscais com a coalizão explosivos, particularmente no último semestre de 2015 e no primeiro de 2016".[585]

Assim, como resultado desta pesquisa, extrai-se que o instituto da reeleição presidencial nessas três experiências do presidencialismo brasileiro pós-Constituição de 1988: i) acentuou a prática de políticas clientelistas; ii) aumentou os custos de manutenção das coalizões; e iii) potencializou o abuso da máquina pública[586] nas vésperas dos pleitos eleitorais e a prática de atos de corrupção.[587]

---

[584] BERTHOLINI, Frederico; PEREIRA, Carlos. Pagando o preço de governar: custos de gerência de coalizão no presidencialismo brasileiro. *Revista de Administração Pública*, Rio de Janeiro, v. 51, n. 4, p. 528-550, ago. 2017. Disponível em: http://www.scielo.br/scielo.php?script=sci_arttext&pid=S0034-76122017000400528&lng=en&nrm=iso. Acesso em: 20 jan. 2019, p. 540.

[585] ABRANCHES, Sérgio Henrique. Presidencialismo de coalizão: o dilema institucional brasileiro. *Dados – Revista de Ciências Sociais*, Rio de Janeiro, 1988, p. 343.

[586] Paulo Henrique dos Santos Lucon destaca que "a possibilidade de reeleição para os cargos de Prefeito, Governador e Presidente da República estimula ainda mais o uso da máquina pública nas campanhas eleitorais, principalmente por meio do uso ilícito da propaganda institucional, que permite levar a efeito uma propaganda eleitoral velada, destinada a manter no poder quem nele já se encontra ou apoiar possíveis sucessores". LUCON, Paulo Henrique dos Santos. A importância da propaganda eleitoral na renovação da política nacional e os efeitos da propaganda institucional na reeleição. *Revista do Instituto dos Advogados de São Paulo – RIASP*, v. 17, n. 33, p. 195-208, jan. /jun. 2014. Disponível em: http://bdjur.stj.jus.br/dspace/handle/2011/77175. Acesso em: 2 fev. 2019, p. 207. Nesse mesmo sentido, explica Vinícius de Carvalho Madeira: "é concreta a possibilidade de o mandatário no Poder Executivo empregar a máquina governamental para influir na vontade popular". MADEIRA, Vinicius de Carvalho. *República, democracia e reeleições*: o princípio da renovação. Porto Alegre: Sergio Antonio Fabris Editor, 2013, p. 126.

[587] De fato, não é de hoje que a temática da corrupção se conecta com as mazelas por ventura observadas nos presidencialismos, sobretudo no brasileiro, seja com ou sem a previsão de reeleição do Presidente da República. De acordo com Waldo Ansaldi, no contexto

Ciente disso, Sérgio Abranches conclui que "a reeleição só gerou custos e crises para o país",[588] destacando, em seu estudo, que "há o desgaste natural, pelo tempo, do vigor político do presidente no segundo mandato. Uma espécie de fadiga da coalizão, que reduz a popularidade e a força de atração presidencial".[589]

Não por outro motivo, Glauco Costa Leite sopesa:

> A despeito de possibilitar a continuidade de uma determinada política administrativa por um período adicional de tempo, a reeleição institucionaliza os problemas inerentes à utilização não republicana da máquina da Administração Pública, de modo que, a bem do regime democrático e da alternância de poder, será muito melhor perder a oportunidade de reconduzir um bom governante de forma imediata, do que autorizar a reeleição e instigar os governantes a se perpetuarem no poder, fazendo desse seu principal objetivo, flertando com diversas práticas corruptivas.[590]

Desse modo, se, de um lado, é possível compreender, na linha defendida por Alexandre de Moraes, que "a reeleição é democrática, e deve ser implementada, juntamente com a concessão de maiores mecanismos e instrumentos para a Justiça eleitoral e o Ministério Público coibirem o uso da máquina administrativa",[591] de outro lado, defende-se que é insuficiente a análise do instituto da reeleição presidencial tão-somente sob o prisma do caráter democrático, ou não, do instituto.

---

latino-americano, em geral, a democracia sofre riscos derivados da corrupção estrutural. Registra o autor que "a perda de confiança nas instituições centrais da democracia liberal – partidos políticos, Congresso Nacional, Poder Judiciário – é um indicador chave de pouco mais de duas décadas de democracia. (...) Outra ação corrosiva das atuais democracias latino-americanas é aquela exercida pela corrupção estrutural". ANSALDI, Waldo. La democracia en América Latina, un barco a la deriva, tocado en la línea de flotación y con piratas a estribor: una explicación de larga duración. *In:* ANSALDI, Waldo (Director) *La democracia en América Latina*: un barco a la deriva. l. ed. Buenos Aires: Fondo de Cultura Económica, 2007, p. 105-106.

[588] ABRANCHES, Sérgio Henrique. Presidencialismo de coalizão: o dilema institucional brasileiro. *Dados – Revista de Ciências Sociais*, Rio de Janeiro, 1988, p. 343.

[589] ABRANCHES, Sérgio Henrique. Presidencialismo de coalizão: o dilema institucional brasileiro. *Dados – Revista de Ciências Sociais*, Rio de Janeiro, 1988, p. 343.

[590] LEITE, Glauco Costa. Reeleição presidencial no Brasil e seus reflexos na qualidade democrática e no combate à corrupção. *In:* HIROSE, Regina Tamarni (coord.). *Carreiras típicas de Estado*: desafios e avanços na prevenção e no combate à corrupção. Belo Horizonte: Fórum, 2019, p. 144.

[591] MORAES, Alexandre de. *Direito constitucional*. 15. ed. São Paulo: Atlas, 2004, p. 244.

Ao lado desse fator (que é essencial, frisa-se), é indispensável o exame do desempenho da reeleição presidencial no sistema político em que está inserida. Por isso, investigou-se a reeleição presidencial nos Estados Unidos e em alguns países da América Latina para, finalmente, chegar-se ao objeto da presente pesquisa: a reeleição presidencial no contexto brasileiro.

Nos Estados Unidos, constata-se que a 22ª Emenda limitou, de modo expresso, em dois mandatos, com duração de quatro anos cada, o exercício da Presidência. Em verdade, na experiência norte-americana, a referida Emenda codificou uma muito antiga tradição (costume constitucional) de dois mandatos presidenciais, inaugurada pelo então Presidente George Washington, confirmada por Thomas Jefferson e pelos diversos presidentes subsequentes, apenas e tão somente quebrada pelos quatro mandatos presidenciais de Franklin Delano Roosevelt. Assim, a 22ª Emenda fixou a regra de que o Chefe do Poder Executivo pode exercer no máximo dois mandatos, vedando a reeleição para um terceiro mandato, sucessivo, ou não aos anteriores.

Não obstante a previsão constitucional sobre o tema nos Estados Unidos (e da longa tradição de dois mandatos para o exercício da Presidência), observa-se que, mesmo em uma democracia consolidada como a norte-americana, cujo presidencialismo e as formas de controle são vistos como influência para a realidade sociopolítica de outros países, ainda estão presentes, na atualidade, dilemas referentes à duração do mandato e à reeleição presidencial.

O fato é que a matriz constitucional norte-americana não parece ter, para si, uma "verdade" livre de vícios, muito menos para outros povos com suas respectivas particularidades, inclusive no tocante à reeleição presidencial. A propósito, José Levi Mello do Amaral Júnior destaca o sugestivo jogo de palavras de Adam Liptak no título da resenha *"We the People" loses appeal with people around the world* (in The New York Times), destacando o gradual declínio da influência da Constituição norte-americana perante outras nações.[592]

---

[592] AMARAL JÚNIOR, José Levi Mello do. A Constituição do povo e sua afirmação popular. *Revista Consultor Jurídico*, 6 de outubro de 2013. Coluna *Análise Constitucional*. Disponível em: https://www.conjur.com.br/2013-out-06/analise-constitucional-constituicao-moldar-vontade-povo. Acesso em: 12 mar. 2019.

Conectando essas ideias à análise da reeleição presidencial na América Latina, especificamente na Argentina, na Bolívia, na Colômbia, na Costa Rica, no Chile, no Equador, em Honduras, no México, no Paraguai, no Peru, no Uruguai e na Venezuela, apesar dos distintos contextos culturais e políticos de cada país, que seguramente influenciam o desenho institucional e o emprego, ou não, da reeleição presidencial em cada sistema político, identifica-se que o casuísmo, no trato recente da reeleição presidencial, parece ser fator comum de instabilidade severa nos países latino-americanos investigados.

Ao examinar a história de alguns países latino-americanos, marcadas por continuísmos, ditaduras e personalizações do poder, é possível constatar certa aversão e medo da sociedade à reeleição presidencial, fazendo com que seja mais frequente entre os estudiosos do tema na América Latina a defesa pela vedação do instituto.

Todavia, as multiplicidades dos desenhos institucionais e das formas com que a reeleição presidencial é adotada nos textos constitucionais dos países latino-americanos examinados demonstram que a existência de limites constitucionais à duração de mandato e à reeleição presidencial não impedem que alterações constitucionais sejam feitas, ou até mesmo que novas interpretações sobre o tema sejam realizadas pelas respectivas Cortes constitucionais ou Supremas Cortes.

Em outras palavras, pode-se afirmar que a previsão constitucional de limites à duração do mandato e à reeleição presidencial é necessária (ainda que seja, por si só, insuficiente), para assegurar segurança jurídica e afastar, ao menos formalmente, eventuais continuísmos. Entretanto, é evidente que eventuais pretensões de continuidade ilimitada e indefinida de líderes políticos (por vezes identificadas no cenário latino-americano), com ou sem apoio popular, podem ensejar, a depender do contexto político, interpretações e ações discricionárias, em caminho oposto às matrizes republicanas e democráticas.

Como visto, na atualidade, é possível vislumbrar – em razão da tênue relação entre o continuísmo e a continuidade no que diz respeito à duração do mandato e à reeleição dos Chefes do Poder Executivo em sistemas presidencialistas – manobras que confundem a continuidade com o continuísmo sendo utilizadas como instrumento para, via alterações constitucionais que acabam por reduzir a alternância, permitir a continuidade de líderes no poder, seja por meio não democrático, seja pela adoção de reeleições ilimitadas, sob o falso véu democrático.

Por essas razões, não há falar em garantia da continuidade ilimitada dos bons governantes – mesmo que eleitos com aprovação popular – para os cargos eletivos de chefia do Poder Executivo, pois, nos dizeres de Vinícius de Carvalho Madeira:

> Qualquer que seja o motivo para se limitar o número de mandatos possíveis – *fear of power, fear of age, ou desire for change* (medo do poder, medo da idade ou desejo de mudança) – todos são motivos suficientes para justificar os limites à reeleição.[593]

No Brasil, por sua vez, o trato da reeleição e da duração do mandato presidencial demonstra que são sensíveis as aproximações dos textos constitucionais de 1891 a 1988.

Desde a primeira Constituição republicana, constata-se que a tradição constitucional brasileira se direcionou para a vedação absoluta da reeleição presidencial, tradição essa que foi modificada pela Emenda Constitucional nº 16/1997, a qual introduziu, de forma inédita na história constitucional brasileira, a reeleição para o Presidente da República, tendo sido expressa, também, e no mesmo sentido, relativamente aos demais Chefes dos Poderes Executivos, dos Estados, do Distrito Federal e dos Municípios.

Todavia, essa emenda constitucional não passou livre de enfrentamentos.

Diante disso, alguns desafios perante o Poder Judiciário e Legislativo foram examinados e, como resultado, extraiu-se que: i) o exame da constitucionalidade da emenda da reeleição ainda não foi alvo direto de controle por parte do Judiciário brasileiro, muito embora tenham sido observadas discussões no Supremo Tribunal Federal e no Tribunal Superior Eleitoral referentes à desincompatibilização dos Chefes do Poder Executivo para a

---

[593] MADEIRA, Vinicius de Carvalho. *República, democracia e reeleições*: o princípio da renovação. Porto Alegre: Sergio Antonio Fabris Editor, 2013, p. 129.

disputa da reeleição e à elegibilidade dos Vices; e ii) tramitam, em ambas as Casas do Congresso Nacional, propostas de emenda constitucional que visam ao retorno à tradição de irreelegibilidade ou o aperfeiçoamento da reeleição presidencial.

Nessa análise, observou-se que os ânimos contrários à reeleição presidencial ainda se fazem presentes nos debates contemporâneos. E mais, essa constatação não destoa do passado.

Num prisma histórico, é interessante observar que ao menos um caso estadual parece validar a importância dessa previsão (e tradição) constitucional relativa à vedação absoluta da reeleição presidencial: no Rio Grande do Sul, Borges de Medeiros exerceu o cargo de governador durante 25 anos, em razão da ausência de vedação à reeleição do Chefe do Poder Executivo na Constituição do Estado.[594]

Se, de um lado, é marcante a permanência duradoura de Borges de Medeiros na chefia do Poder Executivo do Rio Grande do Sul, de outro lado, é significativa a sua mudança de pensamento político-institucional em sua obra "O Poder Moderador na República Presidencial". A viragem de concepção sobre o tema é observada quando Borges de Medeiros assevera, em seus escritos, que o presidencialismo brasileiro "já em seus primeiros dias, degenerara em um regime de governo unipessoal e ditatorial".[595] E mais ainda, quando registra:

> Ninguém, que examine sem preconceito o passado nacional, deixará de reconhecer quanto contribuiu essa degenerescência progressiva do

---

[594] Paulo Brossard explica que "Antônio Augusto Borges de Medeiros por dez anos governou o Rio Grande, de 1898 a 1908; foi substituído, por indicação sua, por Carlos Barbosa, que, aliás, realizou fecunda administração; ao governo retornou em 1913, tendo sido reeleito em 1917 e em 1922. Foram vinte e cinco anos". BROSSARD, Paulo. Borges de Medeiros e a evolução de seu pensamento político. 2. ed. Assembleia Legislativa do Rio Grande do Sul. 1993. In: MEDEIROS, Borges de. *Poder moderador na República presidencial*. Caxias do Sul: Educs, 2002, p. 40. Além do caso de Borges de Medeiros no Rio Grande do Sul, também merece destaque a reeleição de Antônio Nogueira Accioly ao cargo de Governador do Ceará em 1908 (exerceu o cargo por 16 anos – 1896-1912). Um dos exemplos de movimentos contrários à permanência de Accioly no poder foi a Passeata das Crianças, liderada por mulheres e 600 crianças, que desfilaram em Fortaleza vestidas de branco, enfeites verde-amarelo e broches em favor de Franco Rabelo, da oposição. O movimento sofreu forte repreensão policial, cujo resultado foram muitos feridos, pisoteados e a morte de pelos menos uma criança. FIRMEZA, Hermenegildo. A revolução de 1912 no Ceará. *Revista do Instituto do Ceará*, p. 25-59, 1963, p. 25-32.

[595] MEDEIROS, Borges de. *Poder moderador na República presidencial*. Caxias do Sul: Educs, 2002, p. 109.

governo presidencial para os erros e crises que vêm atormentando a República durante os seus 44 anos de existência, a maior parte deles transcorridos sob ditaduras *legais* e *extralegais*.[596]

É bastante sugestivo o fato de o mesmo Rio Grande do Sul (ente federado que, como visto, conheceu, no passado distante, prática de reeleições reiteradas), após a Emenda Constitucional nº 16/1997, ainda não ter reeleito nenhum governador, não obstante cinco tenham tentado a reeleição (a exceção foi Olívio Dutra, cuja nova candidatura foi preterida, em 2002, pela respectiva agremiação partidária em favor de Tarso Genro, então Prefeito de Porto Alegre, que veio a ser derrotado nas urnas).[597]

O que se pode extrair dessa breve digressão a respeito da reeleição do Chefe do Poder Executivo no âmbito estadual – que, por não se tratar de objeto deste estudo, teve como propósito demonstrar os vícios da longa duração de uma única pessoa na chefia do Executivo – é que a própria história brasileira, mesmo que em esfera estadual, demonstra que a vedação da reeleição presidencial pode (e deve) ser encarada como positiva ao presidencialismo brasileiro, sobretudo quando já identificados vícios dele decorrentes.

Mesmo reconhecendo que, no prisma federal, a alternância e a previsão constitucional da reeleição foram respeitadas nas transições de Fernando Henrique Cardoso, Luiz Inácio Lula da Silva e Dilma Vana Rousseff na Presidência, os custos e desgastes

---

[596] MEDEIROS, Borges de. *Poder moderador na República presidencial*. Caxias do Sul: Educs, 2002, p. 109.

[597] É digno de nota que Eduardo Leite, do PSDB, eleito governador do Rio Grande do Sul em 2018, foi novamente eleito ao mesmo cargo em 2022. Uma questão é importante: em 31 de março de 2022, Eduardo Leite renunciou ao cargo de governador, aspirando, à época, disputar as eleições presidenciais a serem realizadas no mesmo ano. Assim, o governo do Rio Grande do Sul passou a ser exercido pelo então Vice-Governador, Ranolfo Vieira Júnior, do PSDB. No prefácio deste trabalho, José Levi Mello do Amaral Júnior esclarece: "[...] de modo inédito, desde Borges de Medeiros, Eduardo Leite, após renunciar, em 31 de março de 2022, ao seu primeiro mandato como Governador, veio a ser reeleito, em 30 de outubro de 2022, para o período subsequente (a redação do §5º do art. 14 da Constituição não deixa dúvida que se trata de reeleição: "para um único período subsequente", lógico, subsequente ao primeiro mandato, que não se apaga pela eventual renúncia)." G1. Eduardo Leite renuncia e Ranolfo Vieira Júnior assume governo do RS: 'me preparei para isso'. Disponível em: https://g1.globo.com/rs/rio-grande-do-sul/noticia/2022/03/31/eduardo-leite-renuncia-e-ranolfo-vieira-junior-assume-governo-do-rs.ghtml. Acesso em: 18 ago. 2022; TRIBUNAL REGIONAL ELEITORAL DO RIO GRANDE DO SUL. TRE-RS. Eduardo Leite é reeleito governador do Rio Grande do Sul. Disponível em: https://www.tre-rs.jus.br/comunicacao/noticias/2022/Outubro/eduardo-leite-e-reeleito-governador-do-rio-grande-do-sul. Acesso em: 15 nov. 2022.

político-institucionais com a reeleição presidencial revelaram-se, ao menos nessas experiências examinadas e já vivenciadas até o momento, prejudiciais à estabilidade e funcionalidade do sistema político adotado no Brasil.

Em outras palavras, comprovou-se, a partir do exame das experiências de reeleição presidencial no Brasil – governos de Fernando Henrique Cardoso, Luiz Inácio Lula da Silva e Dilma Vana Rousseff – que o instituto potencializou alguns dos vícios já manifestados no Presidencialismo de Coalizão brasileiro. Em outras palavras, conforme já destacado, a reeleição presidencial no Brasil: i) acentuou a prática de políticas clientelistas; ii) aumentou os custos de manutenção das coalizões; iii) potencializou o abuso da máquina pública nas vésperas dos pleitos eleitorais e a prática de atos de corrupção.

Por essas razões, Tarcisio Vieira de Carvalho Neto defende o retorno à tradição da irreelegibilidade, pois "traria efeitos virtuosos sobre um quantitativo enorme de questões eleitorais, dentre as quais as relacionadas com: a) condutas vedadas; b) abusos de poder político e econômico; e c) proibição de promoção pessoal na publicidade institucional".[598]

Por seu turno, Paulo Torelly, favorável ao retorno da referida tradição, compreende que a vedação da reeleição dos Chefes do Poder Executivo asseguraria:

> a) a imprescindível isonomia entre os candidatos; b) a pluralidade democrática com a isonomia entre as forças políticas que disputam os pleitos eleitorais; c) a necessária distinção entre a administração pública, a gestão e a chefia do Estado e as sucessivas disputas eleitorais; e, por último, d) a legitimidade racional e democrática dos processos eleitorais.[599]

Logo, ante os dilemas decorrentes da estreita relação entre o Poder Executivo e o Legislativo identificados nesta pesquisa – que tratou dos efeitos da introdução e do desempenho da reeleição presidencial

---

[598] CARVALHO NETO, Tarcisio Vieira de. Reeleição no Brasil: efeitos perversos no processo eleitoral. *In:* CARVALHO NETO, Tarcisio Vieira de; FERREIRA, Telson Luís Cavalcante; GONZAGA NETO, Admar *et al.* (coord.). *Direito eleitoral*: aspectos materiais e processuais. São Paulo: Migalhas, 2016, p. 387.

[599] TORELLY, Paulo Peretti. A substancial inconstitucionalidade da regra da reeleição: isonomia e república no direito constitucional e na teoria da constituição. Porto Alegre: Sergio Antonio Fabris Editor, 2008, p. 276.

no presidencialismo brasileiro – e mesmo sabendo que a política é um desafio permanente, já é possível fazer balanço nitidamente negativo da reeleição presidencial na prática brasileira das últimas duas décadas.

Seguramente, não se pode negar que a reeleição é almejada pelos representantes e desejada, por vezes, pelo próprio povo. Todavia, filia-se ao entendimento de Sérgio Sérvulo da Cunha e Carlos Maximiliano, que, ao tratarem da reeleição presidencial, afirmam, respectivamente:

> O que, no fragor da vitória, é exibido como adesão maciça dos desejos e das consciências, o tempo vai desnudando como fruto da coerção, manipulação, ou abuso do poder.[600]
>
> Nos países novos o perigo é maior. Permitida a reeleição, todos a disputariam, e a vitória caberia sempre ao governo, como acontece em todos os pleitos. Dever-se-ia o primeiro triunfo à persuasão, o segundo a corrupção, e os demais à violência.[601]

Por todo o exposto, à guisa de conclusão, cumpre responder, de forma objetiva, ao seguinte questionamento que acompanhou e motivou a presente pesquisa: a reeleição presidencial é fator de potencialização de vícios do presidencialismo brasileiro? Sim. O estudo da reeleição presidencial no Brasil possibilitou identificar o quanto e como esse instituto, na experiência de duas décadas, potencializa os vícios do presidencialismo brasileiro. A desigualdade de oportunidades entre os candidatos, a intensificação de práticas clientelistas, o aumento dos custos de manutenção das coalizões, a potencialização do abuso da máquina pública nas vésperas dos pleitos eleitorais e da prática de atos de corrupção são apenas alguns dos vários fenômenos que permitem chegar a essa conclusão. Em face disso, entende-se que seria positivo e saudável para o presidencialismo brasileiro nos moldes aqui desempenhado – em termos de funcionalidade e estabilidade – a retomada da tradição da vedação da reeleição presidencial.

---

[600] CUNHA, Sérgio Sérvulo da. Reeleição do presidente da República. *Revista de Infomação Legislativa*, Brasília, ano 33, n. 130. abr./jun. 1996, p. 54.

[601] MAXIMILIANO, Carlos. *Commentarios à Constituição brasileira*. 3. ed. ampl. e de acordo com a reforma constitucional de 1925-26. Porto Alegre: Globo, 1929, p. 524. Mesmo reconhecendo que nem sempre o candidato à reeleição será o vencedor do pleito eleitoral, a potencialização dos vícios do Presidencialismo de Coalizão aqui desempenhado já se mostra suficiente para demonstrar o caráter negativo da reeleição presidencial no Brasil.

REFERÊNCIAS

Livros e artigos científicos

ABRANCHES, Sérgio Henrique. Presidencialismo de coalizão: o dilema institucional brasileiro. *Dados – Revista de Ciências Sociais*, Rio de Janeiro, 1988.

ABRANCHES, Sérgio. Presidencialismo de coalizão e crise de governança. In: TAVARES, José Antônio Giusti (org.) *O sistema partidário na consolidação da democracia brasileira*. Brasília: Instituto Teotônio Vilela, 2003.

ABRANCHES, Sérgio. *Presidencialismo de coalizão*: raízes e evolução do modelo político brasileiro. 1. ed. São Paulo: Companhia das Letras, 2018.

ABRANCHES, Sérgio. Presidencialismo de coalizão em transe e crise democrática no Brasil. *Revista Euro latinoamericana de Análisis Social y Político (RELASP)*, v. 2, n. 3, p. 67-79, 2021.

ACKERMAN, Bruce. *A nova separação dos poderes*. Tradução Isabelle Maria Campos Vasconcelos, Eliana Valadares Santos. Rio de Janeiro: Lumen Juris, 2009.

ALBERDI, Juan Bautista. *Bases y puntos de partida para la organización política de la República de Argentina*. Buenos Aires: Biblioteca del Congreso de la Nación, 2017. Disponível em: https://bcn.gob.ar/uploads/BasesAlberdi.pdf. Acesso em: 5 fev. 2019.

ALCALÁ, Humberto Nogueira. La reelección presidencial en el ordenamiento constitucional chileno en el contexto latinoamericano. *Revista de Derecho* **Público**, n. 74, p. 133-157, 2011.

AMAR, Akhil Reed. *America's Constitution*: a biography. New York: Random House Publishing Group, 2012.

AMAR, Akhil Reed. *America's unwritten constitution*: the precedents and principles we live by. New York: Basic Books, 2012.

AMARAL JÚNIOR, José Levi Mello do. A Constituição do povo e sua afirmação popular. *Revista Consultor Jurídico*, 6 de outubro de 2013. Coluna Análise Constitucional. Disponível em: https://www.conjur.com.br/2013-out-06/analise-constitucional-constituicao-moldar-vontade-povo. Acesso em: 12 mar. 2019.

AMORIM NETO, Octavio; ACÁCIO, Igor. De volta ao centro da arena: Causas e consequências do papel político dos militares sob Bolsonaro. *Journal of Democracy*, v. 9, n. 2, p. 1-29, 2020.

AMORIM NETO, Octavio; ACÁCIO, P. Igor. Presidential term limits as a credible-commitment mechanism: the case of Brazil's military regime. Chapter prepared for the *Handbook of Presidential Term Limits*, edited by Robert Elgie and Alex Baturo, to be published by Oxford University Press in 2019.

AMORIM NETO, Octavio; PIMENTA, Gabriel Alves. The First Year of Bolsonaro in Office: Same Old Story, Same Old Song? *Revista de Ciência Política*, v. 40, n. 2, p. 187-213, 2020.

ANSALDI, Waldo. La democracia en América Latina, un barco a la deriva, tocado en la línea de flotación y con piratas a estribor: una explicación de larga duración. *In:* ANSALDI, Waldo (Director) *La democracia en América Latina*: un barco a la deriva. l. ed. Buenos Aires: Fondo de Cultura Económica, 2007.

ARROYO, Cesár Landa. A reeleição presidencial no Peru. *In:* SANTANO, Ana Claudia (coord.). *Reeleição presidencial nos sistemas políticos das Américas*. Curitiba: Íthala, 2015.

ATALIBA, Geraldo. Reeleição das mesas do Legislativo. *Revista de Informação Legislativa*, Brasília, ano 18, n. 69, jan./mar. 1981.

ATALIBA, Geraldo. *República e Constituição*. São Paulo: Malheiros, 2004.

AVRITZER, Leonardo. A crise da democracia e a ascensão do populismo de direita no Brasil. *In:* PINTO, Antonio Costa; GENTILE, Fabio. Apresentação. Dossiê "Populismo: teorias e casos". *Conhecer: debate entre o público e o privado*, v. 24, n. 10, p. 7-11, 2020.

AVRITZER, Leonardo. *Impasses da democracia no Brasil*. 1. ed. Rio de Janeiro: Civilização Brasileira, 2016.

AVRITZER, Leonardo; RENNÓ, Lucio. The pandemic and the crisis of democracy in Brazil. *Journal of Politics in Latin America*, v. 13, n. 3, p. 442-457, 2021.

BADENI, Gregorio. *Reforma Constitucional de 1994*. Disponível em: http://www.derecho.uba.ar/publicaciones/pensar-en-derecho/revistas/5/reforma-constitucional-de-1994.pdf. Acesso em: 2 abr. 2019.

CAVALCANTI, João Barbalho Uchôa. *Constituição federal brasileira (1891)*: comentada. Brasília: Senado Federal, Conselho Editorial, 2002.

BARBOSA, Rui. *A Constituição de 1891*. Rio de Janeiro: Ministério da Educação e Saúde: Casa de Rui Barbosa, 1946.

BARRETO, Lauro. *Reeleição e continuísmo*: aspectos históricos, doutrinários, políticos e jurídico da Emenda Constitucional nº 16. Rio de Janeiro: Lumen Juris, 1998.

BAUMAN, Zygmunt. *Tempos líquidos*. Rio de Janeiro: Zahar, 2007.

BECERRA, Augusto Hernández. Presidencialismo e reeleição presidencial na Colômbia. *In:* SANTANO, Ana Claudia (coord.). *Reeleição presidencial nos sistemas políticos das Américas*. Curitiba: Íthala, 2015.

BEÇAK, Rubens. Reforma política, aprofundamento dos meios de participação democrática e a questão do *recall*. *In:* CAGGIANO, Monica Herman S. (org.). *Reforma Política*: um mito inacabado. Barueri, SP: Manole, 2017. (Série Culturalismo Jurídico / Coord. Cláudio Lembo).

BERNARDELLI, *Paula*; SALGADO, Eneida Desiree. A *adoção da reeleição* para o poder Executivo no *Brasil* e suas incoerências com o sistema constitucional e eleitoral. *In:* SANTANO, Ana Claudia (coord.). *Reeleição presidencial nos sistemas políticos das Américas*. Curitiba: Íthala, 2015.

BERTHOLINI, Frederico; PEREIRA, Carlos. Pagando o preço de governar: custos de gerência de coalizão no presidencialismo brasileiro. *Revista de Administração Pública*, Rio de Janeiro, v. 51, n. 4, p. 528-550, ago. 2017. Disponível em: http://www.scielo.br/scielo.php?script=sci_arttext&pid=S0034-76122017000400528&lng=en&nrm=iso. Acesso em: 20 jan. 2019.

BOBBIO, Norberto; MATTEUCCI, Nicola; PASQUINO, Gianfranco. *Dicionário de política*. Tradução Carmem C. Varriale, João Ferreira *et al*. Brasília: Editora Universidade de Brasília, c1986.

BOGADO, Gustavo Javier Rojas. Sobre a reeleição presidencial no sistema constitucional paraguaio. *In:* SANTANO, Ana Claudia (coord.). *Reeleição presidencial nos sistemas políticos das Américas*. Curitiba: Íthala, 2015.

BONAVIDES, Paulo; PAES DE ANDRADE, Antônio. *História constitucional do Brasil*. 4. ed. Brasília: OAB Editora, 2002.

BARBOSA, Carlos Alberto Sampaio; LOPES, Maria Aparecida de Souza. A historiografia da Revolução Mexicana no limiar do século XXI: tendências gerais e novas perspectivas. *História*, v. 20, p. 163-198, 2001.

BROSSARD. Paulo. A reeleição é um insulto à nação. *In:* NERY, Sebastião. *A eleição da reeleição*: histórias, estado por estado. São Paulo: Geração Editorial, 1999.

BROSSARD, Paulo. Borges de Medeiros e a evolução de seu pensamento político. 2. ed. Assembleia Legislativa do Rio Grande do Sul. 1993. *In:* MEDEIROS, Borges de. *Poder moderador na República presidencial*. Caxias do Sul: Educs, 2002.

CAGGIANO, Mônica Herman Salem. *Reeleição*. São Paulo: Ceps, 1997.

CAGGIANO, Monica Herman Salem. *Reforma política*: um mito inacabado. Barueri, SP: Manole, 2017. (Série Culturalismo Jurídico / Coord. Cláudio Lembo).

CANOTILHO, J. J. Gomes; MENDES, Gilmar F.; SARLET, Ingo W.; STRECK, Lenio L. (coord.). *Comentários à Constituição do Brasil*. São Paulo: Saraiva/Almedina, 2013.

CARDOSO, Fernando Henrique. *Diários da presidência*. São Paulo: Companhia das Letras, 2015. 2 v.

CARDOSO, Fernando Henrique; GRAEFF, Eduardo. O próximo passo. *Revista Plenarium*, ano IV, n. 4 (jun. 2007), Brasília: Câmara dos Deputados, Coordenação de Publicações, 2007.

CAREY, John M. The reelection debate in Latin America. *Latin American Politics and Society*, v. 45, n. 1, p. 119-133, 2003.

CARPIZO, Jorge. Concepto de democracia y sistema de gobierno en América Latina. *Revista da Academia Brasileira de Direito Constitucional*, v. 10 B, p. 9-65, 2006.

CARRIZOSA, Andrés. Paraguay 2017: competencia política en las Cámaras, en las calles y en las urnas. *Revista de ciencia política (Santiago)*, v. 38, n. 2, p. 335-360, 2018.

CARVALHO, Rejane Vasconcelos. Democracia representativa e o princípio da alternância no poder: das sociedades de massa às sociedades midiatizadas. *Revista do Instituto do Ceará*, 2009, p. 163-181.

CARVALHO NETO, Tarcisio Vieira de. Reeleição no Brasil: efeitos perversos no processo eleitoral. *In:* CARVALHO NETO, Tarcisio Vieira de; FERREIRA, Telson Luís Cavalcante; GONZAGA NETO, Admar *et al.* (coord.). *Direito eleitoral*: aspectos materiais e processuais. São Paulo: Migalhas, 2016.

CARVALHO NETO, Tarcisio Vieira de. O princípio da alternância no regime democrático. *Revista de Informação Legislativa*, v. 49, n. 196, p. 165-182, out./dez. 2012.

CHASQUETTI, Daniel. Uruguay 2007: El complejo año de las reformas. *Revista de ciencia política (Santiago)*, v. 28, n. 1, p. 385-403, 2008.

CORWIN, Edward S. *The Constitution and what it means today*. Princeton: Princeton University Press, 1920.

CUNHA, Sérgio Sérvulo da. Reeleição do presidente da República. *Revista de Informação Legislativa*, Brasília, ano 33, n. 130. abr./jun. 1996.

CUNOW, Saul; AMES, Barry; DESPOSATO, Scott; Rennó, Lucio. Reelection and legislative power: surprising results from Brazil. *Legislative Studies Quarterly*, v. 37, n. 4, p. 533-558, 2012.

DAHL, Robert. *A democracia e seus críticos*. Tradução Patrícia de Freitas Ribeiro. São Paulo: WMF Martins Fontes, 2012.

DAPKEVICIUS, Rubén Flores. A reeleição presidencial na República Oriental do Uruguai. *In:* SANTANO, Ana Claudia (coord.). *Reeleição presidencial nos sistemas políticos das Américas*. Curitiba: Íthala, 2015.

DUVERGER, Maurice. *Os partidos políticos*. Tradução Cristiano Monteiro Oiticica. 2. ed. Rio de Janeiro: Zahar; Brasília: Universidade de Brasília, 1980.

EMERIQUE, Lilian Márcia Balmant. *Direito fundamental como oposição política*: discordar, fiscalizar e promover alternância política. Curitiba: Juruá, 2006.

FERREIRA FILHO, Manoel Gonçalves. A revisão da doutrina democrática. *Revista de Direito Constitucional e Internacional*, v. 1, p. 19-37, out-dez. 1992.

FERREIRA FILHO, Manoel Gonçalves. *Curso de direito constitucional*. 37. ed. rev. e atual. São Paulo: Saraiva, 2011.

FERREIRA FILHO, Manoel Gonçalves. Governabilidade e revisão constitucional: ensaio sobre a (in)governabilidade brasileira especialmente em vista da Constituição de 1988). *Revista de Direito Administrativo*, Rio de Janeiro, v. 193, p. 1-11, jul. 1993. Disponível em: http://bibliotecadigital.fgv.br/ojs/index.php/rda/article/view/45767/47094. Acesso em: 20 nov. 2018.

FIGUEIREDO, Argelina Cheibub; LIMONGI, Fernando. *Executivo e Legislativo na nova ordem constitucional*. Rio de Janeiro: Fundação Getúlio Vargas/Fapesp, 1999.

FIGUEIREDO, Marcelo. A reeleição do titular do poder Executivo nas Américas: a situação do Brasil. *In:* FIGUEIREDO, Marcelo (coord.) *Novos rumos para o direito público:* reflexões em homenagem à Professora Lúcia Valle Figueiredo. Belo Horizonte: Fórum, 2012.

FIRMEZA, Hermenegildo. A revolução de 1912 no Ceará. *Revista do Instituto do Ceará*, p. 25-59, 1963.

FRANCO, Afonso Arinos de Melo; PILA, Raul. *Presidencialismo ou parlamentarismo?* Brasília: Senado Federal, Conselho Editorial, 1999.

FULIARO, Ana Paula. *Democracia na América Latina*: enfoque especial: alternância no poder. 2016. Tese (Doutorado) - Universidade Federal de São Paulo, Faculdade de Direito. São Paulo: 2016.

GAMBOA, Nataly Viviana Vargas. A segunda ou a primeira? Reeleição presidencial de Juan Evo Morales Ayma. *In:* SANTANO, Ana Claudia (coord.). *Reeleição presidencial nos sistemas políticos das Américas*. Curitiba: Íthala, 2015.

GARCÍA BARZELATTO, Ana María. Duración del mandato presidencial, reelección, y simultaneidad de elecciones presidencial y parlamentarias. *Ius et Praxis*, v. 8, n. 1, p. 549-559, 2002.

GARGARELLA, Roberto. Un breve balance de la reforma constitucional de 1994, 20 años después. *Revista Argentina de Teoría Jurídica*, v. 15, n. 2, (dic. 2014). Disponível em: http://www.derecho.uba.ar/publicaciones/pensar-en-derecho/revistas/5/un-breve-balance-de-la-reforma-constitucional-de-1994-20-anos-despues.pdf. Acesso em: 27 dez. 2018.

GOMES, José Jairo. *Direito eleitoral*. São Paulo: Atlas, 2016.

GONZÁLEZ BOZZOLASCO, Ignacio. Paraguay: la reelección presidencial y los inicios de la carrera electoral 2018. *Revista de ciencia política (Santiago)*, v. 37, n. 2, p. 543-562, 2017.

GRIJALVA JIMÉNEZ, Agustín; CASTRO-MONTERO, José-Luis. La reelección presidencial indefinida en Venezuela, Nicaragua, Ecuador y Bolivia. *Estudios constitucionales*, v. 18, n. 1, p. 9-49, 2020.

HENRICH, Nathália. Uma breve história do debate sobre a reeleição presidencial nos Estados Unidos da América. *In:* SANTANO, Ana Claudia (coord.). *Reeleição presidencial nos sistemas políticos das Américas*. Curitiba: Íthala, 2015.

HEYL, Charlotte; LLANOS, Mariana. *Presidential term limits in Africa and Latin America*: contested but resilient. 2020.

HORBACH, Beatriz Horbach. Rumo das eleições na Bolívia foi decidido por seu Tribunal Constitucional. *Revista Consultor Jurídico*, 14 de fevereiro de 2015. Coluna Observatório Constitucional. Disponível em: https://www.conjur.com.br/2015-fev-14/observatorio-constitucional-rumo-eleicoes-bolivia-foi-decidido-tribunal-constitucional#_ftn8. Acesso em: 30 jun. 2021.

HUALDE, Alejandro Pérez. Reeleição na democracia argentina. *In:* SANTANO, Ana Claudia (coord.). *Reeleição presidencial nos sistemas políticos das Américas*. Curitiba: Íthala, 2015.

JARAMILLO, Juan Fernando. La reelección presidencial inmediata en Colombia. *Revista Nueva Sociedad*, v. 198, p. 15-31, 2005.

JOBIM, Nelson. Ainda o *impeachment*. fluxograma (II). golpe? *Zero Hora*, Porto Alegre, 17 out. 2016. Notícias, p. 27. Disponível em: www.stf.jus.br/arquivo/biblioteca/PastasMinistros/NelsonJobim/ArtigosJornais/1081234.pdf. Acesso em: 20 jan. 2019.

KIM, Richard Pae. Representação política e multipartidarismo. *In:* NORONHA, João Otávio de; KIM; Richard Pae (coord.). *Sistema político e direito eleitoral brasileiros*: estudos em homenagem ao Ministro Dias Toffoli. São Paulo: Atlas, 2016.

KORZI, Michael J. *Presidential term limits in American history*: power, principles & politics. College Station: Texas A&M University Press, 2011.

LAVAREDA, Antonio. Principais marcas das eleições municipais brasileiras de 2008. *In:* / LAVAREDA, Antonio; TELLES, Helcimara (org.). *Como o eleitor escolhe seu prefeito*: campanha e voto nas eleições municipais. 1. ed. Rio de Janeiro: FGV, 2011.

LEITE, Glauco Costa. Reeleição presidencial no Brasil e seus reflexos na qualidade democrática e no combate à corrupção. *In:* HIROSE, Regina Tamarni (coord.). *Carreiras típicas de Estado*: desafios e avanços na prevenção e no combate à corrupção. Belo Horizonte: Fórum, 2019.

LEVITSKY, Steven; ZIBLATT, Daniel. *How democracies die*. New York: Crown, 2018.

LINZ, Juan J. Democracy's time constraints. *International political science review*, número especial, v. 19, n. 1, p. 19-37, jan. 1998.

LINZ, Juan J. The perils of presidentialism. *Journal of Democracy*, v. 1, n. 1, p. 51-69, winter 1990.

LINZ, Juan J. O tempo e a mudança dos regimes. *Documentação e Atualidade Política*, n. 2, p. 24-36, jan./mar. 1977.

LISBOA, Carolina Cardoso Guimarães. *Normas constitucionais não escritas*: costumes e convenções da Constituição. São Paulo: Almedina, 2014.

LOEWENSTEIN, Karl. *Teoría de la constitución*. 2. ed. Barcelona: Ariel, 1970.

LOEWENSTEIN, Karl. *Brasil under Vargas*. New York: Macmillan, 1944.

LUCON, Paulo Henrique dos Santos. A importância da propaganda eleitoral na renovação da política nacional e os efeitos da propaganda institucional na reeleição. *Revista do Instituto dos Advogados de São Paulo – RIASP*, v. 17, n. 33, p. 195-208, jan./jun. 2014. Disponível em: http://bdjur.stj.jus.br/dspace/handle/2011/77135. Acesso em: 2 fev. 2019.

MACHADO, Mônica. A retórica da reeleição: mapeando os discursos dos Programas Eleitorais (HGPE) em 1998 e 2006. *Opinião Pública*, Campinas, v. 15, n. 1, jun./2009.

MADEIRA, Vinicius de Carvalho. *República, democracia e reeleições*: o princípio da renovação. Porto Alegre: Sergio Antonio Fabris Editor, 2013.

MADISON, James; HAMILTON, Alexander; JAY, John. *Os artigos federalistas*: 1787-1788. Tradução Maria Luiza X. de A. Borges. Rio de Janeiro: Nova Fronteira, 1993.

MAINWARING, Scott P. *Sistemas partidários em novas democracias*: o caso do Brasil. Tradução Vera Pereira. Porto Alegre: Mercado Aberto; Rio de Janeiro: FGV, 2001.

MARCOS, Edgar Carpio. Constitución y reelección presidencial: el caso peruano. *Boletín Mexicano de Derecho Comparado*, v. 33, n. 98, p. 447-503, 2000.

MARINHO, Josaphat, Reeleição e desincompatibilização. *Jurídica Administração Municipal*, v. 2, n. 2, p. 1-2, fev. 1997.

MARTÍNEZ BARAHONA, Elena; BRENES BARAHONA, Amelia. "Y volver, volver, volver...". Un análisis de los casos de intervención de las cortes supremas en la reelección presidencial en Centroamérica, 2012.

MARTINS JUNIOR, José Paulo. Governistas e oposicionistas: padrões de votação nos governos Lula e Dilma. *In:* DANTAS, Humberto; TOLEDO, José Roberto; TEIXEIRA, Marco Antonio Carvalho (org.). *Análise política e jornalismo de dados*: ensaios a partir do basômetro. 1. ed. Rio de Janeiro: FGV, 2014.

MAXIMILIANO, Carlos. *Commentarios à Constituição brasileira*. 3. ed. ampl. e de acordo com a reforma constitucional de 1925-26. Porto Alegre: Globo, 1929.

MEDEIROS, Borges de. *Poder moderador na República presidencial*. Caxias do Sul: Educs, 2002.

MELO, Carlos Ranulfo. A Câmara dos Deputados pós-2018: o que mudou? *In:* AVRITZER, Leonardo; KERCHE, Fabio; MARONA, Marojrie (org.). *Governo Bolsonaro*: retrocesso democrático e degradação política. 1. ed. São Paulo: Autêntica, 2021, v. 1, p. 1-448.

MELO, Carlos. Dilma: do desafio histórico à tecnocracia. *Interesse Nacional*, v. 6, n. 21, p. 61-70, abr./jun. 2013.

MENDONÇA FILHO. *Reeleição*: aprimorando o sistema presidencial brasileiro. Brasília: Câmara dos Deputados, Coordenação de Publicações, 1998.

MIRANDA, Jorge. Os partidos políticos, estruturas sociais e a reforma do sistema político. *Revista do Ministério Público*, v.1, n.1 jan./jun. 1995, Rio de Janeiro, Ministério Público do Estado do Rio de Janeiro.

MIRANDA, JORGE. *Teoria do estado e da constituição*. Rio de Janeiro: Forense, 2002.

MORAES, Alexandre de. *Presidencialismo*. São Paulo: Atlas, 2004.

MORAES, Alexandre de. Hipóteses de inelegibilidade do vice-chefe do Executivo. *Revista Consultor Jurídico*, 28 de fevereiro de 2014. Coluna Justiça Comentada. Disponível em: https://www.conjur.com.br/2014-fev-28/justica-comentada-hipoteses-inelegibilidade-vice-chefe-executivo. Acesso em: 5 abr. 2019.

MORAES, Alexandre de. *Constituição do Brasil interpretada e legislação constitucional*. 9. ed. atualizada até a EC nº 71/12. São Paulo: Atlas, 2013.

MORAES, Alexandre de. *Direito constitucional*. 15. ed. São Paulo: Atlas, 2004.

MORAIS, Carlos Blanco de. *O sistema político no contexto da erosão da democracia representativa*. Lisboa: Almedina, 2017. (Manuais Universitários).

NATALE, Alberto A. La reforma constitucional argentina de 1994. *Cuestiones constitucionales*, n. 2, p. 219-237, 2000.

NEGRETTO, Gabriel L. La reforma del presidencialismo en América Latina hacia un modelo híbrido. *Revista Uruguaya de Ciencia Política*, v. 27, n. 1, p. 131-151, 2018.

NEGRETTO, Gabriel L. *The durability of constitutions in changing environments: explaining constitutional replacements in Latin America*. Helen Kellogg Institute for International Studies, 2008.

NERY, Sebastião. *A eleição da reeleição*: histórias, estado por estado. São Paulo: Geração Editorial, 1999.

NICOLAU, Jairo. Disciplina partidária e base parlamentar na câmara dos deputados no primeiro governo Fernando Henrique Cardoso (1995-1998). *Dados – Revista de Ciências Sociais*, Rio de Janeiro, v. 43, n. 4, 2000, p. 709-735.

NOHLEN, Dieter. La reelección. *In:* NOHLEN Dieter; ZOVATO, Daniel; OROZCO, Jesús; THOMPSON, José (comp.). *Tratado de derecho electoral comparado de América Latina* 2. ed. México: Fondo de Cultura Económica; San José Costa Rica: Instituto Interamericano de Derechos Humanos, 2007.

OYARTE, Rafael. Factores y variables en la reelección presidencial: especial mención al caso ecuatoriano. *In:* OYARTE, Rafael. *Direito eleitoral*: debates ibero-americanos. Memórias do V Congresso Ibero-americano de Direito Eleitoral e do IV Congresso de Ciência Política e Direito Eleitoral do Piauí. Curitiba: Íthala, 2014.

PASTOR, Roberto Viciano; GONZÁLEZ, Gabriel Moreno. Cuando los jueces declaran inconstitucional la Constitución: la reelección presidencial en América Latina a la luz de las últimas decisiones de las Cortes Constitucionales. *Anuario Iberoamericano de Justicia Constitucional*, n. 22, 2018.

PEREIRA, Carlos; MEDEIROS, Amanda; BERTHOLINI, Frederico. O medo da morte flexibiliza perdas e aproxima polos: consequências políticas da pandemia da COVID-19 no Brasil. *Revista de Administração Pública*, v. 54, p. 952-968, 2020. p. 954-955, 961 e 966.

PÉREZ, Álvaro Felipe Albornoz. A reeleição presidencial em Honduras. *In:* SANTANO, Ana Claudia (coord.). *Reeleição presidencial nos sistemas políticos das Américas*. Curitiba: Íthala, 2015.

PÉREZ, Jorge Enrique Romero. Reeleição presidencial na Costa Rica mediante a sentença do Tribunal Constitucional nº 2.771 de 2003. In: SANTANO, Ana Claudia (coord.). *Reeleição presidencial nos sistemas políticos das Américas*. Curitiba: Íthala, 2015.

PINTO, Élida Graziane. Execução orçamentária do SUS no enfrentamento à pandemia da Covid-19. *São Paulo*, v. 5, 2021.

POSADA CARBÓ, Eduardo. Colombia ante la reforma que permite la reelección presidencial. *Boletín Elcano*, n. 60, p. 6, 2005.

QUINZIO, Jorge Mario. Duración del mandato, reelección y simultaneidad de elecciones presidenciales y parlamentarias. *Ius et Praxis*, v. 8, n. 1, p. 539-547, 2002.

RIBEIRO, João Coelho Gomes. *A genese histórica da constituição federal*: subsidio para sua interpretação e reforma: os ante-projectos, contribuições e programas. Rio de Janeiro: Off. Graph. da Liga Maritima Brazileira, 1917.

RIVERA, José Antonio. La reelección presidencial en el sistema constitucional boliviano. Revista boliviana de derecho, n. 12, p. 10-29, 2011.

RUIZ, Jorge Fernández. La reelección en el régimen presidencial mexicano. *In*: RUIZ, Jorge Fernández. *Direito eleitoral*: debates ibero-americanos. Memórias do V Congresso Ibero-americano de Direito Eleitoral e do IV Congresso de Ciência Política e Direito Eleitoral do Piauí. Curitiba: Íthala, 2014.

SÁNCHEZ, Ilka Treminio. ¿Cómo borrar la letra escrita en piedra? Norma pétrea y reelección presidencial en Honduras. *Anuario de Estudios Centroamericanos*, p. 237-260, 2016.

SÁNCHEZ, Ilka Treminio. Las reformas a la reelección presidencial en América Latina. *Estudios Sociológicos*, p. 59-85, 2013.

SANTANO, Ana Claudia. Afinal, a reeleição é algo democrático? *In*: SANTANO, Ana Claudia (coord.). *Reeleição presidencial nos sistemas políticos das Américas*. Curitiba: Íthala, 2015.

SANTOS, Fabiano. Governos de coalizão no sistema presidencial: o caso do Brasil sob a égide da Constituição de 1988 *In*: AVRITZER, Leonardo; ANASTASIA, Fátima (org.). *Reforma política no Brasil*.

SARTORI, Giovanni. *Engenharia constitucional*: como mudam as constituições. Tradução Sérgio Bath. Brasília: UnB, 1996.

SARTORI, Giovanni. *¿Qué es la democracia?*. Nueva ed., rev. y ampl. Madrid: Taurus, 2007.

SERRAFERO, Mario Daniel. *El control de la sucesión*: reelección y limitaciones de elección presidencial por parentesco en América Latina. 2015.

SERRAFERO, Mario. La reelección presidencial indefinida en América Latina. *Revista de Instituciones, Ideas y Mercados*, v. 54, p. 225-259, 2011.

SERRAFERO, Mario Daniel. Presidencialismo argentino:¿ atenuado o reforzado? *Araucaria: Revista Iberoamericana de Filosofía, Política, Humanidades y Relaciones Internacionales*, v. 1, n. 2, p. 5, 1999.

SILVA, José Afonso da. Crise política e sua solução institucional: reflexões sobre o controle político no Brasil. *Revista brasileira de Direito Público – RBdP*, v. 13, n. 51, p. 9-17, out./dez. 2015. Disponível em: http://bdjur.stj.jus.br/jspui/handle/2011/98109. Acesso em: 20 fev. 2019.

SOUZA, Jose Soriano de. *Principios geraes de direito publico e constitucional.* Recife: Empreza da Provincia, 1893.

TAVARES, André Ramos. A jurisprudência sobre partidos políticos no Supremo Tribunal Federal: entre eleições, poder econômico e democracia. *In:* NORONHA, João Otávio de; KIM; Richard Pae (coord.). *Sistema político e direito eleitoral brasileiros:* estudos em homenagem ao Ministro Dias Toffoli. São Paulo: Atlas, 2016.

TEMER, Michel. *Constituição e política.* São Paulo: Malheiros, 1994.

TREMINIO, Ilka. La reforma constitucional de Rafael Correa. El caso de la reelección presidencial en Ecuador. *América Latina Hoy,* v. 67, p. 65-90, 2014.

TOCQUEVILLE, Alexis de. *A democracia na América.* 2. ed. Belo Horizonte: Itatiaia; São Paulo, Editora da Universidade de São Paulo, 1987.

TORELLY, Paulo Peretti. *A substancial inconstitucionalidade da regra da reeleição:* isonomia e república no direito constitucional e na teoria da constituição. Porto Alegre: Sergio Antonio Fabris Editor, 2008.

URBINA, Francisco Zúñiga. (Re)elección presidencial: algunas notas acerca del presidencialismo en chile. *In:* SANTANO, Ana Claudia (coord.). *Reeleição presidencial nos sistemas políticos das Américas.* Curitiba: Íthala, 2015.

VANEGAS, Luis Daniel Álvarez. A reeleição na Venezuela: uma tragédia com muito continuísmo, personalismo e, em alguns casos, autocracia. *In:* SANTANO, Ana Claudia (coord.). *Reeleição presidencial nos sistemas políticos das Américas.* Curitiba: Íthala, 2015.

VARGAS LIMA, Alan Elliott. La reelección presidencial en la jurisprudencia del tribunal constitucional plurinacional de Bolivia. La ilegítima mutacíon de la constitución a través de una ley de aplicación normativa. *Iuris Tantum Revista Boliviana de Derecho,* n. 19, p. 446-469, 2015.

VICTOR, Sérgio Antônio Ferreira. *Presidencialismo de coalizão:* exame do atual sistema de governo brasileiro. São Paulo: Saraiva, 2015.

ZOVATTO, Daniel; ÁVILA, Raúl. Reelección presidencial en América Latina: nadando en contra de la ola? *Revista Brasileira de Direito Eleitoral – RBDE,* ano 2, n. 2, jan./jun. 2010.

ZOVATTO, Daniel. *Reforma político-electoral e innovación institucional en América Latina (1978-2016).* 1. ed. México: Tirant Lo Blanch, 2018. (Monografías).

Legislação e Jurisprudência

ARGENTINA. *Constituição Nacional da Nação Argentina de 1853.* Disponível em: https://www.casarosada.gob.ar/images/stories/constitucion-nacional-argentina.pdf. Acesso em: 2 nov. 2018.

BOLÍVIA. *Constitución Política del Estado Plurinacional de Bolivia.* Disponível em: http://www.tcpbolivia.bo/tcp/sites//default/files/images/pdf/leyes/cpe/cpe.pdf. Acesso em: 15 dez. 2018.

BOLÍVIA. Tribunal Constitucional Plurinacional. *Declaración Constitucional Plurinacional 0003/2013.* 25/04/2013. Inteiro teor. Disponível em: https://blogs.ua.es/boliviadoxa/files/2014/11/Declaraci%C3%B3n0003_2013-TC-Bolivia.pdf. Acesso em: 2 nov. 2018.

BOLÍVIA. Tribunal Constitucional Plurinacional. *Sentencia nº 0084/2017.* 28/11/2017. Inteiro teor. Disponível em: https://buscador.tcpbolivia.bo/_buscador/(S(1vp1uia1zog2znne2sssz5su))/WfrJurisprudencia1.aspx. Acesso em: 15 dez. 2018.

BRASIL. Câmara dos Deputados. *Proposta de Emenda Constitucional* nº 1/1995. Inteiro teor. Disponível em: http://www.camara.gov.br/proposicoesWeb/fichadetramitacao?idProposicao=24953.

BRASIL. Constituição (1967). *Emenda Constitucional* nº 1/1969. Disponível em: http://www.planalto.gov.br/ccivil_03/Constituicao/Emendas/Emc_anterior1988/emc01-69.htm

BRASIL. Constituição (1967). *Emenda Constitucional* nº 19/1981. Disponível em: http://www.planalto.gov.br/ccivil_03/Constituicao/Emendas/Emc_anterior1988/emc19-81.htm. Acesso em: 8 nov. 2018.

BRASIL. Constituição (1988). *Emenda Constitucional* nº 16/1997. http://www.planalto.gov.br/ccivil_03/Constituicao/Emendas/Emc/emc16.htm#art14%C2%. Acesso em: 15 dez. 2018.

BRASIL. *Constituição da República dos Estados Unidos do Brasil de 1934*. Disponível em: http://www.planalto.gov.br/ccivil_03/Constituicao/Constituicao34.htm

BRASIL. *Constituição da República dos Estados Unidos do Brasil de 1891*. Disponível em: http://www.planalto.gov.br/CCivil_03/Constituicao/Constituicao91.htm. Acesso em: 8 nov. 2018.

BRASIL. *Constituição da República Federativa do Brasil de 1967*. Disponível em: http://www.planalto.gov.br/ccivil_03/Constituicao/Constituicao67.htm. Acesso em: 15 dez. 2018.

BRASIL. *Constituição da República Federativa do Brasil de 1988*. Disponível em: http://www.planalto.gov.br/ccivil_03/Constituicao/Constituicao.htm. Acesso em: 30 out. 2018.

BRASIL. *Constituição dos Estados Unidos do Brasil* (10 DE NOVEMBRO DE 1937). Disponível em: http://www.planalto.gov.br/ccivil_03/Constituicao/Constituicao37.htm

BRASIL. *Constituição dos Estados Unidos do Brasil de 1946*. Disponível em: http://www.planalto.gov.br/ccivil_03/Constituicao/Constituicao46.htm. Acesso em: 30 out. 2018.

BRASIL. *Emenda Constitucional de Revisão* nº 4/1994. Disponível em: http://www.planalto.gov.br/ccivil_03/Constituicao/Emendas/ECR/ecr4.htm#art1. Acesso em: 15 dez. 2018.

BRASIL. Senado Federal. *Anteprojeto apresentado pela Comissão Affonso Arinos*. Disponível em: http://www.senado.leg.br/publicacoes/anais/constituinte/AfonsoArinos.pdf. Acesso em: 20 jan. 2019.

BRASIL. Senado Federal. *Proposta de Emenda Constitucional* nº 4/1997. Disponível em: https://www25.senado.leg.br/web/atividade/materias/-/materia/18024. Acesso em: 28 out. 2018.

BRASIL. Supremo Tribunal Federal. *ADI 1805 MC*. Rel. Min. Néri da Silveira, Tribunal Pleno, julgado em 26.03.1998, DJ 14.11.2003. Inteiro teor do acórdão. Disponível em: http://redir.stf.jus.br/paginadorpub/paginador.jsp?docTP=AC&docID=347277. Acesso em: 15 dez. 2018.

BRASIL. Tribunal Superior Eleitoral. *Consulta de resultados eleitorais*: eleições de 1988. Disponível em: http://www.tse.jus.br/eleicoes/eleicoes-anteriores/eleicoes-1994/resultados-das-eleicoes-1994/brasil/resultados-das-eleicoes-1994-brasil. Acesso em: 28 out. 2018.

BRASIL. Tribunal Superior Eleitoral. *Consulta de Resultados Eleitorais*: eleições de 2002. Disponível em: http://www.tse.jus.br/eleicoes/eleicoes-anteriores/eleicoes-2002/candidaturas-votacao-e-resultados/resultado-da-eleicao-2002. Acesso em: 29 out. 2018.

BRASIL. Tribunal Superior Eleitoral. *Consulta de resultados eleitorais*: eleições de 2006. Disponível em: http://www.tse.jus.br/eleicoes/eleicoes-anteriores/eleicoes-2006/candidaturas-e-resultados/resultado-da-eleicao-2006. Acesso em: 28 out. 2018.

BRASIL. Tribunal Superior Eleitoral. *Consulta de resultados eleitorais*: eleições de 2010. Disponível em: http://www.tse.jus.br/eleicoes/eleicoes-anteriores/eleicoes-2010/candidaturas-votacao-e-resultados/estatisticas. Acesso em: 29 out. 2018.

BRASIL. Tribunal Superior Eleitoral. *Consulta de resultados eleitorais*: eleições de 2014. Disponível em: http://www.tse.jus.br/eleicoes/estatisticas/estatisticas-eleitorais. Acesso em: 29 out. 2018.

BRASIL. Tribunal Superior Eleitoral. *Consulta de resultados eleitorais*: eleições de 2018. Disponível em: http://divulga.tse.jus.br/oficial/index.html. Acesso em: 2 nov. 2018.

BRASIL. Tribunal Superior Eleitoral. *Consulta de resultados eleitorais*: eleições de 2022. Disponível em: https://resultados.tse.jus.br/oficial/app/index.html#/eleicao/resultados. Acesso em: 2 dez. 2022.

CHILE. *Constituição Política da República do Chile de 1980*. Disponível em: https://www.leychile.cl/Navegar?idNorma=242302. Acesso em: 2 nov. 2018.

CHILE. *Propuesta Constitución Política de la República de Chile*. 2022. Disponível em: https://www.chileconvencion.cl/wp-content/uploads/2022/07/Texto-Definitivo-CPR-2022-Tapas.pdf. Acesso em: 15 ago. 2022.

COLÔMBIA. *Constitución Política de Colombia*. Disponível em: http://www.corteconstitucional.gov.co/inicio/Constitucion%20politica%20de%20Colombia.pdf. Acesso em: 5 nov. 2018.

COLÔMBIA. Corte Constitucional de Colombia. *Sentencia c-141/10*. Integra do acórdão. Disponível em: http://www.corteconstitucional.gov.co/relatoria/2010/C-141-10.htm. Acesso em: 5 nov. 2018.

COSTA RICA. *Constituição Política da República da Costa Rica de 1949*. Disponível em: http://www.cervantesvirtual.com/obra-visor/constitucion-politica-de-la-republica-de-costa-rica-de-1949/html/. Acesso em: 5 nov. 2018.

COSTA RICA. *Constituição Política da República da Costa Rica*. Disponível em: https://www.poder-judicial.go.cr/salaconstitucional/index.php/shortcode/articulos-constitucionales?start=100. Acesso em: 20 dez. 2018.

COSTA RICA. Sala Constitucional de Costa Rica. *Sentencia nº 2.771, de 2003*. Disponível em: https://nexuspj.poder-judicial.go.cr/document/sen-1-0007-236027. Acesso em: 21 dez. 2018.

COSTA RICA. Sala Constitucional de Costa Rica. *Sentencia nº 7.818, de 2000*. Disponível em: https://nexuspj.poder-judicial.go.cr/document/sen-1-0007-137882. Acesso em: 21 dez. 2018.

EQUADOR. *Constituição da República de Ecuador de 2008*. Disponível em: http://bivicce.corteconstitucional.gob.ec/site/image/common/libros/constituciones/Constitucion_2008.pdf. Acesso em: 5 nov.2018.

EQUADOR. Corte Constitucional do Equador. *Emiendas a la Constitución de la República del Ecuador*. Disponível em: http://bivicce.corteconstitucional.gob.ec/local/File/Constitucion_Enmiendas_Interpretaciones/Enmiendas_Constitucion_2015.pdf

ESTADOS UNIDOS. *Constituição dos Estados Unidos*. 22ª Emenda à Constituição. Disponível em: https://www.senate.gov/civics/constitution_item/constitution.htm

HONDURAS. *Constituição da República de Honduras de 1982*. Disponível em: http://www.oas.org/juridico/mla/sp/hnd/sp_hnd-int-text-const.pdf. Acesso em: 15 dez. 2018.

MÉXICO. *Constituição Política dos Estados Unidos Mexicanos de 1917*. Disponível em: https://www.scjn.gob.mx/sites/default/files/cpeum/documento/2017-03/CPEUM-083.pdf. Acesso em: 15 dez. 2018.

MÉXICO. *Constituição Política dos Estados Unidos Mexicanos de 1917*. Redação dada pela reforma de 2014. Disponível em: https://www.scjn.gob.mx/sites/default/files/cpeum/documento/2017-03/CPEUM-083.pdf

PARAGUAI. *Constituição Nacional do Paraguai de 1992*. Disponível em: http://jme.gov.py/transito/leyes/cn1992.html

PERU. *Constituição Política do Peru de 1993*. Disponível em: https://www.tc.gob.pe/tc/private/adjuntos/institucional/normatividad/constitucion.pdf. Acesso em: 5 nov.2018.

PERU. *Constituição Política do Peru de 1993*, com redação dada pela da Lei nº 27.635. Disponível em: https://parlamento.gub.uy/documentosyleyes/constitucion. Acesso em: 15 dez. 2018.

VENEZUELA. *Constituição da República Bolivariana da Venezuela de 1999*. Disponível em: http://www.asambleanacional.gob.ve/documentos_archivos/constitucion-nacional-7.pdf. Acesso em: 5 nov.2018.

VENEZUELA. *Constituição da República Bolivariana da Venezuela de 1999*: com redação dada pela Emienda nº 1/2009. Disponível em: http://www.asambleanacional.gob.ve/documentos_archivos/constitucion-nacional-7.pdf. Acesso em: 15 dez. 2018.

Matérias jornalísticas

ANIMAL POLITICO. Reelección presidencial em América Latina. Disponível em: https://www.animalpolitico.com/candidata/reeleccion-presidencial-en-america-latina/. Acesso em: 15 dez. 2018.

BBC. A cronologia da crise que levou à renúncia de Evo Morales na Bolívia. Disponível em: https://www.bbc.com/portuguese/internacional-50367271. Acesso em: 21 jun. 2021.

BBC. Bolivia dise 'no' en referendo a otra reelección de Evo Morales. Disponível em: https://www.bbc.com/mundo/noticias/2016/02/160223_bolivia_evo_morales_referendo_resultado_ep. Acesso em: 15 dez. 2018.

BBC. Brasil. Em gravação feita por dono da JBS, 'Temer dá aval a compra de silêncio de cunha', diz jornal; Presidente nega. Disponível em: https://www.bbc.com/portuguese/brasil-39956081. Acesso em: 15 dez. 2018.

BBC. Chile rejeita proposta de nova Constituição. 2022. Disponível em: https://www.bbc.com/portuguese/internacional-62791155. Acesso em: 12 set 2022.

BBC. Congreso de Colombia elimina la reelección presidencial. Disponível em: http://www.bbc.com/mundo/noticias/2015/06/150603_colombia_congreso_elimina_reeleccion_presidencial_ng. Acesso em: 15 dez. 2018.

BBC. Evo Morales: el Tribunal Electoral de Bolivia lo habilita como candidato presidencial tras haber perdido el referéndum por la reelección. Disponível em: https://www.bbc.com/mundo/noticias-america-latina-46450251. Acesso em: 15 dez. 2018.

BBC. Quién es Juan Orlando Hernández, el primer presidente reelecto en Honduras desde el regreso de la democracia (y en las elecciones más controvertidas de la historia reciente). Disponível em: https://www.bbc.com/mundo/noticias-america-latina-42116189. Acesso em: 15 dez. 2018.

BBC. Brasil. TCU recomenda ao Congresso rejeitar contas de Dilma: o que acontece agora? Disponível em: https://www.bbc.com/portuguese/noticias/2015/10/151007_rejeicao_tcu_ms_ab

CÂMARA DOS DEPUTADOS. Notícias. Cunha recebe pedido de impeachment de Dilma elaborado por Hélio Bicudo. Disponível em: https://www2.camara.leg.br/camaranoticias/noticias/POLITICA/496297-CUNHA-RECEBE-PEDIDO-DE-IMPEACHMENT-DE-DILMA-ELABORADO-POR-HELIO-BICUDO.html. Acesso em: 15 dez. 2018.

CÂMARA DOS DEPUTADOS. Notícias. Eduardo Cunha aceita pedido de impeachment da Presidente Dilma Rousseff. Disponível em: https://www2.camara.leg.br/camaranoticias/noticias/POLITICA/501111-EDUARDO-CUNHA-ACEITA-PEDIDO-DE-IMPEACHMENT-DA-PRESIDENTE-DILMA-ROUSSEFF.html. Acesso em: 15 dez. 2018.

DW. Bolsonaro oficializa candidatura à reeleição e ataca STF. Disponível em: https://www.dw.com/pt-br/bolsonaro-oficializa-candidatura-%C3%A0-reelei%C3%A7%C3%A3o-e-ataca-stf/a-62578853. Acesso em: 23 de ago. 2022.

DW. Honduras: Tribunal Supremo Electoral abre paso a reelección del actual presidente. Disponível em: http://www.dw.com/es/honduras-tribunal-supremo-electoral-abre-paso-a-reelecci%C3%B3n-del-actual-presidente/a-19542765. Acesso em: 15 dez. 2018.

DW. Supremo aprueba reelección presidencial en Honduras. Disponível em: https://www.dw.com/es/supremo-aprueba-reelecci%C3%B3n-presidencial-en-honduras/a-18407725. Acesso em: 15 dez. 2018.

EBC. Agência Brasil. Vice-Presidência confirma teor de carta de Temer a Dilma. Disponível em: http://agenciabrasil.ebc.com.br/politica/noticia/2015-12/vice-presidencia-confirma-teor-de-carta-enviada-por-temer-presidenta. Acesso em: 15 dez. 2018.

EL PAÍS. Chávez consigue vía libre a la reelección. Disponível em: https://elpais.com/internacional/2009/02/16/actualidad/1234738801_850215.html. Acesso em: 15 dez. 2018.

EL PAÍS. Ecuador elimina la reelección indefinida y pone fin a la era Correa. Disponível em: https://elpais.com/internacional/2018/02/04/america/1517770527_944169.html. Acesso em: 15 dez. 2018.

EL PAÍS. La finitud del poder: el virus omnipresente de la perpetuación en América Latina. Disponível em: https://elpais.com/internacional/2018/04/15/actualidad/1523744012_091903.html. Acesso em: 15 dez. 2018.

ÉPOCA. 16 de agosto: as manifestações pelo Brasil. Disponível em: https://epoca.globo.com/tempo/noticia/2015/08/16-de-agosto-manifestacoes-pelo-brasil.html. . Acesso em: 5 dez. 2018.

ESTADÃO. Maior manifestação da história do País aumenta pressão por saída de Dilma. Disponível em: https://politica.estadao.com.br/noticias/geral,manifestacoes-em-todos-os-estados-superam-as-de-marco-do-ano-passado,10000021047. Acesso em: 1 dez. 2018.

ESTADÃO. Temer desiste do projeto de reeleição e anuncia candidatura de Meirelles. Disponível em: https://politica.estadao.com.br/noticias/geral,temer-desiste-da-reeleicao-e-anuncia-apoio-a-henrique-meirelles,70002319154. Acesso em: 5 out. 2018.

FOLHA DE SÃO PAULO. Coalizão de FHC começou e terminou com o Plano Real. Fernando Rodrigues. 19 dez. 2002. Disponível em: https://www1.folha.uol.com.br/folha/brasil/ult96u43713.shtml. Acesso em: 4 dez. 2018.

FOLHA DE SÃO PAULO. FHC defende 2º mandato em jantar. Lucio Vaz; Marta Salomon. 31ago1996. Disponível em: https://www1.folha.uol.com.br/fsp/1996/8/31/brasil/26.html. Acesso em: 10 dez. 2018.

FOLHA DE SÃO PAULO. Opinião. Ser Cidadão. Ives Gandra da Silva Martins. 26 jan. 1997. Disponível em: https://www1.folha.uol.com.br/fsp/1997/1/26/opiniao/10.html. Acesso em: 11 dez. 2018.

G1. GLOBO. Após dois anos sem partido, Bolsonaro se filia ao PL, nona legenda da carreira política. Disponível em: https://g1.globo.com/politica/noticia/2021/11/30/apos-dois-anos-sem-partido-bolsonaro-se-filia-ao-pl-nona-legenda-da-carreira-politica.ghtml. Acesso em: 23 de ago. 2022.

G1. Globo. Chile aprova plebiscito histórico: por que é tão polêmica a Constituição que 78% dos chilenos decidiram trocar. Disponível em: https://g1.globo.com/mundo/noticia/2020/10/26/chile-aprova-plebiscito-historico-por-que-e-tao-polemica-a-constituicao-que-78-dos-chilenos-decidiram-trocar.ghtml. Acesso em: 4 fev. 2022.

G1. Globo. Chile conclui eleição histórica para Assembleia Constituinte em busca de maior equidade. Disponível em: https://g1.globo.com/mundo/noticia/2021/05/16/chile-conclui-eleicao-historica-em-busca-de-maior-equidade-com-uma-nova-constituicao.ghtml. Acesso em: 4 fev. 2022.

G1. GLOBO. Datafolha: Lula tem 47%; Bolsonaro, 32%; Ciro, 7%; Tebet, 2%. Disponível em: https://g1.globo.com/politica/eleicoes/2022/pesquisa-eleitoral/noticia/2022/08/18/datafolha-lula-tem-47percent-e-bolsonaro-tem-32percent.ghtml. Acesso em: 31 de ago. 2022.

G1. Globo. Eduardo Cunha autoriza abrir processo de impeachment de Dilma. Disponível em: http://g1.globo.com/politica/noticia/2015/12/eduardo-cunha-informa-que-autorizou-processo-de-impeachment-de-dilma.html. Acesso em: 5 jan. 2019.

G1. Globo. Eduardo Leite renuncia e Ranolfo Vieira Júnior assume governo do RS: 'me preparei para isso'. Disponível em: https://g1.globo.com/rs/rio-grande-do-sul/noticia/2022/03/31/eduardo-leite-renuncia-e-ranolfo-vieira-junior-assume-governo-do-rs.ghtml. Acesso em 18 de ago. 2022.

G1. Globo. Moro pede exoneração de cargo de juiz federal para ser ministro do novo governo. Disponível em: https://g1.globo.com/pr/parana/noticia/2018/11/16/presidente-do-trf-4-assina-exoneracao-de-sergio-moro.ghtml. Acesso em: 23 de ago. 2022.

G1. Globo. Plenário do STF reconhece decisão da Segunda Turma que declarou Moro parcial ao condenar Lula. Disponível em https://g1.globo.com/politica/noticia/2021/06/23/plenario-do-stf-reconhece-decisao-da-segunda-turma-que-declarou-moro-parcial-ao-condenar-lula.ghtml. Acesso em: 23 de ago. 2022.

G1. Globo. Sergio Moro pede demissão do Ministério da Justiça. Disponível em: https://g1.globo.com/jornal-nacional/noticia/2020/04/24/sergio-moro-pede-demissao-do-ministerio-da-justica.ghtml. Acesso em: 23 de ago. 2022.

G1. Globo. União Brasil confirma Sergio Moro como candidato ao Senado pelo Paraná. Disponível em: https://g1.globo.com/pr/parana/eleicoes/2022/noticia/2022/08/02/uniao-brasil-confirma-sergio-moro-como-candidato-ao-senado-pelo-parana.ghtml. Acesso em: 23 de ago. 2022.

INSTITUTO HUMANITAS UNISINOS. Revista IHU on-line. Paraguai. Proposta de reeleição de presidente é arquivada pela Câmara. Disponível em: https://www.ihu.unisinos.br/78-noticias/567073-paraguai-proposta-de-reeleicao-de-presidente-e-arquivada-pela-camara. Acesso em 8 mar. 2022.

ISTO É. "Sempre fui contra a reeleição" / Luiz Inácio Lula da Silva. In: Isto é, n. 1928, p. 28-32, 4 out. 2006. Acesso em: 12 mar. 2019.

ISTO É. Temer assume candidatura à Presidência. Disponível em: https://istoe.com.br/exclusivo-temer-assume-candidatura-a-presidencia/. Acesso em: 10 mar. 2019.

LA TERCERA. ¿Cuánto debe durar el mandato presidencial? Disponível em: https://www.latercera.com/reconstitucion/noticia/cuanto-debe-durar-el-mandato-presidencial/QCPLNVQPZNEGDAMRLYSR6UNJOA/. Acesso em: 4 fev. 2022.

OEA. O Conselho Permanente da OEA concorda em "não reconhecer a legitimidade do período do regime de Nicolás Maduro". Disponível em: http://www.oas.org/pt/centro_midia/nota_imprensa.asp?sCodigo=P-001/19. Acesso em: 12 mar. 2019.

O GLOBO. As idas e vindas de Michel Temer sobre a reeleição. Disponível em: https://oglobo.globo.com/brasil/as-idas-vindas-de-michel-temer-sobre-reeleicao-22701585. . Acesso em: 10 abr. 2019.

PODER 360. Planalto em 2018: Temer enfrentou crises mesmo com marasmo de ano eleitoral. https://www.poder360.com.br/governo/planalto-em-2018-temer-enfrentou-crises-mesmo-com-marasmo-de-ano-eleitoral/. Acesso em: 12 mar. 2019.

PODER 360. Temer diz que 'não é improvável' que concorra a reeleição. Disponível em: https://www.poder360.com.br/governo/temer-diz-que-nao-e-improvavel-que-concorra-a-reeleicao/ Acesso em: 2 abr. 2019.

PÚBLICO. A ditadura perfeita passou à história. Disponível em: https://www.publico.pt/2012/07/04/jornal/a-ditadura-perfeita-passou-a-historia-24837983. Acesso em: 23 de ago. 2022.

SENADO FEDERAL. Lula é eleito presidente da República pela terceira vez. Disponível em: https://www12.senado.leg.br/noticias/materias/2022/10/30/lula-e-eleito-presidente-da-republica-pela-terceira-vez. Acesso em: 15 nov. 2022.

SUPREMO TRIBUNAL FEDERAL. Notícias. 2ª Turma reconhece parcialidade de ex-juiz Sergio Moro na condenação de Lula no caso Triplex. Disponível em: https://portal.stf.jus.br/noticias/verNoticiaDetalhe.asp?idConteudo=462854&ori=1. Acesso em: 23 de ago. 2022.

SUPREMO TRIBUNAL FEDERAL. Notícias. STF confirma anulação de condenações do ex-presidente Lula na Lava Jato. Disponível em: https://portal.stf.jus.br/noticias/verNoticiaDetalhe.asp?idConteudo=464261&ori=1. Acesso em: 23 de ago. 2022.

TRIBUNAL DE CONTAS DA UNIÃO. Notícias. TCU conclui parecer sobre contas prestadas pela Presidente da República referentes a 2014. Disponível em: https://portal.tcu.gov.br/imprensa/noticias/tcu-conclui-parecer-sobre-contas-prestadas-pela-presidente-da-republica-referentes-a-2014.htm. Acesso em: 10 abr. 2019.

TRIBUNAL REGIONAL ELEITORAL DO RIO GRANDE DO SUL. TRE-RS. Eduardo Leite é reeleito governador do Rio Grande do Sul. Disponível em: https://www.tre-rs.jus.br/comunicacao/noticias/2022/Outubro/eduardo-leite-e-reeleito-governador-do-rio-grande-do-sul. Acesso em 15 nov. 2022.

TRIBUNAL SUPERIOR ELEITORAL. Lula é eleito novamente presidente da República do Brasil. Disponível em: https://www.tse.jus.br/comunicacao/noticias/2022/Outubro/lula-e-eleito-novamente-presidente-da-republica-do-brasil. Acesso em 15 nov. 2022.

UOL NOTÍCIAS. Após anulações, Lula é ficha limpa e pode disputar eleições. Disponível em: https://noticias.uol.com.br/politica/ultimas-noticias/2021/12/10/uol-explica-lula-eleicoes-situacao-judicial-elegivel-2922-processos.htm. Acesso em: 23 de ago. 2022.

UOL NOTÍCIAS. "Conheça a história da compra de votos a favor da emenda da reeleição". UOL Notícias. Disponível em: https://fernandorodrigues.blogosfera.uol.com.br/2014/06/16/conheca-a-historia-da-compra-de-votos-a-favor-da-emenda-da-reeleicao/. Acesso em: 23 maio 2019.

VALOR ECONÔMICO. Brasil reconhece Juan Guaidó como presidente interino da Venezuela. Disponível em: https://www.valor.com.br/politica/6082635/brasil-reconhece-juan-guaido-como-presidente-interino-da-venezuela. Acesso em: 9 abr. 2019.

VEJA. Bolsonaro diz que vai propor fim da reeleição para presidente. Disponível em: https://veja.abril.com.br/politica/bolsonaro-diz-que-vai-propor-fim-da-reeleicao-para-presidente/. Acesso em: 23 de ago. 2022.

Fontes diversas

AMERICAN HISTORY. *From revolution to reconstruction and beyond*. Letters of Thomas Jefferson 1743-1826. Disponível em: http://www.let.rug.nl/usa/presidents/thomas-jefferson/letters-of-thomas-jefferson/jefl66.php. Acesso em: 3 abr. 2019.

BOLÍVAR, Simón. *Discurso del General Bolívar al Congreso de Venezuela*. Discurso de Angostura. Íntegra do texto original disponível em: http://www.archivodellibertador.gob.ve/escritos/buscador/spip.php?article9987. Acesso em: 15 abr. 2019.

BOLÍVAR, Simón. *Discurso del libertador ao Congreso Constituyente de Bolivia*. Disponível em: https://www.ensayistas.org/antologia/XIXA/bolivar/bolivia.htm. Acesso em: 8 fev. 2019.

FDR LIBRARY. *Roosevelt History*: "This in no ordinary time". Disponível em: https://fdrlibrary.wordpress.com/tag/no-ordinary-time/. Acesso em: 3 abr. 2019.

JEFFERSON, Thomas. *Letter to legislature of Vermont*. December 10, 1807. Disponível em: http://teachingamericanhistory.org/library/document/letter-to-the-legislature-of-vermont/. Acesso em: 5 jan. 2019.

CONSEJO NACIONAL ELECTORAL. ECUADOR. *Referendo-Consulta Popular-2018*. Disponível em: http://bivicce.corteconstitucional.gob.ec/local/File/Constitucion_Enmiendas_Interpretaciones/2018-02-14_Referendum_y_Consulta_Popular.pdf. Acesso em: 3 maio. 2019.

RESULTADOS DEL REFERENDO APROBATORIO DE LA ENMIENDA CONSTITUCIONAL. República Bolivariana de Venezuela. *Political Database of the Americas*. Georgetown University. Disponível em: http://pdba.georgetown.edu/Elecdata/Venezuela/ref09.html. Acesso em: 8 abr. 2019.

SENADO FEDERAL. *Glossário legislativo*. Disponível em: https://www12.senado.leg.br/noticias/glossario-legislativo#D. Acesso em: 23 abr. 2019.

THE ELEANOR ROOSEVELT PAPERS PROJECT. Address to the 1940 Democratic Convention. The George Washington University. Disponível em: https://www2.gwu.edu/~erpapers/teachinger/q-and-a/q22-erspeech.cfm. Acesso em: 3 abr. 2019.

HARRY S. TRUMAN PRESIDENTIAL LIBRARY & MUSEUM. *The Hoover Commission Special Subject Guide*. Disponível em: em: https://www.trumanlibrary.org/hoover/hoover.htm. Acesso em: 4 abr. 2019.

THE WHITE HOUSE. *Grover Cleveland*. Disponível em: https://www.whitehouse.gov/about-the-white-house/presidents/grover-cleveland/. Acesso em: 13 maio 2019.

Esta obra foi composta em fonte Palatino Linotype, corpo 10,5
e impressa em papel Pólen Bold 70g (miolo) e Supremo 250g
(capa) pela Artes Gráficas Formato.